高等学校"十二五"学前教育专业规划教材

学前儿童家庭教育

主　编　陈太忠　夏如波
副主编　王　燕　毛晓清

南京大学出版社

目 录

第一章　家庭教育概述 ………………………………………………… 1
　　第一节　家庭的内涵与职能 ………………………………………… 1
　　第二节　家庭教育的内涵、性质及特点 …………………………… 5
　　第三节　家庭教育的地位与作用 …………………………………… 14

第二章　家庭教育的学科发展 …………………………………………… 21
　　第一节　家庭教育学的历史发展 …………………………………… 21
　　第二节　家庭教育学的研究对象、学科特点及任务 ……………… 25
　　第三节　我国家庭教育学学科发展的困境及展望 ………………… 29

第三章　我国家庭教育的历史资源 …………………………………… 34
　　第一节　我国传统家庭教育的发展阶段 …………………………… 34
　　第二节　我国传统家庭教育思想 …………………………………… 39
　　第三节　中国传统家庭教育资源的继承和批判 …………………… 49

第四章　家庭教育的内容、原则与方法 ……………………………… 56
　　第一节　家庭教育的内容 …………………………………………… 56
　　第二节　家庭教育的基本原则 ……………………………………… 69
　　第三节　家庭教育的方法 …………………………………………… 74

第五章　不同年龄阶段孩子的家庭教育 ……………………………… 80
　　第一节　优生与胎教 ………………………………………………… 81
　　第二节　婴儿期的家庭教育 ………………………………………… 87
　　第三节　幼儿期的家庭教育 ………………………………………… 92
　　第四节　青少年时期的家庭教育 …………………………………… 96

第六章 独生子女的家庭教育 ·· 106
- 第一节 独生子女家庭的特点 ···································· 106
- 第二节 独生子女的身心发展特点 ································ 114
- 第三节 独生子女家庭教育的特点和方法 ·························· 118
- 第四节 我国独生子女家庭教育存在的问题及原因 ·················· 121

第七章 家长素质与家长教育 ·· 129
- 第一节 家长的角色及在家庭教育中的作用 ························ 129
- 第二节 家长的素质结构 ·· 133
- 第三节 家长教育 ·· 148

第八章 家庭教育、学校教育与社会教育的协调与整合 ·················· 154
- 第一节 家庭教育与学校教育、社会教育结合的必要性 ·············· 154
- 第二节 家庭教育与学校教育的协调合作 ·························· 158
- 第三节 家庭教育与社会教育的协调合作 ·························· 170

附 录 ·· 177

参考文献 ·· 187

后 记 ·· 189

第一章 家庭教育概述

"家庭是孩子的第一所学校,父母是孩子的第一任教师",这是人们对家庭及家庭教育重要性最简洁的概括。家庭是人成长的根,家庭教育是一切教育的基础,家庭为一个人的一生做了最初和永久的奠基,因此家庭教育在个体发展中具有不可替代性。家庭也是社会的细胞,是儿童与社会联系的桥梁与纽带。纵观历史,可以看到良好的家庭教育使人终生受益,而不良的家庭教育则会贻误终生。家庭及家庭教育既继承、丰富和发展了人类文化,又维系、推动着人类社会文明不断发展。

第一节 家庭的内涵与职能

一、家庭的内涵

研究家庭教育问题,首先应该对家庭和家庭的职能有个较为准确、科学的认识。因为家庭教育只是家庭的基本职能之一,所以只有较全面地认识家庭及其职能,才能更好地认识和把握家庭教育问题。

家庭是什么?不同的研究有着许多不同的说法。如有人从家庭的生物学属性来分析,有人从家庭的社会属性来界定,还有人试图把两者结合起来对家庭进行定义。从国内外研究来看,关于家庭内涵和特征的种种分析如下:

通常所谓家庭,是指夫妇子女等亲属所结合之团体而言。故家庭成立的条件有三:第一,亲属的结合;第二,包括两代或两代以上的亲属;第三,有比较长久的共同生活。

父母子形成的团体,我们称之为家庭。

家庭是以婚姻、血缘和收养关系为基础的一种社会生活组织形式。家庭是社会的细胞,是社会生活的基础,是组成社会的基本单位。家庭具有自然属性和社会属性,家庭的自然属性在于它是以两性结合和血缘联系为其自然条件的;家庭的社会属性在于一定的家庭形态,总是同社会发展的一定阶段相适应的,只有透过一定的社会历史的发展阶段,才能科学地认识家庭制度的本质和发展规律。社会性是人类的根本属性,家庭的性质和特点主要是受人类社会属性所决定的。

家庭即以婚姻关系为基础,以及由血缘关系或收养关系组成共同生活的社会细胞(即社会组织单元)。

家庭是以姻缘和血缘(包括拟血缘关系)为纽带,以这些人共同生活为特征的社会生活共同体。

美国社会学家 W. 古德(W. Goode)认为家庭包含了下列五种情况中的大多数:① 至少有两个不同性别的成年人住在一起;② 他们之间存在着某种分工;③ 他们进行许多经济与社会交换;④ 他们共享许多事物,如吃饭、性生活、居住等;⑤ 成年人与其子女之间有着亲子关系,父母对孩子都拥有某种权威,但同时也对孩子负有保护、合作与抚育的义务,父母与子女相依为命;孩子之间存在着兄弟姐妹关系,共同分担义务,相互保护并相互帮助。

美国学者 J. 罗斯·埃什尔曼在《家庭导论》中认为,与其他社会团体相比,家庭具有如下特征:家庭是由婚姻、血缘和收养关系联系起来的人所组成的;一个家庭的成员单独地生活在一座房子里组成一个单独的户,或者,如果他们分开住,他们也被看成是一家;家庭是由承担一些社会角色,诸如丈夫和妻子、母亲和父亲、儿子和女儿、兄弟和姐妹的人,相互作用和相互联系而组成;家庭保留着一些共通的文化,它主要是从人类文化衍生而来,但每个家庭又都有某些明显的特点。

家庭是人们以婚姻、血缘、收养或感情等关系为纽带组成的,以比较持久的共同生活以及一定程度上的经济共有、共享为主要特征的初级社会生活单位。

从以上学者对家庭概念的分析来看,可以发现其中包含以下几个共同要素:① 家庭是男女两性以婚姻关系形成的社会组织;② 家庭是亲子两代(也可以超过两代)以血缘关系或收养形成的社会组织;③ 家庭是人,特别是未成年人精神和物质生活的寄托;④ 家庭是个人最初加入的群体,是个人与社会联系的桥梁;⑤ 人从家庭走向社会,但他(她)一刻也没有离开家庭,因此家庭是个人与社会联系的纽带。

其实,要给研究对象下一个准确而又明确的定义,要比做研究本身困难得多,对家庭的定义也是这样。社会学家和人类学家关于家庭的定义已争论了好几十年,其重要原因在于对家庭的属性和特征的不同认识。从人类发展历程来看,家庭概念是一个历史概念。人类家庭的演化史极为复杂。自人类社会产生到现在,大体经历了无婚姻家庭可言的杂婚阶段、血缘群婚家庭阶段、普那路亚婚家庭阶段、对偶婚家庭阶段和现在普遍实行的个体婚家庭即一夫一妻制婚家庭这样五个大的发展阶段。一夫一妻制的婚姻家庭,是人类社会随着由原始公有制社会向私有制、阶级社会过渡出现的主要的婚姻家庭形式。它在人类历史上大约存在了几千年到一万年。现在世界上的婚姻家庭形式仍然很复杂,除了一夫一妻制的婚姻家庭形式之外,还有多种形式。但总的看来,一夫一妻制的婚姻家庭形式在现今世界,特别是在我国处于主导地位。

如果给家庭下个定义,可以这样说,家庭是以姻缘和血缘(包括拟血缘关系)为纽带,以这些人共同生活为特征的社会生活的共同体。在社会学看来,家庭属初级社会群体,是社会的细胞。整个社会就是由千千万万个家庭共同组成的。

二、家庭的职能

家庭职能,就是指家庭在人类生活和社会发展方面所起的作用。家庭职能的内容受社会性质的制约,不同的社会形态,构成了不同的家庭职能。有些职能是共同的,是任何社会都具有的;有些职能形式上相同,但内涵却不完全相同;有些职能则是派生的,它不是每个家庭都具有的。家庭作为一种社会生活的组织形式之所以在人类历史上存在了数千年,乃至上万年,至今仍保持着强大的生命力,种种原因中最重要的就是家庭有着其他社会组织、社会共同体不能替代的职能。

穆道克(Murdock)认为,家庭具有性、经济、生殖、教育等职能;帕森斯认为,家庭主要职能在于孩子的社会化和成人安定;我国台湾学者认为,家庭具有经济、保护、娱乐、宗教、教育、生育、情爱等职能。

从古至今,家庭有多种职能。概括起来看,其基本职能主要表现在以下几个方面:

1. 满足男女性生活需要和人口繁衍的职能

人类是一种有着最突出的社会性的高级动物。大自然的进化,使人类分成了男女,即雄雌两性。男女之间进行性生活,既是人的自然本性的表现,也是人类自身繁衍的需要。从古至今,人类不但在性生活中追求性享乐,而且还

通过性生活繁衍后代,使人类代代交替。

由于在现今社会生活中,人们的性生活被社会限制在家庭中的夫妻之间,人口的繁衍又与男女之间的性生活有着必然联系并由此所决定,否则,便被认为是私生,会受到社会的歧视。因此,家庭便理所当然地担当着人口繁衍的职能。家庭的这种职能,是任何其他社会组织和单位不能替代的。起码,在当代仍基本如此。至于试管婴儿、从精子银行取精子进行人口繁殖等,与私生子一样,只是极个别的现象,并不能取代一般,也永远不能取代一般。

2. 家庭的教育职能

孩子降到人间,他(她)从父母那里得到的只是父母给他(她)的基本生物遗传。父母的知识、技能不会遗传给孩子,孩子的知识都是后天学来的。在其一生中,最早传授给他(她)知识的人,便是母亲和父亲及家庭中的其他成员。父母亲及家庭其他成员对新生儿所给予的一切培养、教育和影响,直到其进入社会,都是家庭教育。在家庭中对子女进行培养、教育和影响,使其长大成人,成为社会中的一员,都是家庭教育。对子女进行家庭教育,是父母和家庭的天职,是家庭自产生以来至今所具有的基本职能之一。

3. 进行物质生产的职能

自家庭产生以来,基于家庭成员对物质生活和文化生活资料的需求,一般家庭都要进行物质生产。不过,由于时代不同,社会发展阶段不同及家庭的社会地位、阶级地位不同等,各个家庭在物质生产中所处的地位、所起的作用也有所不同。在阶级社会中,剥削阶级家庭不进行物质生产,这是极少数。在社会化大生产日益发达的情况下,家庭物质生产的职能逐步被社会所取代。现在在我国农村,由于实行家庭联产承包责任制,家庭物质生产的职能又被强化。

4. 休息、娱乐和消费的职能

自古以来,家庭就是人生最好的休息、娱乐场所之一。在家庭中,人们不仅可以进行工作、劳动之后的一般的体力休息和娱乐,还可以享受到在其他场所不能享受到的天伦之乐、人伦之乐,如夫妻之乐、逗儿玩孙之乐等。不少人常把家庭比作人生道路上的避风港,就是说,它有着休息、娱乐的功能。家庭中人们的人际关系亲密无间,可以无话不谈,精神上可以放松,可以得到最充分的休息。

家庭又是一种消费单位。它不但进行衣、食、住、行等方面的物质消费,还进行精神、文化方面的消费。

5．赡养老人的职能

人到了老年,丧失了劳动和自理的能力,需要子女的照顾、赡养。这是千百年来家庭承担的重要功能。当然,随着社会的发展和社会福利事业的发展,赡养老人及葬送死者的不少义务已转向社会。但是,在这些方面,家庭的其他成员,特别是子女仍然承担着义不容辞的责任。这种责任、义务,就是家庭赡养老人的职能。

虽然家庭的职能还有一些,但主要有以上这五种职能。由于社会发展的阶段不同、国度不同、民族习俗不同,各个家庭的具体情况也各有别,家庭在发挥其职能时情况也各有别。在现实生活中,充分发挥上述家庭的职能,是保持家庭和睦幸福、搞好家庭教育的重要保障。

第二节 家庭教育的内涵、性质及特点

一、家庭教育的涵义

关于什么是家庭教育,研究者有着如下不同的表述:

《中国大百科全书》(教育卷)中把家庭教育定义为:父母或其他年长者在家庭内自觉地、有层次地对子女进行的教育。

《辞海》对"家庭教育"词条的解释是:父母或其他年长者在家里对儿童和青少年进行的教育。社会主义国家的教育虽然主要由学校承担,但也确认家庭教育是教育后一代的重要阵地。家庭与学校密切配合,统一教育影响,使儿童青少年在德育、智育、体育等方面都获得发展。

顾明远教授主编的《教育大辞典》第1卷中把家庭教育定义为"家庭成员之间的相互教育,通常多指父母或其他年长者对儿女辈进行的教育"。

郑其龙编著的《家庭教育学》中指出:教育是一定社会对新一代有目的、有系统的培养教育……家庭教育是家长对子女的培养教育,它是整个教育的组成部分或分支。

邓佐君主编的《家庭教育学》指出:家庭教育是在家庭生活中发生的,以亲子关系为中心,以培养社会需要的人为目标的教育活动,是在人的社会化过程中,家庭(主要指父母)对个体(一般指儿童青少年)产生的影响作用。

李天燕认为,家庭教育是指发生在现实家庭生活中,以血亲关系为核心的家庭成员(主要是父母与子女)之间的双向沟通、相互影响的互动教育。

缪建东在《家庭教育社会学》一书中指出:家庭教育是人类的一种教育实践,是在家庭互动过程中父母对子女的生长发展所产生的教育影响。广义的家庭教育既包括家长对子女的教育,又包括子女对家长的教育,甚至包括双亲之间、子女与子女之间、子女与祖辈之间相互产生的教育影响。狭义的家庭教育是指父母对子女所形成的影响。

马和民教授则指出:家庭教育既指在家庭中进行的教育,又指家庭环境因素所产生的教育功能。前者指的是受教育者在家庭中受到的由其家庭成员(不论长幼,但主要指父母)施予的自觉或非自觉的、经验性的或有意识的、有形的或无形的等多种水平上的影响;后者则指家庭诸环境因素(包括家庭的社会背景和生活方式)对受教育者产生的"隐性"影响。他强调家庭教育既是一种直接的"显性"教育活动,也是一种接受家庭环境熏陶的"隐性"教育活动。

台湾学者黄迺毓指出:家庭教育强调在家庭里,家人彼此的互动关系,也就是说父母和子女是互相教育的,家庭里发生的许多事情都直接或间接地让我们学到一些东西,我们也在日常家庭生活里接受最基础的教育。他强调家庭教育既是一种互动性的活动,也是一种在不知不觉中接受最基础的教育的活动。

众多研究中对家庭教育内涵的种种分析反映出人们对家庭教育研究的不断深化。赵忠心在《家庭教育学》一书中对家庭教育从广义和狭义两个层面进行了界定。广义的家庭教育,是家庭成员之间相互实施的一种教育。如广义的教育一样,凡是有目的、有意识地增进人的知识技能,影响人的思想品德,发展人的智力和体力的活动,都是教育。在家庭里,不论是父母对子女,子女对父母,长者对幼者,幼者对长者,同辈人对同辈人,一切有目的、有意识地施加的影响,都是家庭教育。狭义的家庭教育是指在家庭生活中,由家长,即由家庭里的长者(其中主要是父母)对其子女及其他年幼者实施的教育和影响。这种分层界定的方法对家庭教育的研究与实践都具有实用性。

二、家庭教育的性质

家庭教育的性质是指家庭教育区别于其他教育的根本属性。要探索家庭教育的规律,首先必须了解家庭教育究竟是一种什么样的教育,具有哪些根本属性。家庭教育和学校教育、社会教育相比,其具有的根本属性有如下几点:

1. 家庭教育是一种私人教育

从教育者和受教育者之间的关系来看，教育大体分为两大类：一是公共教育，一是私人教育。教育者和受教育者之间，仅仅是教育和受教育、教与学的关系，不存在血缘和隶属关系，进行这种教育不是为了满足教育者个人的切身利益，也不是按照教育者个人的主观意志去实施。这种教育就是公共教育，如当代的学校教育和社会教育。

而家庭教育则是在父母子女之间、家庭的年长者与年幼者之间进行的一种教育，教育者和受教育者之间不仅仅是一种教育与受教育、教与学的关系，而首先是具有血缘关系和隶属关系，进行这种教育是为了满足教育者个人的愿望和利益，如何进行教育、进行什么内容的教育和最终要把受教育者培养成什么样的人，主要是取决于教育者个人的意志。因此，家庭教育是一种私人教育。

当然，家庭教育转变为私人教育也是有一个过程的。家庭从它产生到现在，经历了血缘家庭、对偶家庭和一夫一妻的个体家庭等形态演变的过程。血缘家庭和对偶家庭是公共家庭，子女"只知其母，不知其父"；由于生产力发展水平低下，生身父母不能独立抚养和教育自己的子女，只能由大家庭的老年人共同抚养，实行公共教育。只是到了一夫一妻制的个体家庭出现以后，子女才能确认生身父母，父母也才能确认自己的子女。父母亲自抚养、教育自己的子女，其目的是为了使子女能最后继承自己的家产和家业；对子女实施什么样的教育养成什么样的人，都取决于父母的意志。只是到了这时，家庭教育才由公共教育转变为私人教育。

强调家庭教育是私人教育，并不是说家庭教育孤立于社会之外，跟社会生活相隔绝。恰恰相反，家庭是社会的细胞，是社会的缩影，社会政治、经济的变革肯定要通过种种渠道渗透到家庭生活中来，影响家庭教育的实施。任何社会、任何时代的家庭教育都带有那个社会和那个时代的鲜明烙印，反映当时的社会生活，适应时代的需要。我们之所以强调家庭教育是私人教育，主要是说社会和他人不能对家庭教育进行直接的行政干预，只能采取多种方式进行宣传、渗透和引导并施加影响，使之适应社会的需要。

2. 家庭教育是非正规教育

从教育过程实施的组织形式来看，教育大体可以分为正规教育和非正规教育两大类。所谓正规教育，是有组织、有领导、有计划、有目的、有系统地实施的教育。正规教育一般有受过专门训练，具有一定专业知识和教育能力，经考核合格，由国家或教育行政部门任命或聘任的专职教育工作者；有相对稳定

的、按一定年龄和文化知识水平组织起来的教育对象;有按照国家意志制定的教育教学大纲、教育教学计划和相对稳定的教育教学内容与教材;有一定的教育教学组织形式;教育教学工作有系统、有秩序、有要求、有检查、有考核、有评估、有明确的培养目标。例如,各级各类学校教育。

家庭教育是一种非正规教育。它虽然有一定的目的,但不是有组织、有领导、有严密计划的教育。家庭教育中的教育者,一般都没有经过教育方面的专门训练,也不具备专门的教育知识和能力;教育者资格的取得,不用进行考核,也不需由谁任用,只要生育了子女,就自然而然地成为子女的教育者;教育内容没有统一的要求,没有带有法律性质的教育教学大纲、计划、内容和教材;究竟进行什么内容的教育和训练,如何进行教育和训练,要把子女培养造就成什么样的人,主要取决于家长的意志,社会和他人无权进行直接的行政干预;进行教育和训练,没有固定的模式、固定的时间和地点,一般都是在家庭的日常生活中,随时随地实施的,并且往往是家长认为应该进行什么教育和训练,就怎样教育和训练,模式、时间、地点、场合都由家长自主选定。

强调家庭教育是非正规教育,主要是说明家庭教育和家庭日常生活关系密切,是寓教育于家庭日常生活之中。实施家庭教育不能脱离家庭日常生活,不要照搬正规化教育的模式,防止"家庭教育学校化"。作为非正规教育,家庭教育有其特有的优势,诸如教育训练内容的丰富多样,教育方式方法和模式的灵活机动,教育训练和实践的密切结合,教育活动的形象生动,等等。家长应注意发挥这些优势。

3. 家庭教育是终身教育

从教育过程连续实施的时间长短来说,家庭教育可以分为阶段教育和终身教育。

系统的学校教育虽然要连续实施相当长的时间,但人们接受学校教育,还只是人生整个历程中的一个阶段。至于各个等级的学校教育,实施的时间更为短暂。就是人们常说的那种"继续教育"或"终生教育",作为正规教育,也只是断断续续地接受。

家庭教育则与此不同。从人们呱呱落地一出生,甚至从未出生时就开始接受教育(胎教)。从出生到入学之前,儿童主要的生活场所是家庭,每天都和父母生活在一起,朝夕相处。儿童一般主要接受的是家庭教育。入学以后,儿童每天仍有大约三分之二的时间生活在家庭里,在父母身边活动,接受着父母或其他长辈的影响和教育。离开学校进入社会生活,家长的教育仍继续进行,只是教育的侧重点与以前有所不同罢了。在学龄前和学龄期,家长对子女进行的教育,多是行为规范、智力开发、文化学习、思想品德和身体保健等方面的教育;而成年之后,则是为人处世、就业选择、工作态度、恋爱、婚姻,以及成家、夫妻关系、养育子女等方面的教育。在有些国家,当子女年满18周岁以后,家长就不再承担抚养的责任,但对子女的家庭教育则并没有完全放弃,只是在教育的侧重点与方式方法上有所变化。在我国,做父母的对子女的教育,是典型的终身教育,即或是子女已到壮年,以至于老年,都继续负责,一直延续到离开人世。像父母临终前留下的遗嘱,对子女来说,也是家庭教育。教育作用延续的时间还相当长。

强调家庭教育是终身教育,目的是要做子女或晚辈的,应尊重并注意听取父母和长辈的教育;做父母或长辈的,要切实负起教育子女或晚辈的责任,不能借故推卸。当然,就整个家庭教育过程来说,也是有重点的。家庭教育的重点阶段是子女从出生一直到成年,即身心发展未成熟以前,称之为"未成年"阶段。

三、家庭教育的特点

家庭教育是在特定的环境(家庭)里,由特定的教育者(家长)对有特定关系(血缘关系)的受教育者,通过特定的教育途径和方式方法实施的一种教育,它是教育的一种特殊形式。家庭教育的特点,对家庭教育的矛盾做出了质的规定,从而决定了它在促进儿童、青少年身心发展中的特殊作用。要做好家庭教育,就必须充分认识其优势,正视其短处和不利因素,以便在实践中扬其长、避其短,最大限度地发挥其优势,并创造条件,化不利因素为积极因素。

1. 家庭教育具有人际关系的亲近性和教育的感染性

无论是从生物学的角度看,还是从社会学的角度看,在人世间,血亲关系都是人与人之间最亲近的人际关系。血亲关系,包括生出与被生出的直系血亲关系,如父子关系、母女关系、祖父母与孙子女的关系、外祖父母与外孙子女的关系等,也包括同出于一源的旁系血亲关系,如兄弟姐妹关系、堂兄弟姐妹关系、伯侄关系等。在家庭教育中,就教育者与被教育者的人际关系看,一般是直系血亲关系,特别是父母与亲生子女的关系。在特殊情况下,两者也有旁系血亲和拟血亲关系。即使是旁系血亲关系或拟血亲关系,仍然被社会视为血亲关系。因此一般来说,家庭教育是血亲之间的教育与被教育的关系。正因为这样,家庭教育具有人际关系的亲近性的一般特点。这一特点,是其他教育形式所不具有的。纵观古今中外的一切家庭教育,自婚姻家庭这一特殊的社会生活组织形式产生以来,不论是在封建帝王之家,还是在平民百姓之家,一切家庭教育，都鲜明地具有人际关系的亲近性。由此也就形成了它本身固有的许多其他特点及家庭教育与学校教育、社会教育等教育形式的区别。

在现今社会生活中，除家庭教育之外，学校教育、社会教育也是人类之间彼此进行教育、进行知识传递和教化的基本形式。就这两种基本教育形式来看，两者在教育者与被教育者之间则一般不具有血亲关系。起码，血亲关系不是形成这两种教育形式的必备条件。而家庭教育则不然，在家庭教育中则普遍地存在着血亲关系。

家庭教育的感染性指的是人的情感在家庭教育中的作用，也就是人们平常所说的感化作用。

情感是人们在同周围人和事物的接触交往过程中，所引起的喜、怒、哀、乐等内心态度。情感有一个重要的特点，即它具有感染性，就是能"以情动情"。情感的感染性，像是无声的语言，对人起着感动和感化的作用，它是一种潜移默化的力量，在教育工作中有着特殊意义。

家庭教育在家庭范围内、在家长和子女之间进行的。家庭成员之间一般都具有血缘关系，家庭是成员之间关系最亲密的社会团体，父母子女之间的关系尤为亲密。家庭中的教育者和受教育者之间的关系，不同于学校的教育者和受教育者之间的关系。他们之间不仅存在着一定程度的不可分离性，而且有着十分亲密的感情上的联系。人们常常用"儿女之情"形容人与人之间的亲密感情，这足以说明父母与子女之间的感情之深。战国时期的思想家韩非曾经说过："人之情性莫爱于父母。"意思是说人与人之间的感情没有能超过父母子女之间的感情的。人与人之间的感情越亲密，相互之间情感的感染性越强，感化作用越大；反之，则感染性越弱，感化作用越小；如果人与人之间从感情上就对立，不可调协，那么，相互之间感染性就发生相反的作用；人与人之间没有感情，就没有什么感化作用。由于父母和子女之间的天然感情是无可比拟的，因此在家庭教育过程中，情感的感染性发挥着非常重要的作用。

我国古人很早就注意到了这一点。北齐颜之推在他的家庭教育专著《颜氏家训》中，开宗明义地指出："夫同言而信，信其所亲；同命而行，行其所服。禁童子之暴虐，则师友之诫，不如傅婢之指挥；止凡人之斗阋，则尧舜之道，不如寡妻之诲谕。"这是说，同样的话，人们一般都更相信关系密切、感情亲近的人所说的；同样的指令，人们一般首先听从在自己心目中有威信的人所发出的。纠正、禁止儿童的不良行为，学校老师和朋友的规劝，还不如家庭教师和家里的仆人说的话更起作用；人们争吵、斗殴，旁人用尧舜先王之天理劝解，还不如自己的妻子劝解更有效。这是什么原因呢？不是说师友无能，也不是尧舜之道本身就没有说服力,这里是说关系亲密、感情亲近的家庭成员所讲的话,比别的人所说的话更容易使人相信、理解和听从。颜之推之所以撰写家庭教育专著,劝导人们重视家庭教育,就是由于他首先充分看到了家长对子女在情感上的巨大感染作用。

中国古代的教育学专著《学记》一书,在谈到教育工作中师与生的关系问题时说:"亲其师,信其道。"意思是指只有学生与教师之间产生了亲密深厚的感情,学生才会对教师的教诲深信不疑,教师的教育作用才更大,效果才更好。同样,在家庭教育中,子女一般能够听从家长的话、服从家长的管教,也是这个道理。《诗经》上说:"父兮生我,母兮鞠我,长我育我,顾我复我,出入腹我。"这是描述子女在回顾父母养育自己成长的过程时的感激之情:父母生养了我,父母又亲手抚养教育了我,我每次离开家外出的时候,他们总是老远地望着我,我不在家时,他们心里还总是惦念着我。子女的这种心情和感受,是热爱、敬重父母和听从父母教诲的感情基础。

家庭教育中父母情感的感染性,无论是对子女进行正确的积极的教育,还是反面的消极的影响,都有巨大的作用。比如,孩子参加社会公益劳动,如果父母从内心感到对孩子有好处,很高兴,全力支持,并且勉励孩子要好好干,那么,孩子在劳动中的积极性就会很高涨。相反,假如父母心疼孩子,怕孩子受累吃苦,极力阻拦,或是采取漠不关心、无所谓的态度,孩子的劳动热情就会受到影响,思想上的收获也不会大。再比如,子女大学毕业,要到艰苦的地方去工作,如果父母为子女的选择感到由衷高兴,认为这是孩子有出息的表现,那么,就会解除子女的后顾之忧,使他们的决心更加坚定。假如父母态度暧昧,情绪低落,或是哭哭啼啼地舍不得子女离开父母,那么,就会动摇子女的决心。

在家庭教育过程中,父母情感对子女的感染作用,在任何时候、任何情况下都不能低估。要充分认识并努力发挥家庭教育的这种优势。要发挥这种优势,关键在于家长。家长要树立正确的教育思想,要有健康的情感,和子女保持密切的关系,建立正常的感情关系,随时随地注意对子女施以积极的情感感染。

2. 家庭教育具有内容的广泛性和方法的灵活性

家庭是社会的细胞,同时也是社会的缩影。家庭是人们进入社会之前的"演练场",社会生活的复杂性反映到家庭,使家庭生活内容也具有相当的复杂性。家庭教育虽然不像各级各类学校那样,开设那么多门类的课程,但是,家庭教育的内容,却相当广泛、丰富,远远超出学校教育内容所涉及的范围。

家庭教育中,凡是与人、人生有关的一切知识,从刚刚来到世间时的学吃

奶、学吃饭、学说话、学走路、学穿衣,到人生哲理、人生伦理、人生规范、社会礼仪、社会知识、历史知识,到各种自然知识、劳动技能等,人们都能从家庭教育、家庭生活中学来。对每个人的人生来说,每个家庭都可说是一所知识最丰富、最完整、最实际的"综合性大学"。在这所大学中,每个人都可以从中学到生活所需要的全部知识,特别是父母所具有的全部知识。就所学知识的广泛性来说,是其他一切教育所不能及的。就教育内容的广泛性和孩子学到的知识、技能的广泛性来看,家庭教育会大大超过学校教育和社会教育。当然,就知识的系统性和深度来说,可能会比学校教育特别是大学教育差一些。正因为如此,要把孩子培养成才,孩子们在接受家庭教育的同时,还必须认真地接受现代学校教育。

就教育方法看,家庭教育具有灵活多样性的重要特征。家庭教育不像学校教育那样,一般没有什么固定的"程式",也不受时间、地点、场合、条件的种种限制,随时随地进行,遇物则诲、相机而教。在休息、娱乐、闲谈、家务劳动等各种活动中,都可以进行教育和训练。如在孩子幼年时,玩耍中有教育,生活中有教育;孩子进入少年、青年期后,教孩子干家务和参加劳动,表扬、批评、谈心等都是教育。还有不少家长很有教育意识,在带孩子走亲、访友、逛商店、参观、旅游等活动中,也能利用一切可能利用的条件和机会,对孩子进行教育。由于教育内容丰富多彩,家庭教育的具体方式比较容易做到具体形象、机动灵活,适合儿童、青少年的心理特点,易于为子女所接受。这与学校教育相比,在方式方法上要灵活多了。

3. 家庭教育具有启蒙性和连续性

家庭教育是人的教育之根。人一出生就在家庭中生存,家庭早期的教育与影响,对一个人道德观念的形成、卫生习惯的养成、智力潜能的开发、个性特征的培养具有至关重要的启蒙意义。

现代科学证明,学前阶段是儿童身心发展的最迅速时期,出生头一年脑的发展速度最快,在这个时期,给以足够的营养及合理的训练,将促进脑的发展,反之,则会贻误时机。一个人的婴幼儿时期,主要由家庭中的长辈,特别是父母承担起教养责任。在家庭中,父母教会孩子基本生活能力,教会孩子最初的动脑、用脑,教会孩子如何做人、怎样待人。脱离家庭养育的孩子会出现不同程度的生理缺陷或个性障碍,因而家庭教育是一个人的启蒙教育。在家庭中发展起来的身心能力如何,将决定他日后接受各种教育影响获得身心发展的能力。成功的家庭教育,是人成长、成才的基础;家庭教育的失误或不足,将给人的一生带来不可弥补的缺陷或障碍。

家庭教育是一个人从出生到离世,连续不断地接受的教育。相对于学校教育和社会教育来说,家庭教育的整个过程,一般就没有生活环境和教育者变化和更换的问题,有较强的连续性,是一种长期的、连续不断的互动教育。一个人总是生活在一定的家庭中,而家庭本身就是一种教育环境,无论自己承认与否、意识到与否,家庭通过普通生活对人的影响和教育总是存在的,同时,家庭成员还有意识地充当了教育者,或是父母,或是子女,使家庭成员不断受到相互的教育影响,因而家庭教育对一个人是一种连续性的教育。家庭教育的连续性,不仅有利于子女在成人过程中形成良好的品德和行为习惯,而且也有利于家庭中的成人保持良好的心境,以及对社会崭新文化的重新接受,促使自己不断进步。

家庭教育的连续性,不仅指的是那不间断的教育过程,也包含着家庭教育过程的长期性这一显著特点。家庭教育是一种终身教育,人们在一生中始终都是在直接或间接地接受着家长、特别是父母的教育和影响,这是一个相当长的过程。学校教育虽然也是一个连续的过程,但同家庭教育过程相比较,学校教育的这种连续过程还是短暂的,连续教育的时间是相对有限的,这在人们一生成长的过程中仅仅是一个阶段。比如,小学阶段是连续六年,中学阶段是初中三年、高中三年,大学阶段是四五年。而家庭教育却是一直连续进行几十年之久。这种长期连续进行的家庭教育,对子女各方面的影响是极为深刻而持久的。

应当特别指出的是,家庭这个生活环境不同于其他的生活环境,它是一个自然形成的生活环境。人们长时间生活在这样的环境里,所受到的影响比在任何人为形成的环境中所受到的影响要深刻得多,形成的习惯也稳固得多。春秋战国时期的思想家墨子,曾经形象地论述过自然形成的环境长时间而连续影响的作用。他说:"蓬生麻间,不扶自直;白纱入缁,不练自黑;彼蓬之性不直,纱之质不黑;麻扶丝染,使之直黑。夫人之性犹蓬纱也,在所渐染而善恶变矣。"人们长时间而连续生活在自然形成的稳定的环境中,久而久之,耳濡目染,潜移默化,由恶变善或由善变恶,不知不觉地发生变化,这种变化就像自然现象那样,"蓬生麻间,不扶自直;白纱入缁,不练自黑"。家庭教育对于子女的影响作用,就是个"渐染"的过程。在古代罗马,国家把教育青少年一代的任务,委托给各自的家庭来承担,对他们进行国民精神的训练,并责成父母负责,就是为了发挥家庭这个自然形成的生活环境和父母能对子女进行连续教育和训练的优势。

第三节 家庭教育的地位与作用

一、家庭教育：一个备受关注的社会现实问题

从近几年的社会热点问题调查情况来看，子女教育问题始终是公众关注的热点。据零点研究咨询集团历年的《中国居民生活质量指数报告》显示，在1999—2006年城市居民关注的国内社会热点问题排序（前7位）中，关于"子女教育"问题三次入围；在2000年京沪穗汉蓉保等10城市的社会热点问题调查中，"子女教育"问题位列第二位（34.7%），仅次于"环境保护"、"失业下岗"；在2002年的京沪穗汉蓉沈等10城市的调查中，"青少年教育"问题位列第七位（20.6%）；在2004年的京沪穗汉蓉沈等10城市的调查中，"青少年教育"问题位列第六位（19.0%）。可见，孩子的教育问题已经引起全社会的关注。

在当今中国，把孩子的教育放在家庭重要的位置上，是绝大多数家庭的共识，也是中国社会进步的重要标志。孩子是父母的未来，家庭的未来，更是祖国的未来。对父母而言，孩子既是独立的生命个体，又是父母生命的延续，父母希望孩子比自己更完美，希望自身生活中的缺憾在孩子身上得到补偿；对家庭而言，孩子教育得好，家庭才能幸福美满，否则家庭将永无宁日，绝无幸福可言；对社会和国家而言，家庭教育出符合社会要求的全面发展的好孩子，培养社会所需的人才，是对社会和国家最大的贡献。人类社会的进步，正是通过社会人口的世代继替来完成的，是通过一代人比上一代人具有更高水平的道德、文化、能力和智慧表现出来的。由此可见，一代未成年者通过教育所获得的素质如何，预示着未来社会可能达到的水平。

在世界各国进行教育改革的方案和举措中，其中一个十分重要的特点就是，在世界各国政府的教育改革文件和报告中，都对家庭教育的重要性、实施办法和策略作了具体的阐述：

美国高质量教育委员会在1983年4月发表的《国家在危险中，教育改革势在必行》报告中，专门有一部分是写给家长的。报告指出："你们让你们的子女接受适当教育的权利，带来双重责任。显然你们是你们子女的第一个和最有影响的教师，你们孩子对教育的看法及其意义也是从你们那里开始的。你们本身必须是希望自己子女尊敬什么和竭力效仿的活榜样。加之,你们有责任积极参与对孩子的教育。"美国前总统里根曾在1983年出席"全国提高教育质量大会"上提出的6条措施之一,就是"我们必须恢复家长、州和地方政府在教育过程中的合适地位"。美国前总统克林顿在就职演说中,教育是他优先谈的问题之一。为了实现教育发展计划,他要求美国所有的领导者、家长、教师和全体美国公民,不论哪个党派都要为教育做出新的承诺,因为教育是关系到国家前途至关重要的问题。1989年,美国总统与50州的州长聚集在弗吉尼亚大学制定国家教育目标,并于1991年颁布《2000年目标:美国教育目标》,其中涉及家长与家庭的有"目标6:每一个成年人都是有文化的","目标8:每一所学校与每一个家庭将要加强伙伴关系的建设,将增加父母对提高儿童社会性、情感状况与学术成长的参与和投入。"

日本临时教育审议会议《关于教育改革的第一次审议报告》中指出:"为了给孩子们的健康成长打下良好的基础,作为孩子们最初生活环境的家庭和社区担负着主要的教育职能,包括进行品德教育、礼貌教育、情操教育、接触大自然和游戏等。……有必要重新认识家庭、学校和社区的教育作用,还要探讨这三者之间的协调、联系问题。""应当尽快恢复家庭的教育职能,学校和社区也应积极扶持家庭教育。"

英国教育与科学部、威尔士事务部于1985年3月向议会提交的白皮书摘要《把学校办得更好》中提出:"家庭也是教育者,学校应当向他们解释自己的目标和政策,同他们密切合作。"1978年的教育议案中也强调:"发挥教师的创造性和家长的作用,促进企业界和社会承担其应尽的义务。"

中国政府在国民经济和社会发展"八五"计划和十年规划中,提出了学校教育、家庭教育、社会教育是一个整体,把三种教育摆在同等重要的位置上,使之有机结合,互为补充、互相促进,形成整体的观念。1992年,国务院颁布第一部儿童工作纲领——《九十年代中国儿童发展规划纲要》,其中十大目标之一是到20世纪末,让90%以上的儿童家长不同程度地掌握科学育儿知识。全国人大常委会相继颁布了《未成年人保护法》、《义务教育法》、《母婴保护法》、《预防未成年人犯罪法》等,以法律的形式明确家庭、家长的责任和义务。1993年颁布的《中国教育改革和发展纲要》中强调"全社会都要关心和保护青少年的成长,形成社会教育、家庭教育同学校教育密切结合的局面。"并对家长提出具体要求:"家长应当对社会负责,对后代负责,讲究教育方法,培养子女具有良好的品德和行为习惯。"此后国家教委、全国妇联联合制定《全国家庭教育工作"九五"计划》、《家长教育行为规范》和《家长学校指导意见》等文件,使

全国家庭教育指导工作走向有序发展的新阶段。并提出:"建立起学校(托幼园所)教育、社会教育、家庭教育相结合的育人机制,创造有利于儿童身心健康、和谐发展的社会和家庭环境。"

进入21世纪后,《中国儿童发展纲要(2001—2010)》提出了家庭教育的目标:提高家庭教育质量,提高科学教子的水平和能力,使家庭教育与学校教育、社会教育紧密配合,形成合力,培养"四有"新人。《全国家庭教育工作十五计划》提出:"要进一步提高家长的科学教子水平和能力,拓宽家庭教育知识传播渠道,广泛宣传'优生、优育、优教'的科学知识和教育子女的科学方法;构建家庭教育工作指导体系,加强家长学校、家庭教育指导队伍、家庭教育理论研究及家庭教育教材等基础建设;进一步推进家庭教育工作的科学化、社会化、法制化。"

在由雅克·德洛尔主持的国际21世纪教育委员会向联合国教科文组织提交的报告中指出:"家庭是一切教育的第一场所,并在这方面负责情感和认识之间的联系及价值观和准则的传授。……家长与教师之间必须进行真正的对话,儿童的协调发展要求学校教育和家庭教育相互补充。在这方面,为处境很差的居民进行的学前教育的经验表明,上述两种教育的效率主要取决于家庭对学校教育的充分了解和信任。"

从上述国家领导人的讲话、政府文件、专题报告中,我们可以清晰地发现:家庭在教育年轻一代中的重要作用被越来越多的人所认识,上至政府,下至普通百姓,人们纷纷强调发挥家庭教育的功能,这是社会发展的必然。在历史的长河中,家庭教育曾经是培养人的教育的主体,但随着制度化、专门化的学校教育的兴起与兴盛,"学校中心"的传递结构与"教育权威",不仅使学校教育"垄断"了文化的传递,而且似乎包揽了与人的发展相关的全部教育内容,家庭教育则由于其性质的改变而处于从属地位,其重要性在人们的观念中也逐渐淡化。然而现代社会学、心理学关于人类早期经验将影响人的一生的理论研究的深入,以及现实生活中展示的在人的社会化过程的初始阶段家庭的不可替代的、关键性作用,使人们重新开始审视家庭教育。在新的意义上肯定家庭教育,使之成为大教育体系中的重要组成部分,并占有与学校教育、社会教育并重的地位。家庭教育的重要性,在社会变迁、家庭变迁的背景中,在信息化社会的大环境中,在学习化社会即将来临的新趋势下,日益得到体现与认同。

二、家庭教育的地位与作用

1. 家庭教育的地位

(1) 从教育角度看,家庭教育是整个教育工作的基础

婴儿从出生之时起就成为独立的生命个体,开始了他的人生之途。婴幼儿时期基本上是在家庭中度过的,接受父母的抚养与教育,使一个无知的新生儿,逐渐学会吃喝拉撒等基本生活知识和技能,学会说话,学会交往,智慧的幼芽逐渐长大,道德意识开始觉醒。现代心理学、医学、教育学都已证明,早期的智力开发、技能培养、习惯养成具有非常重要的意义。

孩子上学后并不意味着家庭教育就万事大吉了。特别是幼儿园及小学阶段的孩子,虽已离开了家庭,但他们的社会化程度还很低,独立性差,是非观念模糊,因此除了接受学校教育之外,还必须接受家庭教育。正因为如此,学校教育也总是千方百计争取家庭教育的支持,创造出家访、家长会、家长学校、家长委员会等多种家校结合的途径。

台湾学者黄迺毓认为:"尽管学校教育和社会教育以各种方式在影响每个人,但家庭教育仍是一切教育的根,对教育的成败负有无可推卸的责任。"可见,家庭教育在整个教育工作中的基础性地位。

(2) 从育人角度看,家庭教育是促进人社会化的基础

社会化是指个体通过学习知识、技能和社会规范,取得社会生活和正式社会成员的资格,形成和完善个体的社会性的过程。教育就是一个促进人社会化的过程,家庭教育在其中处于重要地位。新生儿来到人世,对其来到的这个社会一无所知,正是靠着家庭生活和家庭教育,使孩子逐渐认识了父母与家人、亲朋好友、邻居小伙伴,逐步理解了这些人际关系。随着交往的增多,孩子逐渐开始理解社会规范,比如,父母从小教育孩子不能打人骂人,不能说谎话,不能偷东西等,这些教育对孩子社会化都有着重要作用。

孩子入学了,家庭教育在促进孩子社会化的过程中也有着独特作用。家庭教育尽管没有固定的教育内容,但作为孩子生活场所的家庭,父母会什么、懂什么、支持什么,反对什么等都会通过言行对孩子产生影响,形成终生印象,从而对其社会化产生重大作用。

2. 家庭教育的作用

家庭教育的作用体现在促进个体发展、支持学校教育和促进社会文明等方面。

(1) 家庭教育对人的一生发展具有重要影响

首先,家庭教育是个体成长的奠基性教育。家庭教育是人接受的最初教育,它开始于胎教。随着现代科学的发展,胎教的科学性逐步被证实,胎教在现代科学的基础上逐步得到了完善。新生婴儿降临到人世间,最早接受的也是家庭教育。在每个人的人生之初,他都是作为一个对外界一无所知、基本生存能力极低的生物个体离开母体来到世间的。刚刚出生的婴儿,仅仅是一个还缺乏社会性的头脑,像一张白纸一样无知的生命个体,之后逐步学会走路、说话,初识人间烟火,逐步懂得了一些最基本的生活知识和社会规范,并参与范围越来越广的社会活动和社会交往,不断认识社会。这些是人生发展中最基础的知识。

可以说家庭是人们接受教育的摇篮,也是人们接受教育的第一个场所。在教育这个由浅入深的过程中,对于任何人来说,最浅显、最基础的教育都是通过家庭、特别是通过父母来完成的。如果没有家庭教育所传授的那些基本知识、本领作基础,人是很难顺利接受学校教育和社会教育的。家庭教育在教育体系中,就像是建高楼大厦的基石,基石打得好,才能建优质的高楼大厦,家庭教育搞好了,才能为培养优秀人才打好基础。这种伴之以深厚浓烈的亲情之爱和细致入微的体贴方式而进行的家庭基础性教育,是其他任何教育形式所不能取代的,它对任何人一生的成长都起着奠基作用。

其次,家庭教育是个体全方位和终身性接受的教育。家庭教育不像学校教育和社会教育那样,主要是以科学文化知识为主体及一些专有知识为主体的教育,家庭教育的教育内容最为广泛。它对人的教育,从最基本的生活本领,即吃、喝、拉、撒、睡、说话、走路、喜、怒哀、乐起,到劳动、社会交往、文化知识、人情世故、世态炎凉等无所不包,凡是父母掌握的知识和社会生活经验,都会毫无保留地、无私地通过家庭教育传授给自己的子女和其他后人,同样,凡是家庭成员所获得的新知识、新经验,都会自觉或不自觉地感染、影响其他家庭成员。

家庭教育也是一种终身性教育。家庭教育不像学校教育和社会教育那样,总是以一定的时间段规定人必须完成的学业,获得毕业或结业证书。家庭教育却没有毕业证可拿,对每一个人来说,只要不离开家庭而生活,也就永久地接受着家庭教育,有时即使是暂时离开家庭而生活,也要通过书信、电话、网络等进行相互了解、鼓励和教育。在家庭这所学校里,教育没有时间限制,它是人终身接受教育的重要场所。

因此,作为内容最广泛、持续时间最长的教育,家庭教育具有其他类型教育不能替代的作用,特别在人的未成年时期和老年时期,教育和影响作用最为重大,关系着人的成长方向和晚年生活质量。在人的一生中,家庭教育使人全面接受知识,熏陶品性,实践人生。

(2) 家庭教育对学校教育具有支持作用

将近一百年前(1914年),美国的斯特娜夫人对中国的发展有一个大胆的猜想:"中国是最早开设学校的国家,尽管如此,他们的文明落后了。这是由于他们没有认识到妇女教育的必要性。过去,中国人认为妇女不应受教育,因此,中国大多数妇女是文盲,也不进行家庭教育。受不到母亲教育的国民绝不能成为伟大的国民。"现在看来,这个美国人的猜想并不周全,因为中国妇女受教育的状况已经不断改善。不过,这个猜想有一点是符合事实的:中国家长普遍愿意把孩子成长的责任推卸给学校。如果孩子的成长出现了问题,家长愿意批评学校的教师,一般不愿意承认那是家长自己的失误。

前苏联教育家苏霍姆林斯基说过:"家庭要有高度的教育学素养,如果没有整个社会首先是家庭的教育学素养,那么不管教师付出多大的努力,都收不到满意的效果。"可见学校教育的成败,与家庭教育的支持密切相关。良好的家庭教育为一个人的发展奠定了良好的基础,意味着个体做好了接受外部环境影响的准备。倘若家庭教育未打下良好的基础,个体就会变成"不可教"、"不好教"的人。20世纪70年代,美国开展教育改革运动,实行教育补偿政策,就是为了改善劳工阶层家庭的不利处境,促进劳工阶层家庭子女在学校教育中能取得学业成功。

(3) 家庭教育对社会文明发展具有重要的促进作用

19世纪德国学前教育家福禄培尔曾说:"国家的命运与其说操在掌权者手中,倒不如说是掌握在母亲的手中。"家庭教育对社会的现实利益有重要影响。家庭教育是整个教育大厦的基石,其一但失败意味着一个人可能一辈子无法从动物人向社会人转变,这可能会致使一个人变成无用之物甚至变成危害社会的角色。家庭教育的缺失将导致人格缺陷、性情偏颇,对自己的行为没有更改判断能力,对自己的情绪冲动没有自我控制能力,于是做出害人害己、害社会的犯罪行为。反之,家庭教育的成功,则可奠定一个人走向成功的人格基础,使之不但能够自立于世,而且能为社会做出自己的贡献。

家庭是社会的细胞,是社会文化的载体之一,家庭教育对社会文明的传承和发展有着重要影响。从本质而言,人类文明的终极价值无不是引领人类精神世界日趋丰盈,促使人类灵魂获得安宁和永生。家庭教育关注的核心便是人的灵魂的奠基和塑造。1995年,联合国在"国际家庭日"发表的纪念文告中指出:"家庭作为最活跃的社会细胞,把个人和社会联系在一起。它必须适应全球性的变化。这种变化是深远的,它不仅影响人类的物质生活,还将影响人类的价值观念和信仰。"当今世界上有许多国家都非常重视家庭建设,重视树立正确的家庭价值观,创造美好的家庭生活,为建设一个文明、富裕、繁荣的社会奠定基础。

第二章 家庭教育的学科发展

一般而言,某一学科的构建往往经历三个阶段:一是初始阶段,该阶段主要是实践经验的积累,也会有理论上的描述,但其理论往往基于感性的实践观察,缺少科学的研究方法或其他学科理论的支撑。二是独立形成阶段,该阶段表现为学科研究领域明确,研究方法科学,理论体系初步形成,研究范式确立。三是完善发展阶段,该阶段借助相关学科的方法论,构建本学科方法论基础,使本学科理论不断完善,并展现本学科独特性、创造性等特征。

第一节 家庭教育学的历史发展

家庭教育学是一门既古老又崭新的科学。说它古老,是因为家庭是一种具有悠久历史的社会组织形式,家庭教育古已有之。从它产生以来,人们就从事家庭教育实践,在实践中积累了丰富的历史经验,并不断有所变化和发展。说它崭新,是因为家庭教育作为一门学科存在的历史是短暂的,尤其在我国,家庭教育学的研究起步较晚,可以说正处于开始阶段。回顾家庭教育学的发展历程,可以看到人类对家庭教育的认识和探索逐渐由古代的直觉经验型一步步走向理性与科学。

一、古代——家庭教育实践与经验总结

原始时期,家庭教育处在不知而行的自发状态。对家庭教育问题的有意识思考应该是在文字出现、人类迈入阶级社会以后。起初,家庭教育科学并没有以一种独立的学科体系存在,只是作为一种教育思想观点存在,并且是同哲学、政治、伦理乃至宗教等思想融合在一起。在古代,没有专门研究家庭教育

理论的思想家、教育家,但却有许多思想家、教育家在他们的哲学、政治学、伦理学著作中论述过家庭教育。

西方国家最早论及婚姻家庭和子女教育问题的古代思想家应该说是柏拉图。他在《理想国》中设想了"共产共妻"的集体家庭制度,男女的结合要按照优生原则分配;提出教育要从幼儿开始,使其成人时就知道要"敬神、敬父母,并且互相友爱"。亚里士多德总结他担任马其顿国王八年家庭教师的经验,在此基础上提出了"身心和谐发展"、"教育要适应儿童年龄特征"等观点。

我国是家庭教育历史遗产非常丰富的国家。我国古代最早谈及家庭教育问题的著作是《周易》,其中的《家人卦》包含了丰富的家庭教育思想,充分反映了西周时期家庭教育实践的发展和理论思维的高度。春秋时期的思想家管仲从稳定奴隶社会等级制度的目的出发,提出了"四民分业"、"家学传授"的思想。孔子、孟子的某些家庭教育思想记录在《论语》、《孟子》之中。战国时期的韩非子提出了"治家必严"的观点。《大学》首次阐明了家庭教育与国家、社会的关系,说明家庭教育的重要性,为我国形成重家教的传统奠定了基础。魏晋南北朝后,我国家庭教育研究出现了一系列专门的家庭教育著作。北齐的颜之推所著《颜氏家训》可以说是我国古代第一部甚至是世界上较早的具有独立体系的家庭教育专著。该书对家庭教育的重要性、家庭教育的原则、家庭教育的内容以及家长的修养做了系统论述。北宋司马光所著《温公家范》是与《颜氏家训》齐名的著作,该书首先论证了治国之本在于齐家的道理,然后分议治家的方法。《颜氏家训》和《温公家范》的出现表明我国古代家庭教育科学理论研究开始从描述性逐步走向规律性的探索,可以说是家庭教育理论研究的转折点。

我国古代的家庭教育著述极其丰富,据《中国丛书综录》记载,我国古代和近代的家教、家训类著作达117种之多。除此之外,历朝历代的文人还撰写了大量的教子诗文。这是世界上任何一个国家都无法比拟的。由此可以看出我国古代对家庭教育的重视以及家庭教育研究所达到的程度。

二、近代——家庭教育科学萌芽

欧洲国家以"文艺复兴运动"的出现作为迈入近代社会的标志。14世纪末—15世纪,作为新兴资产阶级代言人的人文主义者撰写了许多关于家庭教育的著作,如意大利的威尼斯于1450年撰写了《儿童教育论》,北欧的伊拉斯谟于1529年撰写了《幼儿教育论》,西班牙的比维斯于1523年撰写了《基督教女子教育论》等。这些著作强调要注重儿童的家庭教育,要求父母以人道主义的态度对待儿童,用人道主义的教育方法教育儿童。1632年,捷克教育家夸美纽斯完成了著作《大教学论》,提出了"母育学校"的设想。1633年,《母育学校指南》一书出版,该书专门论述了学龄前儿童的家庭教育问题,是西方国家出现得最早的家庭教育专著。随后,欧洲各国相继出现了影响很大的家庭教育著作。英国的洛克于1693年出版了《教育漫话》,法国的卢梭于1762年出版了名为《爱弥儿》的家庭教育专著,瑞士的裴斯泰洛齐在1801年出版了《葛笃德怎样教育她的子女》一书,德国的福禄培尔也于19世纪初出版了《人的教育》一书,英国的斯宾塞于1861年出版了《教育论》一书。家庭教育专著相继出现,"教育心理化"思想的产生标志着家庭教育理论研究逐步走上了科学化的道路。

我国家庭教育的近代转型是和我国近代社会向西方学习的轨迹相一致的。在西学东渐的过程中,有许多教育学家、社会学家开始运用现代的教育学、心理学、社会学、伦理学等理论研究家庭教育,出现了一系列的家庭教育著作。近代爱国将领朱庆澜撰写的《家庭教育》一书,是我国第一部白话文的家庭教育专著,它系统论述了家庭教育的重要性、原则、内容以及家庭教育特别需要注意的一些问题。无产阶级文化的伟大先驱鲁迅亲自研究中国家庭教育的历史和现状,在其著作中深刻而精辟地论述了家庭教育的理论问题,其作品《随感录二十五》、《二十四孝图》、《上海的儿童》、《我们现在怎样做父亲》、《我们怎样教育儿童的》、《从孩子照相说起》等专门对我国的家庭教育问题进行了探讨。我国现代著名的幼儿教育家陈鹤琴通过对自己的儿子陈一鸣的观察和实验,总结了家庭教育的101条原则,于1925年出版了《家庭教育》一书。陶行知先生评价该书著者"以科学的头脑、母亲的心肠做成此书",并称该书为"中国父母的必读之书"。陈鹤琴的《家庭教育》建立在观察和初步实验的基础上,为我国的现代家庭教育学奠定了基础。

在20世纪的历史上,前苏联一批著名的教育家因其熠熠生辉的思想而永远铭刻于世界教育历史之林。在这些教育家中,不乏对家庭教育拥有真知灼见者。如克鲁普斯卡娅对社会主义的家庭教育有许多重要论述;20世纪30年代,马卡连柯出版了《父母必读》一书,这是一部伟大的马克思主义家庭教育学专著;20世纪70年代,苏霍姆林斯基撰写的《家长教育学》一书,对家庭教育的重要性、怎样办家长学校以及如何使家庭教育和学校教育保持一致等问题做了生动而深刻的阐述。

近代以来,西方国家在文艺复兴运动的大潮中涌现出一批人文主义教育家,他们高举人性解放的大旗,追求"民主"、"科学"。在这样的价值视野下,家庭教育的研究立足于人，立足于对儿童的认识和理解，并日趋专门化和科学化。虽然中国在整个世界近代化的进程中落后了，但在20世纪初，中国的家庭教育研究却曾有过短暂的辉煌。通过陈鹤琴等人的努力，中国的家庭教育研究也开始迈向了理性、科学的道路。

三、当代——家庭教育学学科体系初建

一般来说，一门学科的建立，从研究对象方面而言，形成一个专门的研究领域；从概念和范畴方面而言，形成了专门的反映本质和规律的本学科概念与范畴以及概念和范畴的体系；从方法方面而言，有了科学的研究方法；从结果方面而言，产生了一些重要的专家学者，出现了一些专门的、系统的著作；从组织机构而言，出现了专门的研究机构。

在新中国成立以后的前30年中，由于种种原因家庭教育研究基本中断，直到20世纪80年代以后才逐步恢复。改革开放30年来，我国在家庭教育研究方面取得了不少成绩，主要表现在如下几个方面：

（1）开办了大量的家长学校；

（2）创办了一批有影响的家庭教育杂志和专业期刊，出版了为数不少的家庭教育类著作；

（3）开展了几次全国有影响的家庭教育热点讨论；

（4）建立了多个家庭教育专业网站；

（5）成立了各级家庭教育研究会以及家庭教育专业委员会；

（6）高等院校开设家庭教育课程。

然而家庭教育研究所取得的成绩与改革开放后由于急剧的社会变迁所导致的家庭教育问题所带来的挑战相比，是不相匹配的，家庭教育研究处于相对滞后的状态。尽管目前我国冠以《家庭教育学》书名的著作和教材有一百多种，但真正反映我国家庭教育现实状况及提出系统理论的极为罕见。当前我国大陆的家庭教育学学科依然处于初创阶段。

台湾地区在家庭教育的理论和实践研究方面均出现较好的发展态势，并形成了自己的特色。在理论研究方面，台湾地区拥有较为完备的研究机构和数量较多的专业研究人员，除了设置在高等院校中的家庭教育研究机构外还有多个民间家庭教育研究机构。专业研究人员多有留学背景，接受了较为系统的研究方法和技术的训练，能综合运用多种研究方法对家庭教育问题进行科学研究。目前，台湾地区的家庭教育研究较大陆而言有较高的水准，研究内容全面拓展，研究结果也较为丰富。在家庭教育的组织、实施和管理方面，台

湾地区有专门的法规作保障,且行政管理顺畅,学术机构参与活跃,具体运行所需的经费和人员也都有保障。台湾地区和大陆同根同祖,有着相同的家庭教育文化背景,但进入现代社会后却有着不同的发展脉络和成绩。台湾地区在家庭教育方面的经验值得我们研究和借鉴。

第二节 家庭教育学的研究对象、学科特点及任务

一、家庭教育学的研究对象

科学发展史表明,任何一门科学的独立存在,取决于它具有自己独特的研究领域,具有专门的研究对象。科学就是按照各自研究对象的特定领域所具有的特殊矛盾而分门别类的。家庭教育学的研究对象,概括地说必须是家庭教育这一特殊领域内所特有的矛盾,即家庭中的教育者与被教育者之间的矛盾及其特殊性,以及家庭教育与社会的关系等有关问题。由于家庭教育学要从我国当代家庭教育现状出发,为我国现实家庭教育工作服务,因而就其研究对象来说,应该从一般的家庭教育问题入手,重点研究我国当代家庭教育面临的一些最实际的问题,努力探讨其特点和规律性,形成我国当代家庭教育的理论,并有效指导家庭教育的实践。

家庭教育学的研究对象是:研究现代家庭中具有血亲关系(包含拟血亲关系)的父母与子女及其他成员之间的教育影响的互动现象,从而揭示其运动发展的规律。

要正确理解家庭教育学的研究对象,以下三个核心问题必须明确认识:

1. 家庭教育要立足当今,解决现实家庭教育的问题

家庭教育是一种社会现象,它必然要受社会因素的制约影响,特别是受社会经济、政治、文化等因素制约。不同社会历史阶段(古代社会、近代社会、现代社会)的家庭教育是以社会为依托而存在并完成社会赋予的功能,社会的改革、变迁必然会对家庭教育产生重大而深刻的影响;同时家庭教育也要通过自身不断的改革、发展和完善来为社会服务,促进社会的进步和发展。因此,研究家庭教育学必须立足当今,用动态的发展观来研究,才能针对现实问题,取得具有现实意义的成效。

2. 家庭教育必须树立互动的家庭教育观

以往的家庭教育学多受传统教育学的影响,将家庭中的教育者与被教育者截然分开,从长辈对子女的教育影响上去界定,强调长辈作为教育者的教化功能和对子女的塑造作用,这只是静止的、显性的、一个层面的家庭教育。当代的家庭教育学,必须树立父母与子女及其他家庭成员之间互动的教育影响观,即在家庭中,不仅有长辈特别是父母对子女的教育影响,而且也有子女对长辈特别是父母的教育影响,还有同辈人之间的教育影响,他们之间是互动的关系。所有的家庭成员都在家庭教育的互动影响中成长、进步。

家庭中互动的教育影响往往表现在两个层面上:一是同辈人之间、成年人之间较多显示出教育影响的彼此相倚,既是教育者又是受教育者,教育影响体现为一系列无目的、无计划、随意的、偶发的相倚行为,且多以自我的反省起到教育效果。二是不同辈之间,特别是长辈与未成年晚辈之间则较多显示出教育影响的彼此不对等,长辈对未成年晚辈总是施以有目的的教育影响,期望获得相应的教育效果;而未成年晚辈对长辈的影响则是随意的、无目的的,往往双方根本意识不到、感受不到,需要更强的自我反省力才能起到教育效果。因此,在家庭教育实施中,长辈对未成年晚辈的有意识教育要注重科学性,注意尊重孩子的人格和意见,这就要求长辈特别是父母要有大量心理上的投入,这是家庭教育的本性要求;同时要提倡未成年晚辈对长辈有意识的影响和成年人之间的有意识教育影响,增强自我教育作用,使每个人都能感受家庭教育在互动,从而使自己获得不断的进步。为此,我们要特别强调家庭教育并非长辈单方的所作所为,家庭教育互动中未成年孩子的作用绝不可忽视。

3. 揭示并阐明研究对象中的规律是家庭教育学创立的基础

家庭教育规律是家庭教育本身所固有的、本质的必然联系,是家庭教育现象与其他教育现象之间以及家庭教育内部各要素之间本质的必然联系。家庭教育规律是不以人的意志为转移的客观存在,人们只能发现它、认识它,并按家庭教育规律办事,而不能创造它、改变它、违反它,否则就要受到惩罚。家庭教育学就是在人类认识、发现、揭示家庭教育的特点和规律的过程中发展起来的,它不仅有家庭教育最基本的规律,还包括人在各年龄阶段的家庭教育、特殊人群的家庭教育、特殊家庭的家庭教育等家庭教育规律。

二、家庭教育学的学科特点

认识家庭教育学的学科特点是理解和把握家庭教育学理论的基础,只有

科学地理解和把握家庭教育理论,才能有效开展家庭教育实践,也会为家庭教育的研究提供保障。

家庭教育学的学科特点,主要是由它的研究内容和研究方法决定的。首先,看它研究的内容。家庭教育学所研究的内容,既不是一般的家庭生活问题,也不是一般的教育问题,而是家庭中的长辈对其晚辈,特别是父母对其子女进行教育的问题,同时也涉及家庭教育与社会的关系。这就决定了它与学校教育、社会教育的不同。学校教育,主要涉及师生之间的教与学的人际关系,师生之间一般没有血亲关系。社会教育,主要涉及领导与被领导、社会其他人员与教育对象之间的人际关系。这种人际关系一般也没有血亲关系。而家庭教育则与上述不同,它涉及的教育者与被教育者有着最亲密的人际关系,即血亲关系(包括拟血亲关系)。这就决定了在学科特点上,它与研究学校教育和社会教育的教育学有着不同。但是,它又研究教育问题,研究教育者与被教育者的关系。因而就其学科特点看,它也就必然地具有一般教育学的共性,又有其个性。再看其研究方法。我们研究家庭教育问题,既包括对历史的及现实的家庭教育现象的研究,也包括对国内及国外的有关问题的研究,有时还用社会调查、社会统计的方法来研究问题。这也与一般的教育学不同,而是鲜明地显示出社会学的性质和方法。因此总体来看,家庭教育学具有如下一些学科特点。

1. 具有教育学的性质,属于教育学的一个分支

教育学是研究教育现象、问题和规律的一门社会科学。学校教育学主要研究教学、德育的原理,揭示教学规律,德育规律,阐述方法、原则、内容、组织形式等问题,使教师明确如何进行教学和思想品德教育。

家庭教育学主要探讨父母教育孩子的规律、原则方法等问题,因而家庭教育学又明显地具有教育学的性质和特点,它又属于教育学的范畴。只不过它不是一般的教育学,而是研究家庭范围内的教与被教的关系、长辈与晚辈之间所形成的特殊关系和教育方法、内容、目标等问题。因此从这种角度看,它又是教育学,是当代教育学的一个分支。

2. 具有社会学的性质,尤其是具有家庭社会学的性质

社会学产生于19世纪初的西方世界,"角色"、"期望"、"小组常模"成为社会学的基本概念和研究范畴。从研究方法看,它强调用调查研究的方法来研究社会现象和社会问题。它有着许多分支学科,家庭社会学是其重要分支之一。

家庭教育学,可以运用社会学的理论和方法,重点地对我国现实社会生活

中的千千万万个家庭的家庭教育的方方面面进行较为深入的社会学研究,探讨搞好家庭教育的方法,以丰富家庭教育理论。从这个角度看,家庭教育学明显地具有社会学的性质,属于家庭社会学的范围。

3. 具有跨学科和综合性的特点

由于家庭教育学既具有社会学的学科特点和性质,又具有教育学的学科特点和性质,而社会学和教育学在社会科学的领域中属于不同的学科,这就决定了我们的家庭教育学具有跨学科性和综合性的学科特点。

在现代,随着科学的发展和社会需要的增加,原有的、传统的老学科本身已不能适应社会发展和社会生活的需要,因而不论是自然科学还是社会科学,都呈现着新学科不断增加的发展趋势,并且主要表现为边缘学科、交叉学科等跨学科的、综合性新学科和应用新学科的出现。家庭教育学,就是由家庭教育工作的需要所决定,由婚姻家庭社会学和教育学相结合、相交叉而产生的一门跨学科的、综合性的新学科。它除了吸取家庭社会和教育学的营养之外,还涉及医学、遗传学、营养学、卫生学、美学等多种知识,为父母教育孩子提供知识基础和科学保证。当然,家庭教育学主要任务是走上学科独立的道路。

三、家庭教育学的任务

家庭教育作为个体发展的根本教育,是提高个体素质的基础性保障,同时,我国家庭教育学学科建设也面临着繁重任务。家庭教育学的主要任务有如下三个方面:

1. 总结古今中外家庭教育的经验

人类自婚姻家庭产生以来,积累了丰富的家庭教育经验,形成了各个国家和民族各具特色的关于家庭教育的理论和学说。继往才能开来,通过对古今中外的家庭教育经验、理论的研究,不但可以促进我国当代家庭教育学说的创立,还可以在家庭教育方面以史为镜,明辨家庭教育中的是是非非;以先贤及其他典范榜样,发现和认识现实家庭教育中的长处与短处、成功与失败,从而取长补短,促进我国当代广大家庭的家庭教育实践水平的提高。

2. 健全和完善我国教育理论体系

就我国当代的教育理论体系来看,还不能说教育理论体系是十分健全和完善的。家庭教育理论的不成熟、不健全和不完善,就是其突出表现。此外,社会教育和学校教育理论也都有自己的缺陷和不足之处。要搞好我国的教育事业,完善和健全我国的教育理论是重要的条件和前提之一。因而在很大程度上,我国的家庭教育学就担负着为健全和完善我国当代的教育理论体系的重要任务。

3. 提升我国每个家庭的教育功能

自家庭产生以来,对子女进行教育就是家庭所具有的重要职能之一。这一职能的作用发挥得好与不好,直接关系着子女能否健康成长,也关系到家庭是否和睦幸福,国家、民族是否兴旺发达。古往今来,父母要教育好自己的子女,并非只对子女怀着一颗爱心和望子成龙的心愿就够了,还必须有明确的家庭教育目标和原则,适时选择恰当的家庭教育内容,讲究家庭教育的方法和艺术,并形成良性循环的家庭教育互动格局。如果不讲究这些,就可能事与愿违。"昔孟母,择邻处,子不学,断机杼"就是用形象的比喻来说明教育环境的重要性。当代有些优秀父母善于对子女进行互动教育,育子成才,自身进步,取得家庭教育的良好效果;有些父母则不善于对子女进行互动教育,甚至出现了为了"教育"孩子而将孩子体罚致死的恶性案件,这是发人深省的。

家庭教育学研究的家庭教育理论,可以帮助广大家庭成员特别是父母认识到家庭教育的重要性,掌握科学的家庭教育目标、原则、内容和方法,有意识地营造家庭教育的氛围,提高家庭教育的水平,从而使广大儿童在家庭中受到更多更好更全面的教育,促使家庭教育与学校教育、社会教育相协调、相配合,使我国的青少年一代健康地成长,也使每个家庭能更加团结、和睦、幸福。

第三节 我国家庭教育学学科发展的困境及展望

一、我国家庭教育学学科发展遇到的困境

新中国成立以来,我国学界一直缺乏对家庭教育进行系统深入的研究。新中国成立前三十年,由于种种原因,家庭教育研究基本处于空白状态,家庭教育的理论与实践更多的是传统家庭教育经验的一种延续,家庭教育的发展基本上处于一种自发的状态,家庭教育的现状并没有发生根本性的转变。自20世纪80年代以来,我国教育工作者开始着手家庭教育的科学研究。1986年,北京师范大学教育系率先开设家庭教育选修课,并于1992年设立了当时我国唯一的一个家庭教育学硕士研究生学位点。经过大量艰辛的开创性努力,家庭教育逐渐成为我国教育研究的一个新领域,越来越多的研究人员关注

并参与研究。可以说当前我国的家庭教育学科体系已初步建立。但我国家庭教育学在研究内容、研究方法、研究视角等方面仍存在明显问题,要推进我国家庭教育学学科进一步发展,就必须突破这些问题阻碍,走出困境。

1. 重现实研究,轻历史和比较研究

近30年来我国家庭教育研究成果颇丰,在中国期刊网上,以"家庭教育"主题词搜索可以发现,1980—1989年期间有1 164篇文章,1990—1999年期间有5 650篇文章,2000—2012年期间有22 044篇文章。近十多年,家庭教育研究的文章明显增多。从研究的内容看,涉及家庭教育的功能、价值取向、亲子关系、家长教养观念与方式、独生子女教育、父性教育、学习型家庭建设、特殊家庭子女教育等,许多研究反映了我国当代社会发展的家庭教育现实问题,而家庭教育历史发展研究不足,中外跨文化研究也较少见。

若将家庭教育看作一个整体,那么在家庭教育内部,需要研究的内容有家庭教育的目的、价值取向、主体、内容、功能等基本问题,同时还需要研究家庭教育活动过程中的各种因素,如亲子关系、影响亲子关系的各种因素、亲子互动的过程等。就家庭教育的纵向发展来看,它是一个漫长的发展过程,要想在家庭教育中"有所作为",对家庭教育的过去、现在和将来的认识与理解是必不可少的。

2. 研究方法不够规范

国内有学者曾对我国家庭教育研究方法作了统计分析,骆风在《当代家庭教育研究方法——三大学科的比较和分析》一文中运用系统文献分析法归纳了我国自20世纪90年代以来教育学、心理学和社会学三大学科的家庭教育研究方法。其分析发现,教育学范式的家庭教育研究所使用方法的前五位依次排序为:理论思辨的方法、调查分析的方法、文献分析的方法、比较研究的方法和经验总结的方法;采用心理学范式的家庭教育研究所使用的研究方法中,调查分析的实证研究方法占绝对优势,采用社会学范式的家庭教育研究所使用的研究方法以理论思辨、调查分析和文献分析为主。研究者认为,"总的来说,三大学科在家庭教育研究中心理学所运用的研究方法是比较规范的,在我们看到的心理学家庭教育研究成果中,文献检索、研究设计、测试工具和方法、研究过程和研究结论及其讨论的叙述都比较规范,基本上实现了和国际学术界的接轨。教育学和社会学有关家庭教育研究的方法还不够规范,真正达到学术化水准的作品还不多。"在教育学和社会学的家庭教育研究中,一般性的议论性文章比较多,深入实地调查获取第一手资料的经验研究较少。调查研究方法的使用上存在缺陷,比如资料收集的方法不明并带有很大的主观性,样本抽取不随机、样本规模小、测量所需的指标不统一,等等。教育学和社会学的研究方法需要规范,研究人员应当认识到研究方法是否规范不仅影响到研究成果的质量,还影响到研究成果的使用和交流,因此需要下大力气提高研究方法的规范程度。

3. 研究视角需要拓展

当前我国家庭教育研究的主要学科范式为教育学、心理学和社会学。然而家庭教育是非常复杂的实践活动。美国学者J. 罗斯·埃什尔曼在《家庭导论》一书中提出研究家庭问题所涉及的学科达数十门之多,如人类学、生物学、婴儿成长学、人口统计学、历史学、法律学、宗教学等。家庭教育几乎和所有家庭问题都有密切关系,因而要深入研究家庭教育现象、揭示家庭教育规律就必须借助其他各门学科的理论视角和解释框架。家庭教育研究除了继续运用教育学、心理学和社会学研究范式外,还需要哲学、人类学、历史学、生态学、生物学、宗教学、伦理学、经济学等各种学科的理论视角。

二、我国家庭教育学学科发展展望

我国家庭教育学学科发展尚处于理论构建的初级阶段,其未来发展需要解决多学科视角拓展、研究方法规范、研究成果转化等重要问题。

1. 研究视野——"古今中外"原则

"古今中外"的问题是每一门学科都会遇到的问题。一门学科的发展成熟是以其独特性和创造性为标志的。然而任何创造性又都是在对相关优秀理论成果的继承和发展中产生的。家庭教育研究要发展就必须以"古今中西"原则为方法论基础,即要以海纳百川的姿态,对古今中外所有家庭教育研究的成果进行整理、总结,"去其糟粕,取其精华",从中获取可以滋养现代家庭教育学发展的资源。

中国古代非常重视家庭教育,家庭教育的思想可谓源远流长。在浩如烟海的文化典籍中,除了存有大量的家训、家规、家仪等专门论述家庭教育的思想外,尚有大量散见于经史子集中的有关家教的名言、名篇,另有大量的教子诗文流传于世。对于古代发达的家庭文化该如何以积极性扬弃的态度继承和发扬?"知今宜鉴古,无古不成今。"我们要理解今天家庭教育的问题就需要去做一个历史的追溯。当前对于我国古代家庭教育研究多数是对家庭教育内容、原则、方法等具体操作层面的经验进行梳理和挖掘,尚欠缺更深层次的理论维度和价值维度的探讨。家庭教育问题尽管看起来是家庭内部的问题,但实际上是在整个社会发展进程中的政治、经济、文化等各种因素的共同作用下的产物。对于古代家庭教育的研究我们需要引进其他学科的视角。如社会学家布迪厄的"文化资本"理论、"场域"、"惯习"理论和科尔曼的"社会资本"理论、福柯的知识考古学理论、心理学家鲍姆令德的"父母教养方式"理论和布朗芬布伦纳"人类发展生态学"理论等,这些理论对于儿童成长和家庭教育有着很大的解释力度。正如美国著名学者西蒙所说:"只有当两个或者更多的不同领域的知识在解决某些特定问题上变得互相联系起来时,富有成效的交叉学科研究才能得以发展。"家庭教育学学科的繁荣必须吸纳多学科的研究成果,多学科视角的合作研究才可以使人们对复杂的家庭教育有更深入的了解和认识。

此外,如何对待国外家庭教育思想也需要建立在科学的方法论基础上。对国外的家庭教育思想的学习不是盲目移植和照搬。"橘生淮南则为橘,生于淮北则为枳",不考虑具体家庭教育方法产生的社会背景和思想土壤而照搬,只会适得其反。我们需要对国外家庭教育思想的来龙去脉进行考察和梳理,通过跨文化研究,了解不同文化背景中各具特色的家庭教育思想的产生机制,检视不同文化中的价值观,以人类共同追求的价值作为校正的参照,推进我国家庭教育理论研究及实践指导向理性、科学的方向进步。

2. 研究方法——"多样贯通"原则

当前我国家庭教育研究方法有待规范。骆风的研究结果表明,心理学对家庭教育问题的研究以量化的方法为主,并且较为规范,基本与国际接轨。采用量化研究的方法似乎是研究逐步走向科学的必经之途。的确,随着计算机技术的迅速发展和运用的普及,社会科学中的量化研究得到广泛应用。因而,我们在家庭教育学的理论构建中,要充分重视量化研究。但同时我们也必须看到,从事家庭教育研究毕竟不同于自然科学或其他社会科学的研究。家庭教育的研究对象包括家长、子女或是家庭所有成员以及与家庭组织相关联的各主体,都是主动的个体,而非被动的材料。人的行为是多样化的,并且是能在不同的条件下自动调节的。研究复杂现象的研究方法选择并不在于一种量化或质化的追求,研究方法本身并不能使研究科学化,研究方法的选择应该取决于研究问题。

家庭教育研究人员应自觉规范研究方法,尝试采用量化研究、质化研究相补充的综合研究方法,促进家庭教育研究的科学化。在台湾,相关系所研究生培养计划中关于研究方法的课程就达10门之多,台湾家庭教育研究对科学方法的重视由此可见一斑。研究方法的科学化,推动了家庭教育研究的科学发展。因此,大陆家庭教育研究要迎头赶上,重要任务之一就是要努力促进研究方法的科学化发展。正如台湾研究者所提出的,"如何建立并发展家庭教育适用的研究方法,以协助家庭教育研究的质与量日益茁壮与厚实,亟待各界努力"。家庭教育问题的研究方法应秉着"法无定法"的原则,旨在追求最适用于所研究问题的方法。

3. **研究问题——整体思考原则**

家庭教育是一种复杂的社会现象,当前在家庭教育学构建过程中,学者们将家庭教育的研究分为三大类:一是家庭教育的基础研究,包括家庭教育的性质(含特点)与功能、亲子关系、家长教育观念(含目标)、家庭教育投入、家庭教育研究方法;二是家庭教育的应用研究,包括家庭教育内容、家庭教育方法、家长素质、家庭教育环境、家庭早期教育、家庭教育评价标准、家庭与学校合作、家长学校管理;三是家庭教育的专题研究,包括单亲家庭子女教育、独生子女教育、家庭教育误区、海外(国外)家庭教育的评价。也有学者将第一类称为宏观的家庭教育研究,第二、三类称为微观的家庭教育研究。

在对研究问题开展研究的过程中,要贯彻整体思考的原则,将微观研究置于复杂的系统中,分析和解释才会更有力量和价值。而宏观视角的处理也不能忽略对细节的关注,往往通过个体主动选择而跳脱场域控制的个案会使宏观理论的构建超出静态、机械的决定论模式,而呈现出动态、发展的充满希望的景象。

第三章 我国家庭教育的历史资源

教育的发展演变总是具有历史的继承性,家庭教育的发展演变也不例外。中国作为世界上四大文明古国之一,自古以来就十分重视家庭教育,有着丰富的家庭教育传统,家庭教育的理论与实践源远流长。我国古代的家庭教育不仅成为家族巩固和兴盛的需要,而且成为国家政治稳定的先决条件。对我国家庭教育的历史进行梳理,可以学习、借鉴前人家庭教育中合理的思想与方法,为当代中国家庭教育的理论研究与实践操作提供资源服务。

第一节 我国传统家庭教育的发展阶段

我国家庭教育萌芽于五千年前的一夫一妻制个体婚姻家庭产生之时。纵览五千年的家庭教育史,可以发现传统家庭教育发展延伸有三条脉络:帝王家教、士大夫家教及明清以后所倡导的平民家教。传统家庭教育的目的在于"修身"、"齐家"、"治国"、"平天下"逐层递进的境界。

我国传统家庭教育大致经历了如下发展阶段:

一、家庭教育的形成和初步发展时期(先秦时期)

在中国古代,家庭教育与一夫一妻制家庭几乎是同时产生的,两者都产生于黄帝时期。如《商君书·画策》中说:"黄帝为君臣上下之义,父子兄弟之礼,夫妇匹配之合",也就是规定了君臣、父子、夫妇的道德规范,其中包含了家教内容。这些记载已经说明黄帝时期家庭教育的萌芽已经产生。作为家庭教育的萌芽,当时家教主要传授生产劳动知识和原始科学技术,其典型形式是天文学、农学的家业世传。这是我国最早的家学。《史记·历书·集解》:"家业世世相传为畴。律,年二十三,傅之畴官,各从其父学。""畴人之学"作为家业世传的代表,一直延续到西周。

西周时期是我国奴隶制的鼎盛时期,农业的发展、典章制度的完备、礼乐文明的高度发展,为西周的家教进步提供了物质和文化基础。原始的家业世传逐渐发展为比较系统的家教;不仅形成了上至帝王将相,下至平民百姓的各层次家教,而且家教内容涉及胎教、儿童教育、为政教育、德育、智育以及劳动教育等方面。如西周最著名的胎教实践属西周大任育文王:"大任之性端一诚庄,惟德之行。及其有娠,目不视恶色,耳不听淫声,口不出敖言,而生文王。文王生而明圣,大任教之以一而识百,卒为周宗。君子谓大任为能胎教。"《周易·家人卦》则比较系统地论述了当时的家庭教育思想,首次提出严与爱、威与信、教子与律己等家教范畴,这是我国古籍中有关家庭教育的最早记载,也标志着这一时期家教的发达。

春秋战国时期,由于王权衰落,士阶层迅速崛起,带动了学术思想的大发展与大繁荣;同时,礼崩乐坏,官学废弛,私学兴起,社会上出现文化下移现象,文化知识开始进入平民家庭,许多家庭开始注意家庭教育;另外,封建家长制在这一时期也逐渐形成。在这种背景下,家庭教育也发生了巨大的变化,家教逐渐从以王室、贵族为主逐渐转向以士阶层为主,而士阶层的杰出代表——诸子的家教思想勃兴,形成"百家争鸣"的格局。在争鸣中诸子的观点虽然各异,但重视环境影响、重视家长自我修养和以身作则、教子以德等逐渐成为主流思想,并由此形成中国传统家教思想的基本特征,为我国家教发展奠定了基础。春秋战国时期的家教思想和实践大大丰富了先秦家庭教育的内容,也推动古代家庭教育向前迈进了一步。

二、家庭教育的成型与发展时期(秦汉时期)

秦汉时期包括秦代(前221—前207年)和两汉(前206—220年),这是我国封建中央集权制确立的时期,也是我国家庭教育框架定型时期。在这一时期随着秦朝中央集权制的建立和汉朝"罢黜百家,独尊儒术"文教政策的确定,使读经作官成为一种普遍的社会意识,"学而优则仕"的成才模式大大刺激了广大家庭进行家庭教育的自觉性;同时,由于儒学成为主导的统治思想,因而以儒学为主的文化知识受到普遍重视,儒学逐渐成为家教的基本内容,儒家伦理道德成为家教的价值评判标准和价值取向,我国重道德、重知识的家教传统自此逐渐形成。

这一时期家庭教育的发展主要表现在如下几点:

（1）确立了以"三纲五常"为核心的儒家伦理纲常体系,以强调父权和服从的家长制在家庭教育中逐渐形成;

（2）形成了帝王、士大夫、商贾等各级家庭教育;

（3）儒经逐渐成为家庭教育的主要内容;

（4）始于西周的胎教,至汉代逐渐形成优生和优育结合、父母道德素质和身体素质并重、外界环境与母亲情绪思想兼顾、以慎感为主的具有民族特色的胎教理论;

（5）出现了系统阐述女子地位、行为规范的女子家教理论,其代表是班昭的《女诫》和蔡邕的《女训》。

马镛认为,秦汉时期形成了以儒家思想为主导,以官僚士大夫为主体,包括帝王家教、女子家教、胎教等在内的各级各类家教的框架,以后的家教发展都是在此框架内丰富完善而已。

三、家庭教育的成熟时期（两晋—隋唐）

东汉末年,宦官和朋党相互倾轧,政治混乱,社会动荡不安。继之而起的首先是三国鼎立和纷争,继而是东晋十六国的朝代更替,再是南北朝的分裂对峙,直至隋朝统一全国,我国才进入封建社会的繁荣时期。在这种战乱频繁、社会急剧变革的时代,官学的时兴时废使家教获得蓬勃发展,更主要的是这一时期的割据局面,使人们普遍存有一种不稳定感与危机感,深感家教的重要性,并竭力教子以立身处世的知识,以使子弟避免灾祸,立足社会。于是家教盛行起来。其主要表现在如下几个方面：

（1）这一时期家训数量激增,并产生系统化、理论化的家训著作。如曹操的《诫子植》、诸葛亮的《诫子书》、嵇康的《家诫》、王修的《诫子书》、向郎的《遗言诫子》、王祥的《遗令训子孙》、陶渊明的《与子俨等疏》、颜延之的《庭诰》、元缜的《悔侄等书》、柳玭的《家训》等,其中诸葛亮的《诫子书》、颜之推的《颜氏家训》、唐太宗的《帝范》等都属于其中精品之作。正如徐少锦等学者评述：这一时期家训家教中已积累极丰富的正面经验与反面教训,对之加以概括、提炼、升华的条件已经具备,于是产生了系统化、理论化的家训著作,使中国传统家训趋于成熟。

（2）家庭教育思想理论化、系统化。其标志是颜之推的《颜氏家训》。该书从序致、教子、兄弟、后娶、治家、风操、慕贤、勉学、文章等20个方面叙述了立身治家之法,对后世影响深远。他以丰富的阅历和学识,对士大夫家教的弊端做出了透彻的批判,提出了教子论、学习论、修身论和治家论,构筑了一个体现中华特色的较完整的家教理论体系,故受到人们的普遍推崇。如袁衷所说:"六朝颜之推家法最正,相传最远"。王钺《读书丛残》更是称它为"篇篇药石,言言龟鉴,凡为人子弟者,可家置一册,奉为明训,不独颜氏"。马镛先生称其为"我国现存最早的家庭教育专著",可见其在我国家庭教育发展史上的地位。

(3) 本时期家庭教育涉及的范围更加广泛,内容涵盖了修身、立志、为政、德行、处世、勉学、尊师、卫国、理财、致用等各个方面,不仅大大丰富了家庭教育的功能,而且也为后世家庭教育的发展拓展了新的领域。

四、家庭教育的繁荣与鼎盛时期［宋元明清（鸦片战争前）］

在这一时期,我国封建社会的发展由盛转衰,封建君主专制制度逐步加强,统治者一方面竭力强化皇权,另一方面大兴文教,如宋代统治者将"兴文教、抑武事"作为基本政策,明清统治者则采取"尊程朱"的文教政策,重文政策促进了文化教育的恢复与发展,尤其是宋代,学校、科举比前代更为兴盛,读书受到特殊的尊重,文人充任各级官吏,文官待遇之高为历朝所无,在这种情况下,教子读书作官被许多人视为振兴门户的必经之路,家庭教育由此兴盛起来。而在文化教育领域,由于理学的兴起及其在社会上的统治地位,其对中国封建社会后期的家庭教育也产生了一定影响,如在家庭教育中,父权制家长作风盛行,重视从严治家,注意家风、家纪的教导和灌输等。尽管如此,我国家庭教育在这一时期仍继续发展,并达到了繁荣和鼎盛阶段。突出表现在以下几个方面:

(1) 家训著作显著增多,数量之多远远超过了以前各个阶段家训著作总和。据《中国丛书综录》记载,中国古代家训类书籍总共有 117 种,其中宋代 16 部,明代 28 部,清代 61 部。这足以表明这一时期我国家庭教育的普及与发展。

(2) 这一时期家训著作质量高,对后世影响大。在这一时期诸多家训类著作中,影响最大的要数司马光的《温公家范》。赵忠心先生认为在古代家庭教育著作中,最著名的是颜之推的《颜氏家训》和司马光的《温公家范》。《颜氏家训》和《温公家范》的出现,表明我国古代家庭教育科学理论研究开始从描述性转向规律性的探索,是家庭教育理论研究的转折点。这个转折要比西方国家早几百年。

(3) 家庭教育的普及与家训的发展,表明此时对家庭教育的重视,对于家庭文化的建设,已经成为一种自觉的文化活动。我国家庭教育从自发到自觉经历了一个漫长的历史过程,无论是从先秦时期以儒家经典为标志的儒家文化滥觞,到秦汉时期对儒家经典的注疏和遵循,还是从魏晋隋唐时期以儒家文化价值观念为依据,吸收释道思想融为一体,直至宋明时期形成趋于成熟和完善的理学思想体系,家庭教育的发展始终脱离不了中国传统文化的熏陶与感染,并且在这个过程中,又逐步达到对其的理解与认同,从而完成其由自发到自觉的转化过程。

五、家庭教育的转折与变革时期(1840年鸦片战争后—1949年新中国成立)

鸦片战争之后,清政府被迫签订了一系列丧权辱国的不平等条约,中国逐渐丧失独立国地位,沦为半殖民地、半封建社会。如何改变落后挨打现状,争取国家富强与独立,使不少仁人志士开始了艰苦的探索。从地主阶级改革派的"师夷制夷",到洋务派的"体用结合"、学习西技,再到维新派的学习西政,进行封建体制变革,在这一系列的变革与学习西方的浪潮中,传统思想观念和教育体系受到了猛烈冲击,逐渐坍塌,新文化与新式学堂迅速崛起,逐渐占领文教阵地。家庭教育作为教育的一个组成部分,也自然受到大环境的影响,开始了转折与变革的历程,并逐渐延续到新中国成立前夕。

这一时期家庭教育的发展呈现的特点表现如下:

(1)由于中国近代处于一个大转折与大变革时期,处于社会变迁环境中的家庭教育,一方面要试图保几千年积淀和流传下来的家庭教育传统,另一方面又不断受到西方文化的冲击,尤其是西方先进的科学技术与文化观念,从而使家庭教育的发展呈现出新旧杂陈、中西并存的特点。马镛认为:"爱国保种、变革传统、学习西方则始终是近代中国家教的主旋律。"

(2)随着国门洞开,大量西方先进的教育思想和教学方法被引进和介绍进来,这不仅打破了中国传统旧教育的思维模式与理论框架,促进了中国教育由封闭走向开放,更重要的是促进了中国家庭教育观念由传统向近代转变,从而为中国家庭教育的近代化奠定了基础。

(3)到中国近代,家庭教育研究更为人重视,不少学者开始并试图建立家庭教育科学理论体系。在当时,许多教育学家、社会学家开始运用现代的教育学、心理学、社会学、伦理学等学科理论来研究家庭教育,出版了一批家庭教育著作。如由近代爱国将领、原广东省省长朱庆澜先生写的《家庭教育》,此书是民国年间最早出现的一部白话文家庭教育著作,对于家庭教育的重要性、原则、内容以及需要注意的问题,进行了系统论述;鲁迅先生也十分关心和重视家庭教育的理论研究,他先后发表的诸如《二十四孝图》、《我们现在怎样做父亲》《我们怎样教育儿童的?》等,深刻而精辟地论述了家庭教育理论问题;在这一时期的著作中最著名的是陈鹤琴先生著1925年出版的《家庭教育》一书,教育家郑宗海在该书序文中赞叹道:"阅过之后,但觉珠玑满幅,美不胜收,有数处神乎其技,已臻乎艺术的范域"。该书也奠定了我国现代家庭教育学的基础。

总之,近代中国家庭教育的发展,逐渐从重视传统家教经验开始向科学化转向,从家庭婚姻观念到生育观念的转变,从儿童观到教育观的转变,从家庭教育目标的转型到家庭教育理论的新发展,近代家庭教育的这种转折与变革为后来的乃至当代家庭教育的发展打下了坚实的思想基础。

第二节 我国传统家庭教育思想

中国传统家庭教育中,在教育目的、教育内容、教育方法等方面都有着丰富的思想和实践,其中既有科学合理的智慧结晶,也有不符合人的发展与时代精神的糟粕,在当代家庭教育中需要我们辩证地认识。

一、中国传统家庭教育的目的

我国具有重视家庭教育的传统,这与我国传统文化深受儒家思想的影响有密切关系。《大学》有云:"物有本末,事有终始。知所先后,则近道矣。"因此"格物、致知、诚意、正心、修身、齐家、治国、平天下"是古人按先后本末开出的成人之道。这里蕴涵了儒家思想关于个人、家庭、国家三者关系的认识。"古之欲明明德于天下者,先治其国。欲治其国者,先齐其家。家齐而后国治。"一个人只有通过齐家,才能提高教育和管理的能力,进而妥善处理与社会其他人员的关系,具备治国平天下的能力。"其家不可教,而能教人者,无之。"连家庭成员也不能教育管理好的人是不可能去处理协调好与社会其他人员的关系的。那么,如何能齐家教子呢?《大学》进而指出"欲齐其家者,先修其身","身不修,不可以齐其家"。因而"修身"乃物之本、事之始。儒家还认为人的道德素质首先是在家庭中形成的,正如《论语》中所说:"其为人也孝悌,而好犯上者,鲜矣;不好犯上,而好作乱者,未之有也。"一个人在家庭中受到正确的教育,养成良好的素质,也就能成为社会的好成员。儒家关于"天下国家"、"家国

一体"的伦理思想确立了家庭教育与国家、社会的关系,凸显了家庭教育在"修身、齐家、治国、平天下"中的重要作用,奠定了我国历代重视家庭教育的理论根基。

我国古代不管是帝王家教,还是士大夫家教(包括士层官僚)及平民家庭教育,其目的在于达成"修身"、"齐家"、"治国"、"平天下"逐层递进的境界,只是在不同社会阶层,侧重有所不同。在帝王之家,自西周"嫡长子继承制"取代商朝"兄终弟及"的传位制度后,"天下之命悬于太子"。统治者从巩固王权的角度出发,高度重视包括家庭教育在内的嫡长子教育,家庭教育成为培养统治者的重要环节。如武王铭文以授子孙为政之方,"周公吐哺、天下归心";唐太宗"遇事必诲",并著《帝范》以教子;康熙帝亲自教子,"即一字一画无不躬亲详示、勤加训诲"。在官僚、士大夫之家,家庭教育尤其受到重视。孔子对孔鲤"不学《诗》无以言"、"不学礼无以立"的庭训,奠定了士大夫阶层"诗书传家"、"以礼治家"的传统。士大夫阶层家庭教育主要目的是促进子弟的健康成长,维护家庭和谐、家族稳定以及"学而优则仕"。诸葛亮诫子"淡泊明志、宁静致远"、"静以修身、俭以养德"。颜之推教子"知足守谦"、治家"俭而不吝",并要子弟"薄技在身"。郑板桥对子女施行"忠厚之教",告诫"读书中举中进士作官,此是小事,第一要明理做个好人"。士大夫多主张半耕半读的生活方式,故而"进可以应科举以出仕,光耀门庭;退可以力田以为生,抚保妻子"。明代中后期,随着商品经济的发展、市民阶层兴起,家教理论也逐渐由统治阶层向平民百姓普及。统治者认识到通过百姓家教可以敦风厉俗,促进人的素质提高和维持社会稳定。如明太祖朱元璋的"教民大诰","教训子孙,各按生理,毋作非为"。清代康熙、雍正皇帝的《圣谕广训》,"训子弟以禁非为","服教安化"。官僚士大夫也积极倡导家教以敦促风化。最有影响力的当属朱用纯的《朱子治家格言》,囊括了传统治家理财及为人处世的众多准则。

概而言之,在我国传统家庭教育中,不同社会阶层有着不同的教育目的。历代帝王家教重在培养统治者,官僚士大夫家教以"修齐治平"为目标,倡导平民家教则为了敦风化俗、使百姓守分安命。

二、我国传统家庭教育的内容

自先秦至近代,我国传统家庭教育的内容表现出一定的承继性,具有重品德教育、重经纶教育、重胎教及童蒙教育等特点。

1. 以"孝悌"为主的封建伦常教育

"弟子入则孝,出则悌,谨而信,泛爱众,而亲仁,行有余力,则以学文。"从

孔子的这段言论我们可以看到以德为本的教育主张。孔子提出"父父、子子"的主张,要求做到"为人子,止于孝;为人父,止于慈"。他反对家长对子女过度体罚,认为"小棰则待笞,大杖则逃"。孔子还提倡"几谏",即用婉转的语言向父母提意见或建议。在孔子看来,父虽为尊者,但如果有错误,就须接受小辈的教育;而小辈虽应孝敬父亲,但也不应盲从,见父亲有错误就应指出,以免父亲陷于不义,这才是真正的孝。可见,孔子"父父、子子"的思想有一定程度的民主。孟子继承孔子的思想提出了"父子有亲,君臣有义,朋友有信,夫妇有别,长幼有序"的五伦之道。在"父子"人伦关系上,孟子提出了一个基本观点"父子不责善",意思是为父的如果批评子弟,会伤害父子之间的感情。荀子则主张"隆礼",在家庭中强调家长的至尊地位,重视家庭礼义,规定了繁琐的仪容举止规范,并且对"子不从父命"规定了条件。"孝子所以不从命有三:从命则亲危,不从命则亲安,孝子不从命乃衷;从命则亲辱,不从命则亲荣,孝子不从命乃义;从命则禽兽,不从命则修饰,孝子不从命乃敬。"荀子将子不从父命限定在从命则父危、辱、禽兽等极端的情况下。荀子有关家庭教育的思想反映了封建家长制礼法束缚不断加强的趋势。韩非则从其法家思想出发,主张教子必须严,提倡"爱不如刑"。父亲常用体罚,则子弟多善,故应严教。秦代推行严酷的法家思想,以法令的形式强制推行家庭伦理,强制子弟服从家教,从法律上给予家长将不孝或不听从教育的子弟送官惩处的权利。这一制度对后世的影响深远。至汉代,以"三纲五常"为核心的儒家伦理纲常体系确立。所谓"三纲",即"君为臣纲,父为子纲,夫为妻纲"。也就是说君统治臣、父统治子、夫统治妻。所谓"五常",即仁、义、礼、智、信五种道德规范。"三纲"是处理上下级关系的准则,"五常"是处理个人人际关系的规范。两者合起来,成为处理纵横关系网的基本要求。东汉时期,汉代唯一的官方经典——《白虎通》对董仲舒编制的"三纲五常"理论进行了发展,提出了"三纲六纪",明确提出了君臣、父子、夫妇"三纲"和诸父、兄弟、族人、诸舅、师长、朋友的"六纪",对原始儒家的伦理观进行了改造,把原先尚存的一点民主因素和宗法感情,如"君仁臣忠"、"父慈子孝"等,变为单纯的上级对下级的绝对统治和下级对上级的绝对服从,形成了无处不在的服从制度。宋代出现了在融合儒佛道三教的基础上产生的新儒学——理学。理学将封建伦常提到永恒、至高无上的地位。在理学思想的影响下,家教伦理化倾向更加突出。明清统治者尊"程朱"的文教政策,使当时整个文化教育领域都强化了伦理道德教育,家庭教育深受"存天理,灭人欲"的伦理思想影响,家教内容中充斥着伦理道德的说教。顾宪成在《家训》中将"五伦"视作人与生俱来的自然属性,因而必须无条件服从。他赞成所谓"天下无不是的父母"的观点,认为要把父母的过错认作自己的过错,要对自己求全责备,不要"自恕",如此方为"明人伦"。"孝悌为本"的封建伦常教育历经各个朝代统治者的矫饰,致使家教伦理化达到了顶峰。

2. 以"勤、俭"为主的处世道德教育

在中国传统家庭教育中,"勤俭"被看作一个人成长的最重要的品质。春秋时期的著名典故"敬姜教子"阐明了勤则善心生,逸则恶心生的道理。唯"勤"故能思"俭",俭朴则善心生。另一方面,"俭"又常与"约"相连,一个人能处处节俭,说明他有很强的自制、自律能力。北宋司马光的家庭德育特别重视俭朴美德的培养。他并非将"俭"、"奢"仅视作两种不同的生活方式,而是将其看成了两种道德的基础。司马光在《训俭示康》中论述道:"夫俭则寡欲,君子寡欲则不役于物,可以直道而行;小人寡欲则能谨身节用,远罪丰家。故曰:'俭,德之共也。'侈则多欲,君子多欲则贪慕富贵,枉道速祸;小人多欲则多求妄用,败家丧身。是以居官必贿,居乡必盗。故曰:'侈,恶之大也。'"俭,为道德自律奠定基础;侈,为走向犯罪深渊准备条件。"成由俭,败由奢"、"由俭入奢易,由奢入俭难",故而俭朴品德必须从小培养,渗透于"衣、食、住、行"等日常生活细节之中。

3. 以儒家经典为主的文化知识教育

三代(夏、商、周)的家学偏重于天文、历法等应用科技知识。汉武帝"独尊儒术",将儒家思想确定为官方正统思想,百姓只有通儒经才能仕途荣达。在利禄的刺激下,教子读经热迅速升温,经学知识成为家庭教育的重要内容。班固《汉书·韦贤传》中认为:"遗子黄金满籝,不如一经。"重儒学而轻科技的社会心理由此形成。魏晋南北朝时期,儒经仍是家学的主要内容,但文学、史学、律学、医学、科技、玄学等也是家学的重要内容,在一定程度上弥补了官学重儒学轻科技的不足。隋唐时期科举制度确立,科举主要以儒家经典及诗赋等为考试内容,这又刺激了家庭教育中教子为学热的兴起。"取富贵"成为劝子读书的激励手段。唐人有诗云:"养子莫徒使,先教勤读书。一朝乘驷马,还得似相如。"甚至在遥远的新疆当时也流传这样的教子诗:"小子读书不用心,不知书中有黄金。早知书中黄金贵,高照明灯念五更。"可见读书以取富贵是当时普遍的社会心态。宋代大兴文教政策,学校、科举更为发达,读书作官被人们视为振兴门户的必由之路。明清时期,统治者为加强君主专制,加强了思想文化专制。尊经崇儒的国策以及八股文的兴起,将人们的思想统一于程朱理学。文化教育领域可谓"家孔孟而户程朱"。明清时朝廷"合众途于一轨,会万理于一原"的做法钳制了思想文化的发展,尤其是自然科学的发展。但在家学中,自唐至宋、元、明、清,科技家学的传统从未中绝,科技取得了很大的发展。但科学技术一直以来只被看作"奇技淫巧"、"形器之末",唯儒家经典才是"仕途通达"的正道。

4．胎教

据《辞海》释:"古人认为,胎儿在母体中,能够受孕妇言行的感化,所以孕妇必须谨守礼仪,给胎儿以良好的影响,叫做胎教。"胎教是我国传统家庭教育中的重要内容。自西周至近代的两千多年中,胎教理论得到了逐步发展和完善。西周最著名的胎教实践是大任育文王及周武王后妃育成王,大任有妊时"目不视恶色,耳不听淫声,口不出敖言,而生文王。文王生而明圣……"贾谊《新书·胎教杂事》说周武王后妃在孕期"立而不跛,坐而不差,笑而不喧,独处而不倨,虽怒而不詈,胎教之谓也"。尽管西周时期对孕妇所提出的各种要求带有封建礼制的色彩,且过于绝对化,但可以说明早在 2000 多年前我们的祖先就粗浅地认识到胎儿会受母体的影响。汉代贾谊提出了优生思想,刘向则从西周的胎教经验中概括出了"慎感"思想,王充丰富了前两人的优生优育思想,逐渐形成了基本的胎教论。南北朝教育家颜之推对胎教也颇为重视,总结了前人的胎教经验:"古者圣王有胎教之法,怀子三月,出居别宫,目不斜视,耳不妄听,音声滋味,以礼节之。"至唐代,医学家孙思邈根据自己的妇科实践对前人的胎教思想做出了医学角度的解释,为"慎始"及"外像内感"的胎教思想提供了理论依据,并据此提出了一些基本的胎教方法,如"口诵诗书、古今箴言"、"弹琴瑟"、"调心神、和情性"等。孙思邈的胎教理论与实践开拓了运用医学知识指导胎教的新的前进道路,开创了我国古代胎教的新天地,标志着我国古代胎教发展的重要转折。明清的胎教思想沿隋唐以来以医学为基础的道路前进,在总结前人胎教经验的基础上逐渐形成了以调节情志为重点,节饮食、适劳逸、慎寒温、戒房劳、谨服药等身心全面调护的基本理论。至清末,康有为在继承前人胎教思想的基础上,主张设"人本院"形成胎教制度,使受孕妇女能入院接受系统的胎教,这一思想在中国胎教史上又是一大进步。中国传统胎教理论也有不尽合理之处,比如现代科学不能支持的"(妊娠三月)欲生男者操弓矢,欲生女者弄珠玑"、"(孕期)禁食水果鱼鳖"等经验之谈。但总体而言,我国传统胎教理论中有许多熠熠放光的思想为现代科学所证实,这是值得我们自豪的。

5．童蒙教育

我国传统家庭教育思想中也蕴涵了丰富的关于童蒙教育的阐述。《易经·程传》将"童蒙"说成是"未发而资于人者"。郑玄注"未发"为"情欲未生,谓年十五时"。因而"童蒙"即指未发育成熟的人。童蒙教育可以理解为儿童时期的教育。我国传统童蒙教育的内容有以下几个特点：

(1) 重视早教

《礼记·内则》中有记载："子能食食，教以右手；能言，男唯女俞。"从儿童能吃饭、说话开始，就要培养他们正确的饮食、言语习惯。这反映了我国古代家教"早谕教"的特点。南北朝时颜之推系统提出早期教育的主张："古者，圣王有胎教之法……凡庶纵不能尔，当及婴稚，识人颜色，知人喜怒，便加教诲，使为则为，使止则止。比及数岁，可省笞罚。"他认为家教应从胎教开始，如若做不到，那也应该从婴儿开始。这是因为孩童时期习惯尚未养成，思想未定而精神又集中，因而可塑性大，容易接受潜移默化的熏陶并易于学习文化知识。颜之推用自己的亲身经历与古人的早教思想相互印证，提出了"固须早教，勿失时机"的论断。北宋司马光也很重视早期教育，提出"慎在其始"的观点。他有一个形象的比喻"络马首，穿牛鼻，利用以早。络马穿牛，初易驯也"，表达了对儿童时期差错容易纠正、习惯易于养成的认识。宋代理学思想家也非常重视早期教育。张载从性、气、习的角度探讨早教问题，发展了孔子"性相近、习相远"的思想，提出"蒙以养正"的观点，认为早期教育是打基础的教育，对人的一生发展极为重要，否则，"其始不正，未有能成章而达者"。二程、朱熹进一步发展了张载"蒙以养正"的思想，提出对后世有重大影响的童蒙教育的具体方法和内容。明清时期的孙奇逢也非常强调早期教育的重要性。他吸收孟子的性善论，认为人性本善，幼儿具有爱亲敬长的天性，早期教育就在于巩固其天性中的善性，使之不受不良环境的影响，养成良好的习性。"圣功全在蒙养，从来大儒，都于童稚时定终身之品。"孙奇逢认为家庭的未来系于子女，而蒙养又关系到家运的盛衰，因而他呼吁"端蒙养，是家庭第一关系事。为诸孺子父者，各勉之！"

(2) 重视行为规范教育

古人针对儿童不同年龄阶段施以不同内容的家庭教育。自"能言能食"始即教以正确的言语、行为习惯。"六年，教之数与方名。七年，男女不同席，不共食。八年，出入门户及即席饮食，必后长者，始教之让。九年，教之数日。十年，出就外傅，居宿于外，学书记。衣不帛襦袴，礼帅初，朝夕学幼仪，请肄简谅。"可见，即使是十岁外出学习，依然是以学"幼仪"为主。朱熹在《大学章句序》中说："三代之隆，其法寖备，然后王宫、国都以及闾巷，莫不有学。人生八岁，则自王公以下至于庶人之子弟，皆入小学，而教之以洒扫、应对、进退之节，礼乐、射御、书数之文。及其十有五年，则自天子之元子、众子，以至公、卿、大夫、元士之适子,与凡民之俊秀,皆入大学,而教之以穷理、正心、修己、治人之道。此又学校之教,大小之节所以分也。"从这段话中我们可以看出古人八岁入小学至十五岁入大学前的学校教育中,所学也主要是"洒扫、应对、进退之节"及"礼乐、射御、书数之文"。朱熹制订的《童蒙须知》更是全面规定了衣服冠履、语言步趋、洒扫涓洁、读书写字及杂细事宜五大类数十条常规。如"自冠巾、衣服、鞋袜,皆须收拾爱护,常令洁净整齐","凡为人子,当洒扫居处之地,拂拭几案,当令洁净。文字笔砚,凡百器用,皆当严肃整齐,顿放有常处"……童蒙教育是大学教育的基础,洒扫、应对、进退等日常生活基本行为礼仪规范正是修身齐家治国平天下的根本。朱熹本是宋代"二程"的学生,但在这一问题的认识上倒似乎有所不同。二程也极重视童蒙教育,但对于童蒙教育的内容却有他们自己的观点:"古之人,自能食能言而教之,是故大学之法,以豫为先。盖人之幼也,智愚未有所主,则当以格言正论日陈于前,盈耳充腹,久自安习,若固有之者,日复一日,虽有谗说摇惑,不能入也。若为之不豫,及乎稍长,意虑偏好生于内,众口辩言铄于外,欲其纯全,不可得已。"二程主张自小对儿童进行"格言正论"的思想灌输,以形成"若固有之"的"纯全"的思想观念,这一观点看似合理,但以"格言正论日陈于前,盈耳充腹"的做法是填鸭式的外部灌输的方法,而以"格言正论"作为童蒙阶段的教育内容显然是不合循序渐进的原则的。但二程主张中的某些合理思想及其给后世带来的影响,却是值得深思的。

6. 女子教育

在我国传统家庭教育中,女子家教是很有特色的内容。从《礼记·内则》中"子能食食,教以右手;能言,男唯女俞"就能看出西周时期的家庭教育从起始就是男女有别的。我国古代流行的抓周(又称试儿、试晬、拈周、试周)风俗是小孩周岁时举行的一种预测前途和性情的仪式,在民间流传已久。抓周反映了家长对儿追求的信仰风俗及在儿童教育上的男女差别。十岁以后更是完全两样:"女子十年不出,姆教婉娩听从。"女子自十岁后便足不出户,由保姆教以"女德"、"女容",并学习理麻纺织和祭祀活动,为日后成为贤妻良母做准备。春秋时期孟子提出了"以顺为正"的女子家教,"女子之嫁也,母命之,往送之门,戒之曰:'往之女家,必敬必戒,无违夫子,以顺为正者,妾妇之道也'。"至汉代,"三纲五常"确立,"男尊女卑"、"夫为妻纲"的纲要伦常成为女子家教中的准则。班昭的《女诫》是较早系统阐述女子地位和行为规范的女子家教理论著作。《女诫》分卑弱、夫妇、敬慎、妇行、专心、曲从、叔妹七篇。以"阴阳殊性,男女异行"为立论基础,提出"女以弱为美"。在"女子当卑弱"的基础上发展出女子应"以夫为天",恪守妇德、妇言,对公婆叔妹曲意逢迎的一整套"妇礼","不必才明绝异"成为"女子无才便是德"的开端。班昭的《女诫》是后世各种女教理论的蓝本。隋唐女子家教有较大的发展,涌现出一批女子家教的教材,现存有郑氏《女孝经》和宋若莘《女论语》两种。两部著作都是阐述为妇之道,规定了不同阶层女子生活各个方面的行为规范,促使"三从四德"成为束缚古代女子思想和行为的精神枷锁。但相比班昭的《女诫》,也可以看到一些进步,比如不再强调女子卑弱,主张女子亦应聪明智慧,对丈夫的错误应谏诤,应重视子女的教育等。女子地位的提高也是唐代开放的社会风气的一个反映。宋元以后,女子家教除了实行关于妇德、妇言、妇容、妇功的严格女训,对女子触犯家规或不守妇德者,也规定了责罚的方式。如有"淫押"者即屏放;有"妒忌长舌者,姑诲之;诲之不悛,则责之;责之不悛,则出之。"

明清女教依然延续前朝,以"三从四德"为基础,以事夫、事舅姑为中心。但明清时期,资本主义有所萌芽,在实学思想和民主思想的影响下,女教思想有了一些新的变化。清末女才子曾懿所著的《女学篇》就是其中代表。《女学篇》全书分结婚、夫妇、胎产、哺育、襁褓教育、幼稚教育、养老、家庭经济学、卫生等九章。所论均与家庭教育,特别是女子家庭教育紧密相关,是中国古代家教论著的代表作。其主要内容包括:反对传统的包办婚姻和早生早育;从防倾跌、戒恐吓、教信实、教仁慈、勿拘束、忌偏爱六个方面论述了幼儿教养的基本原则;提出了女子应在家庭教育中受到重视;强调妇女要在教育子女方面担负重任,要广博学习胎产、哺育、幼儿教育知识和清洁卫生和身体保健知识。《女学篇》作为中国封建社会末期女子家庭教育的著作,对汉代班昭《女诫》以后的女教和家教思想,作了历史性的总结和批判,开启了中国近代女子家教革命之先河。

我国历代均重视女教,这有助于一些传统美德的传承;但在漫长的封建社会,"男尊女卑"、"三从四德"是女子无法挣脱的精神锁链,女子在各种清规戒律的训诫下,天性受到压抑,甚至身心遭到摧残,许多女子成为伦常名教的牺牲品。

三、我国传统家庭教育的方法

中国古代在长期的家庭教育实践中积累了丰富的经验与理论,同时也形成了富有特色的教育原则与方法。

1. 突出慈严相济

在处理爱与教的矛盾方面,我国古代家庭教育中形成了慈严相济的教育方法。中国家庭教育有慈严相济的传统,主要源于儒家,孔子曾提出"为人子,止于孝;为人父,止于慈"的观点,父慈子孝的观点成为孔子处理父子关系和进行家庭教育的基本立场。"父慈"并非是单纯的父爱,更不是溺爱,而是对子弟为学、择友等方面的关注。孔子还反对当时颇为盛行的体罚,过度体罚会损伤父子之间的慈爱之情。孔子对当时家长制的绝对权威也有批评,认为"父命不可违"也须看具体情形,倘若父亲有错误就要指出,这样也是免于将父亲陷于不义。孔子的教子思想将爱与教统一起来,对后世产生了很大影响。孟子在家庭教育爱与教的矛盾问题上有一个基本观点:父子不责善。意为"父亲不要责子为善。"他说:"责善,朋友之道,父子责善,贼恩之大者。"互相督促是朋友之道,为父的若批评儿子会伤害父子感情。因而他提出"易子而教"的主张。颜之推第一次提出较为系统的家教理论,其中家教原则中重要的一条即是"威严而有慈"。他指出"父母威严而有慈,则子女畏惧而生孝矣"。"父子之严,不可以狎;骨肉之爱,不可以简。简则慈孝不接,狎则怠慢生矣。"意思是父母应将威严与慈爱相结合,父子间应严肃,不可以因过于亲密而不庄重,那样会使孩子对父母生出怠慢;父母子女之间必须有骨肉之爱,但又不可简略礼节,否则就做不到父慈子孝。颜之推还提出要戒溺爱,指出溺爱害子,严教才是真正爱子的观点,并指出家教失败究其原因多为舍不得体罚。司马光更进一步地发展了这方面的思想,在爱与教的矛盾上提倡慈训并重,爱教结合。他说:"慈而不训,失尊之义;训而不慈,害亲之理。慈训曲全,尊亲斯备。"

古人在家庭教育中爱与教的矛盾问题上,有着很辩证的思考,这是值得我们后人学习的,但古人在"严"的方面有主张体罚等严酷的做法需要我们摒弃。至清代,清人一般与前代一样,主张教子宜严,但也有不少新的见解。王夫之在论家教须严的原则上提出严格要求并非动辄打骂,而是以理服人,使之自省。严须有一定的根据,这根据便是礼。礼的核心是爱与敬,严根据礼,则严是爱的表现。李惺提出教子不可一律严,对乖戾成性的孩子要防止因督促过急而产生逆反心理。刘沅则提出,严是"端严",是以身作则的意思,认为世人误解了"严"字,以为是宽严的严,它实际是指父母师长正身作则,这实际上是说父母欲严以教子必须先严于律己。

2. 强调以身作则

教子与律己相结合,是在《周易·家人卦》中就已提出的家教原则。北宋理学家程颐在《伊川易传》中说:"治家之道,以正身为本,故云反身之谓。……威严不先行于己,则人怨而不服。"要治家,必先修身,要使子弟信服,长上必须严于律己。孟子也说:"身不行道,不行于妻子;使人不以道,不能行于妻子。"

当家长的必须以身作则,才能有教子女的威信。元代郑太和在《郑氏规范》中提出对家长的要求首先就是家长必须严于律己,以身作则。"家长总治一家大小之物,凡事令子弟分掌,然须谨守礼法,以制其下。""为家长者,当以至诚待下,一言不可妄发,一行不可妄为,庶合古人以身教之之意。"以身作则方能以身教之。由于家长的言行对孩子起着"潜移默化"的熏陶作用,因而我国古代的家训、家书中,古人比较普遍地采用以自己的亲身经历和亲身感受来教育子女,这无形中对子孙起到了一种榜样的示范作用。

3. 重视因材施教

因材施教,历来是我国传统教育思想中的重要原则。"求也退,故进之;由也兼人,故退之。"孔子的"一进一退"已成为因材施教的经典案例。唐代韩愈和北宋张载也都先后提出,培养学生要像处理、使用木材一样,做到"各得其宜",能做梁的做梁,能做椽子的做椽子。宋代袁采在家庭教育上提出"性不可以强合"的思想,他认为家庭中父子之所以不合,一个重要原因在于没有重视对方个性,"其性不可得而合,则其言行亦不可得而合,此父子兄弟不合之根源也"。既然父子兄弟个性各不相同,不可强求,就应求同存异,因材施教,"为父兄者通情于子弟,而不责子弟之同于己;为子弟者仰承于父兄,而不望父兄惟己之听,则处事之际必相和谐,无乖争止患"。清代汪辉祖将因材施教的思想吸收到家庭教育中。他说:"子弟材质,断难一致,当就其可造,委屈诲成。责以所难,必至偾事。"他还举了一例:"昔胡安国少时桀骜不可制,其父锁之空室。先有小木数百段,安国尽取刻为人形。父乃置书万卷其中,卒为大儒。"尽管安国桀骜不驯,其父却能从其将数百段小木刻为人形中看出其执着专注之心。安国父正是看到了儿子的这一点,置万卷书于内,终成就了儿子。

4. 强调循序渐进

循序渐进是根据子女不同时期发展的特点进行教育。同我国重视早期教育的优良传统相一致,我国在很早就发现儿童在不同阶段具有不同的发展特点,并根据这些发展特点实施不同的教育。如早在西周时期,周代贵族家庭就有一套按照儿童年龄安排教育的程序。《礼记·内则》对这一程序做了介绍:"子能食食,教以右手。能言,男为女俞。男鞶革,女鞶丝。六年,教之数与方名。七年,男女不同席,不共食。八年,出入门户及即席饮食,必后长者,始教之让。九年教之数日。十年,出就外傅,居宿于外,学书记。"宋代司马光根据《礼记·内则》的记载,还制定了幼儿教育的十年教学安排,如一至三岁学习数与方名,研练书法;七岁读《孝经》、《论语》;八岁诵《尚书》;九岁诵《春秋》及诸史;十岁就读《诗》、《礼》、《传》,略通大意,逐步通晓经史之学。《三字经》中教育子女的程序为:"为学者,必有初。《小学》终,至《四书》";"《孝经》通,《四书》熟,如《六经》,始可读";"经既明,方读子,撮其要,记其事";"经子通,读诸史,考世系,知始终"。正是通过这样由浅入深、由经到子再到史的学习过程,为子女打下良好的学习基础。尽管我国古代在实践循序渐进的教育方法时有过于僵化的倾向,但总的来说,根据儿童不同发展时期身心发展的情况实施教育,是符合教育规律的。

5. 注重环境塑造

我国古代家庭教育中非常重视环境在儿童成长过程中的作用,广为流传的孟母三迁的故事就是生动的例证。古人除了重视选择优越的环境教育子女,还十分注重家庭传统及家风等家庭整体环境对子女成长的影响。所谓"国有国法,家有家规",就是注重家庭整体环境建设的表现。颜之推就强调:"是以与善人居,如入芝兰之室,久而自芳也;与恶人居,如入鲍鱼之肆,久而自臭也。"司马光在《家范》中也提出:"夫习与正人居之,不能毋正,犹生长于齐不能不齐言也。习与不正人居之,不能毋不正,犹生长楚,不能不楚言也。"我国家庭教育中注重环境塑造的教育方法,在当今仍不失其现实价值。

第三节 中国传统家庭教育资源的继承和批判

任何一个民族的发展,都不能割断历史,继往方能开来,只有继承民族文化的传统精华才能为当代社会发展提供深厚基础。纵观我国家庭教育的历史,丰富多彩的家庭教育实践,日趋成熟的家庭教育理论,构成了中华民族固有的家庭教育传统特色,这是我国现代家庭教育的宝贵财富。但同时也必须承认,中国经历了两千多年的封建社会,封建的思想文化、伦理道德在家庭教育领域不可避免地存在着一些消极因素,对儿童发展带来不利影响。在当代家庭教育中,需充分认识并继承传统家庭教育的精华,剔除其糟粕,这样才能更好利用我国传统资源为当代家庭教育服务。

一、继承中国家庭教育的传统美德

中华民族历史上重视家庭教育的优良传统和美德,作为一种民族传统和民族精神,作为一种社会生活和社会文化现象,在我国历史上发挥了极其重要

的作用。它不但在数千年的历史发展过程中,对文化的辈次传递发挥了重要的不可替代的作用,而且还为组织社会生活,协调人际关系,促进经济文化的发展,特别是对培养众多的人才,一直发挥着重要的作用。历史发展到今天,家庭的这种功能,仍然是其他社会组织无法完全替代的,家庭及家庭教育仍然有着强大的生命力和众多的社会功能。为了促进中华民族复兴、国家富强、人民幸福,我们应该继承和发扬我国家庭教育的传统美德,使它为现实社会生活服务,为社会发展服务。

1. 重视家庭教育对国家、社会的特殊作用

中国经历了几千年的封建社会,封建社会严格的等级、门第制度决定了子女是否出人头地,对全家的命运至关重要,于是形成了中国人凡事以家为重的"家本位"的观念和行为。家庭教育的成功与否,成为家族能否在整个国家和社会政治生活中占有一席之地的重要大事,于是父辈把训教子女视为父母长辈不可推卸的责任,它是家族巩固和兴盛的需要。同时认为培养合格的后代,关系着国家政治稳定,家庭教育的社会意义被看得非常重要。

司马光在《温公家范》中就明确提出家庭教育的社会意义,他援引《礼记·大学》中的论述认为:"所谓治国必先齐家者:其家不可教,而能教人者,无之。故君子不出家而成教于国。"司马光把"齐家"作为"治国"、"平天下"的基础,当作关系到国家和社会兴亡的大问题对待,足以说明其重视家庭教育的程度。陈鹤琴在他的《家庭教育——怎样教小孩》一书中,更是深刻指出:"德、智、体三育都从小好好学起,那么老大的中国,未尝不可以变而为少年的国家?"他们都把家庭教育同国家的前途命运联系起来,强调家庭教育的重要意义,这是颇有见地的。在重视人的素质培养的今天,家庭教育对人才培养的作用,对社会发展的作用更不应该被忽视,家庭教育必须成为整个教育体系不可缺少的组成部分。

2. 提倡德教为先、做人为本的家庭教育观念

中国传统的家庭教育,无不把对孩子的行为习惯、品德教育放于首位,认为良好的思想品德是做人、立世的根本,勉子立德、诫子自立、教子孝亲、训子以俭成为家庭教育的重要内容,培育孩子成为一个有良知、能自立、懂孝道、有责任心的、堂堂正正的人是家庭教育的首要任务。

勉子立德,就是在家庭教育中重视对子女进行品德教育。东汉著名经学家郑玄在年届70时写了《戒子益恩书》一文,希望儿子能成为道德高尚的人。他说:"咨尔茕茕一夫,曾无同生相依,其勖求君子之道,钻研勿替,敬慎威仪以近有德。显誉成于僚友,德行立于己志,若致声称,亦有荣于所生,可不深念

邪！可不深念邪！"诸葛亮在《诫子书》书中说道:"夫君子之行,静以修身,俭以养德。非淡泊无以明志,非宁静无以致远。夫学须静也,才须学也。非学无以广才,非志无以成学。淫慢则不能励精,险躁则不能治性。年与时驰,意与日去,遂成枯落,多不接世,悲守穷庐,将复何及!"他劝诫子女修身立德。陈鹤琴则提出了对儿童进行品德教育的九个方面,是教子立德的高度概括。

诫子自立,就是在家庭教育中告诫子孙后代不要依赖祖辈的地位和财产,以自己的努力去争取社会地位,争取前途。唐朝柳玭在《戒子弟书》中说:"余见名门右族,莫不由祖先忠孝勤俭以成立之,莫不由子孙顽率奢傲以覆坠之,成立之难如升天,覆坠之易如燎毛,言之痛心尔宜刻骨。"《颜氏家训》中也说:"父兄不可常依,乡国不可常保,一旦流离,无人庇荫,常自求诸身耳。"他们要求子女自立自强,不依靠父辈生活,这一思想对于今天的家庭教育,尤其是独生子女教育具有非常重要的意义。

教子孝亲,就是家庭教育中要教育子女遵循传统的孝道和"父为子纲"的封建道德规范。虽然"孝"是封建道德的重要标志,其中包含了封建的糟粕,但是从正常的家庭伦常关系来说,赡养父母是儿女的道德责任,子女报答父母的养育之恩,儿孙孝敬长辈是有积极意义的,其中积极成分不失为家庭教育的优良传统。儒家经典《孝经》把赡养父母作为庶人的重要孝道,指出:"用天之道,分地之利,谨身节用,以养父母,此庶人之孝也。"司马光在《温公家范》中说:"令之孝道,是谓能养。至于犬马,皆能有养,不敬何以别乎?"宋代袁采在《袁氏世范》个告诫子孙一定要孝敬父母"父母于其子幼时,爱念抚育,有不可以言尽者",子女即使"终身承欢尽养,极尽孝道,终不能报其少小爱念抚育之恩。"

训子以俭,就是在家庭教育中要求子女将勤奋俭朴作为美德,不要奢侈腐化。司马光在《训俭示康》中说:"众人皆以奢靡为荣,吾心独以俭为美",专门对儿子进行勤俭的家训教育。他引用鲁国大夫御孙的话:"俭,德之共也;侈,恶之大也。"并告诫子孙:"由俭入奢易,由奢入俭难。"陆游在他的《家训》中,教育子孙要勤劳俭朴,希望他们走务农的道路。朱庆澜在《家庭教育》一书中也说:"不勤不俭不但害小孩的志气,而且害渠的身体;不俭不但教小孩眼前能使几个钱,并且教他将来受不尽的苦。"

3. 主张爱而有教、及早施教的教子理念

家庭教育是在具有血亲关系的人之间进行的,特别是长辈对幼辈进行的,天然的关爱心态容易产生出对子女的娇惯溺爱,特别是忽视对孩子早期的严格要求。我国传统的家庭教育历来主张对子女的教育要从严、从早,娇惯、溺

爱孩子对他的成长非常不利。

父母要通过正确的教养态度和严格的教育方法体现对孩子的真爱,使家庭教育取得好的效果。孟母以她"断机教子"等行为树立了家庭教育严格教子的典型。《颜氏家训》中也明确提出在家庭教育中最容易出现的问题是娇惯溺爱子女,"吾见世间,无教而有爱,每不能然;饮食运为,恣其所欲,宜戒反奖,应诃反笑,至有识知,谓当法尔。"认为身为父母只知爱,不知教,是害了子女,要"父母威严而有慈,则子女畏慎而生效矣。""父子之严,不可以狎;骨肉之爱,不可以简。"只有严格要求才是真爱。司马光在《温公家范》中还强调说:"为人母者,不患不慈,患于知爱而不知教也。古人有言:'慈母败子。'爱而不教,使沦于不肖,陷于大恶,入于刑辟,归于乱亡,非他人之败也,母败之也。"他们已经认识到,历来有成就者,大都受到了严格的教育,因此大力提倡家庭教育中的爱而有教,这在当今社会仍不失为一条家庭教育的重要原则。

对儿童的培养强调及早教育,我国丰富的胎教思想就是及早教育的反映。当孩子来到世间,家庭的早期教育与培养更为重要。颜之推在《颜氏家训》中主张家庭教育抓得越早越好,尽管不能像圣王家庭实行胎教,也应当:"凡庶纵不能尔,当及婴稚,识人颜色,知人喜怒,便加教诲,使为则为,使止则止。"他认为:"人生幼小,精神专利,长成以后,思虑散逸,固须早教,勿失机也。""人在年少,神情未定",有很强的可塑性,有利于形成良好的品德习惯和接受知识。司马光在《温公家范》中认为抓紧早期教育对人一生的成长都是很有益的。他说:"古有胎教,况于已生?子始生未有知,固举之以礼,况于已有知?故慎在其始,此其理也。"并指出了忽视早期教育的后果:"俟其长而教之,是犹养恶木之萌芽,日俟其合抱而伐之,其用力顾不多哉。又如开笼放鸟而捕之,解缰放马而逐之,曷若勿纵勿解之为易也。"从防微杜渐的角度高度论述早期教育的重要性,是非常深刻的,特别是对加强现今我国独生子女的早期教育启迪很大。

4. 强调家庭的环境教育和长辈的榜样示范

家庭教育贯穿于家庭生活的方方面面、时时处处,中国自古以来的家训、家范,都非常强调家庭环境、家庭风气对子女的影响,而良好的家庭环境和家庭风气与家庭中长辈的榜样示范有密不可分的关系。父母注重环境的教育作用、注重以身作则,就会为孩子的成长提供良好的基础。

墨子曾说:"染于苍则苍,染于黄则黄。所入者变,其色亦变。"感叹环境对人发展的影响。"孟母三迁"造就了古代圣人孟轲,成为家庭教育中重视环境对子女影响的典范。颜之推在《颜氏家训》中说:"人在年少,神情未定所以款狎,熏渍陶染,言笑举动,无心于学,潜移默化,自然似之。"强调了耳濡目染、潜移默化,周围环境对人成长的作用。朱庆澜先生专门提出要注意"家庭的气象教育",认为家庭环境、风气,比说教影响作用还要大。他形象地说道:"气象就是样子,家里是个什么样子,小孩一定变成什么样子。家庭气象,好比立个木头,小孩好比木头的影子。木是直的,影一定直;木是弯的,影一定弯曲,一点不会差的。"因此要搞好家庭教育,首先要治好家,使孩子有一个良好的成长环境。

良好的环境主要来自家庭中长辈的营造,来自长辈的榜样示范。《颜氏家训》中强调:"夫风化者,自上而行于下也,自先而施于后者也。是以父不慈则子不孝,兄不友弟不恭。"指出了上行下效、先施后学这样的家庭教化的作用对儿童影响极大。司马光提出了"尝示以正物,以正教之"的观点,告诫做父母的"夫习与正人居之,不能不正,犹生长于齐不能不齐言也。习与不正人居之,不能不正,犹生长于齐楚,不能不楚言也。"主张儿童自幼要经常看到正面的榜样。朱庆澜对长辈的以身作则也有精辟论述:"无论什么教育,教育人都要将自己身子做个样子与学生看。不能只凭一个口,随便说个道理,学生就会信的。"他还告诫人们:"做父母的,要禁止儿女不要做那样的事,总要自己不去做;要教儿女做那样的事,总要自己先去做。"他认为这是家庭教育的"根本性"。他们都主张要时时、处处、事事给孩子做出好榜样。

二、批判我国传统家庭教育中的消极因素

我国封建社会的思想文化,带有与小农生产相适应的保守性和与强权政治需要相结合的封建专制主义的特点,在家庭教育中也有明显反映,这就使传统的家庭教育理论与实践无不存留有糟粕,它们顽固地侵蚀了人们的思想,形成了固定的模式,因而长期以来禁锢中国家庭教育的观念,误导中国家庭教育的实践,严重影响了我国人才培养的质量。今天,我们只有认识到家庭教育传统中的这些消极因素,认真分析其产生的根源和对培养人才的危害,才能在全社会形成正确的理念,彻底抛弃这些消极因素的影响,真正发挥家庭教育的作用。中国传统家庭教育中的消极因素主要从以下几个方面来分析和认识。

1. "家长"专制的家庭教育制度

"父为子纲"是中国封建社会亲子关系的道德规范。家庭中一般由最高辈分的男子作为"家长",拥有全家的经济生活大权,居于支配地位,掌握全家人的命运。因而传统的家庭教育,就是长辈,特别是"家长"对晚辈的教育;"家长"是教育者,晚辈是受教育者,形成"家长"专制的家庭教育制度。

这种家庭教育制度,非常强调子女应向父母尽"孝",父母特别是"家长"在

家庭中具有绝对权威,子女必须绝对服从,没有任何的思想自由,否则就是不孝之子。朱熹在《童蒙须知》中认为:"凡为人子弟,须要常低首听受,不可妄自议论,长上检查或有过失,不可便自分解。"《弟子规》中认为:"父母呼,应勿缓;父母命,行勿懒;父母教,须敬听;父母责,须顺承。"这种家庭教育制度,致使"家长"对子女的教育带有强烈的自我随意性,完全凭家长的意志行事,可以采取包括体罚在内的任意教育方法,甚至出现"不打不成材"、"棍棒之下出孝子"的家庭教育经验总结,完全无视子女的人格尊严。

与封建强权政治密切联系的专制家庭教育制度,使家庭教育成为"家长"意志的教育,出现"家长"本位的教育模式。这种教育,将严重制约子女身心的发展,扼杀他们的创造精神和健全个性,不可能造就民主的家庭氛围,与现代社会的发展趋势相违背,对于家庭中培养现代化建设人才和创设和谐幸福的家庭生活极为不利。

2. 封建"纲常"为中心的家庭教育思想

中国传统家庭教育是在封建"三纲五常"的指导下实施的教育。其教育的思想内容无不带有浓烈的封建主义色彩,如"孝道教育",将正常的尊敬长辈的伦理道德绝对化,以孝道立教,培养在家孝敬父母,出门和睦乡里,为官忠于上司乃至天子"君父"的"忠臣孝子"。元代专门编成实施孝道最著名的教材《二十四孝》,选编了虞、周、汉、魏、晋、唐、宋等各个朝代的孝子24人:"孝感动天"的虞舜,"鹿乳奉亲"的剡子,"亲尝汤药"的汉文帝刘恒,"为母埋儿"的郭巨,"卖身葬父"的董永,"怀橘遗亲"的陆绩,"扇枕温衾"的黄香,"哭竹生笋"的孟宗,"卧冰求鲤"的王祥,"扼虎救父"的杨香,"恣文饱血"的吴猛,"弃官寻母"的朱寿昌等,作为人们效仿的榜样,把不孝父母作为人们最大的、不可饶恕的罪过。其根本目的是要教化人们心甘情愿地成为封建制度的"顺民"。又如"万般皆下品,唯有读书高"、"男尊女卑"、"明哲保身"等思想。《太公家教》中要求:"言不可失,行不可亏。他离莫远,他事莫知……忿能积恶,必须忍之,心能造恶,必须戒之。口能招祸,必须慎之。见人善事,必须赞之。见人恶事,必须奄之……"

这些思想观念是中国封建社会以家作为天下之本,以小农经济作为社会生活重心的产物。它贯穿于我国传统家庭教育的实施中,将家族利益放于至高无上的地位,将子女视为家庭的私有财产,这种小农意识的思想观念成为家庭教育的指导思想,将会严重影响家庭教育的成效。它只能培养谨小慎微、自私狭隘的封闭式人物。我们今天要培养具有宏图大志、视野宽广的现代化人才,必须坚决地摒弃这些封建的思想观念。

3. 狭隘保守的家庭教育教养方式

中国传统的家庭教育以传统的理想人格模型来养育和引导教育下一代，以"家长"意志为子女规划发展道路。孩子在襁褓之中就被紧绑四肢，希望他们长大成人后能循规蹈矩，孩子在成长过程中往往也以是否顺从、听话衡量好坏；为了使子女听话不出乱子，长辈要么施以严厉的体罚以示训诫，要么给予过多的关爱以示保护，孩子总是在父母的羽翼下生活，按照父母规划的道路成长，导致孩子依赖心理强、独立能力弱，抑制了子女的探究欲及创造性，培养了拘谨、顺从、安分守己的后代。这是完全违背现代人才培养理念的。

长期封建社会文化背景所形成的中国传统家庭教育观念根深蒂固，精髓的思想观念成为我们的至宝，指导着无数家庭的家庭教育取得成果，培育出无数杰出的人才；但一些陈腐的思想观念依然禁锢着人们的头脑，甚至成为家庭的价值观念来教育子女，如"重男轻女"的"生育观"，"万般皆下品，唯有读书高"的教子观等，成为我们培养人才的障碍。必须对我国传统的家庭教育理论与实践加以认真地总结和分析，吸取其中精华为现代家庭教育所用，剔除其糟粕，才能形成与发展具有中国特色的家庭教育理论体系，实现我国家庭教育的科学化，提高民族素质，达到富国强民的目的。

第四章　家庭教育的内容、原则与方法

家庭教育的特点是内容的广泛性和方法的灵活性。从内容上看,家庭是一所知识最丰富、最实际的"综合性学校",对个体成长的影响是全面的;从方法上看,家庭教育要遵循儿童身心发展规律,既坚持正面引导、说服教育、榜样示范,又要充分利用家庭教育的特长,开展实际锻炼、情感熏陶等。因此,家庭教育需要科学选择、设计教育内容,运用合理教育方法,才能提高家庭教育的效果。

第一节　家庭教育的内容

家庭是个体社会化的重要场所,家庭教育的内容涉及人身心发展的许多方面,如品德发展、知识增长、能力发展、健康成长等。但与学校教育相比,在对人每一方面的教育中,家庭教育有其自身的侧重点和优势,从这一角度入手,更能体现家庭的育人效果。因此家庭教育内容的选择、设计,必须是有重点、有要求的,这样才能更好地促进个体的全面发展。

一、基本生活能力教育

由于每个新生儿来到世间时都只是一个无知无识的生命个体,除了生物性本能外,十分缺乏适应社会生活的能力,因此,要把他(她)培养成人、成才,甚至培养成未来社会的栋梁,首先使其具备基本的生活能力,这对任何新生儿来说都是绝对必要的。因此,对孩子进行基本生活能力的培养和教育,便是一切家庭教育都必须进行的基本内容之一,否则,便难以生存,其他一切都无从谈起。基本生活能力的培养,也包括许多内容,但最基本的能力应包括如下

几点：

1. 基本生存能力的培养

新生儿来到世间，不会说话，不会走路，不识亲生父母，不识五谷，不知春夏秋冬，不知天地人，若无教化培养，便无法生存。因此，对新生儿的教化培养，首先就应该是基本生存能力的培养。

基本生存能力的培养，包括许多具体的内容，这是最基本的家庭教育。基础的内容是要教会孩子吃饭、喝水、走路、穿衣、说话等。这些说来简单，仅要教会这些，也要耗费父母的大量心血。在此基础上，父母还要教育孩子初识周围的人与环境。在此过程中，父母既能体会到育儿育女的辛苦，又能享受到育女育儿的天伦之乐。

对小孩子的最初的基本生活能力的培养，说来十分简单，但是要做好，却是十分不容易的。对此，我国著名幼儿教育学家陈鹤琴先生在其《家庭教育》一书的自序中说："小孩子不但是难养的，而稍明事理人，知道也难教得很！有时候，他非常倔强，你不晓得骂他好呢，还是打他好；让他去强霸好呢，还是去抑制他好；有时候，他睡在床里哭喊，你不晓得去抱他起来摇摇好呢，还是让他大哭大喊的好！有时候，他要出去玩玩，你不晓得给他去玩好呢，还是禁止他好……小孩子实在是难教难养得很。但是我们做父母的是不是因小孩子难以教养就不去教养他呢？我们知道幼稚期（自生至7岁）是人生最重要的一个时期，什么习惯、语言、技能、思想、态度、情绪都要在此时期打一个基础，若基础打得不稳固，那健全的人格就不容易形成了。"这就是说，在家庭教育中，对新生儿的基本生存能力的培养，虽然繁琐、复杂，有时又显得令人讨厌、无味，但绝不是可以忽视的。因为它是对孩子的最初的启蒙教育，它直接关系着孩子今后的成长。

2. 生活自理自立能力的培养

自理、自立能力，就是人的生存、生活能力，这是每个人应该具有的最基本的能力。在现代社会生活中，自幼重视对孩子的自理自立能力的培养是极为重要的。因为在竞争的社会中，人们缺乏自理、自立能力便无法生存。对孩子进行自理自立能力的培养，是培养孩子基本生活能力的重要内容之一。

现在在一些独生子女家庭中，父母为了显示其对"心肝宝贝"的"爱"，在孩子已经7、8岁时，还要帮其穿衣、洗脸，甚至吃饭时还要去喂；10多岁了，孩子连熟鸡蛋也不会剥壳；孩子上学，路程不远，也要天天接送……从现象上看是疼爱孩子，实际上，恰恰是在一步步地害他们。因为这样做，恰恰是剥夺了他们锻炼自理自立能力的条件和机会。

有位家长问马卡连柯:"我的孩子现在无法无天,谁都管不了,这到底是为什么?"

马卡连柯反问:"你经常给孩子叠被吗?"

家长:"是的,经常叠。"

马卡连柯问:"你经常给孩子擦皮鞋吗?"

家长:"不错,经常擦。"

马卡连柯说:"原因就在这里。"

在现代的西方,特别是美国,有修养有眼光的家长,一般都是很注意锻炼培养自己孩子的自理自立能力。因为这样做,会对孩子的终生有利。美国的亿万富翁洛克菲勒对孩子的零用钱卡得很紧,孩子要靠在家庭中的劳动才能得到的奖励。并非他没钱给孩子,也并非他不疼爱自己的孩子,也并非他小气吝啬,而完全是为了培养孩子自己的自理自立能力。

因此,从孩子开始有自理能力的生理、心理条件时,父母就注意对其进行自理自立能力的培养和锻炼,如让孩子干些力所能及的家务活,自己穿衣、洗衣、做饭、买菜、倒垃圾等。这不仅是培养其家庭意识和集体责任感,而且也是锻炼、培养其自理自立能力的需要。家长千万不要再把对孩子的娇宠、溺爱、不让孩子干这干那认为是对孩子的真正疼爱,而应该为了孩子的健康成长,培养孩子的自理和自立能力,做父母的应当明了自己的责任,父母的责任是帮助孩子生活,帮助孩子自立,教育孩子做人。

3. 为人处世能力的培养

人都是社会中的人,任何人都不能脱离社会而独立存在。在社会中生活就有一个为人处世的问题。为人处世的能力是人的基本生活能力之一。为人处世的能力强,一生作为就可能大;反之,就难以立足。人的这种能力是在生活实践中锻炼、培养出来的。这种能力的锻炼和培养,与自幼的家庭教育有着密切关系。

在家庭教育中,要培养孩子的为人处世能力,就要使其自幼多参加社会交往,再大一些,就要让孩子多参加一些社会活动,多给孩子些独立完成的任务等,使其在实践中得到锻炼。孩子在幼年时多与其他孩子一起玩耍,不但对其身心健康大有好处,可培养其团结、合群精神,可启发其智力发展,可培养其乐观、活泼性格,还可培养其为人处世的能力,敢作敢为的果敢精神等,因此,这是一举多得的好事,切不可老是把孩子圈在家庭这个小圈子里。孩子稍大之后,更应使其多与社会接触,应启发其多动脑、多思考,增强其分清好坏是非的能力,逐步增强其对周围人的认识深度。这样,便可逐步培养孩子的为人处世能力。

总之,注意对孩子加强其基本生活能力的培养,是现代家庭教育的主要内容之一。社会竞争愈是激烈,为了使孩子能够适应现代社会生活,就越是应该注意这方面能力的培养。

二、基本社会知识教育

作为社会人的个体,其生存于广泛的社会交往中,生活于广阔的社会环境中。人生天地间,既要具备基本生活能力,又要具备较广泛的社会生活知识。在家庭教育中,在重视培养孩子的生活能力的同时,还要对他们进行较广泛的社会生活知识的教育。对孩子进行社会生活知识的教育应是多方面的。正如陶行知所说,"过什么样的社会生活,就需要什么样的教育"。

1. 适应环境的知识教育

环境是围绕着人的自然和社会的总体。人生活在世界上,都处在一定的环境中,离开一定的环境,便无法生存。环境,既有自然环境,又有社会环境。孩子来到世间之初,既缺乏周围环境的有关知识,又缺乏适应环境的能力。因此,要使孩子能够适应环境,并能在其一生中有所作为,在家庭教育中对孩子进行适应环境的教育,是必不可少的。

(1) 适应自然环境的教育

人要生存和生活,首先要使其适应自然环境。家长除了对孩子进行必要的照顾外,更重要的是逐步对其进行适应自然环境的教育。这种教育可由近及远、由浅入深、由片面到逐步接近全面,随着孩子年龄的增长而逐步深化、完整化。开始应逐步对孩子进行居住地的地理位置、地理特点和方位、气候变化等教育,随之可逐步进行当地物产、动植物的种类及生长情况的教育,以及更远的山川河流、地球、太阳、星辰、云雨等教育,使其逐步认识自然、适应自然,并随着进入学校教育阶段,使其更广阔地了解自然界,更好地适应自然环境,在大自然中逐步获得生存的能力和自由。

在家庭教育中对孩子进行适应自然环境的教育,不仅必要而且可能。家庭是最接近自然、了解自然、亲近自然的社会单元。这种教育既可以在日常生活中潜移默化地进行,也需要家长刻意安排和设计。如家庭的郊游、旅游、娱乐等活动,都是对孩子进行自然环境教育的良好途径。

(2) 适应人际关系环境的教育

教育孩子适应周围的人际环境,主要是人际关系环境。人生来就处在一定的人际关系之中。孩子在未懂事前,就被一定的人际关系包围着。关系最亲近、打交道最多的人，一般就是他的父母，再就是其祖父母、兄弟姐妹、外祖父母、叔伯阿姨及周围的邻居、小朋友或其他亲友等。开始，孩子们并不懂得这些关系的真正含义，随着年龄的增长，对人伦关系的逐渐认识，才能逐步理解这些人际关系。随着孩子活动范围的逐步扩大，其周围的人际关系逐步复杂，逐步形成了自己的社会活动范围和人际圈子。家庭教育是帮助孩子定位自我"社会身份"和形成交往群属的有效方式。孩子一岁左右就会叫"爸爸"、"妈妈"，但此时，孩子无论如何也不会弄懂其真实含义。只有随着教育和年龄的增长，知识面的逐步扩大，孩子才能逐步认识、理解其真实含义，从而进一步认识到爸爸、妈妈的亲近。对其他人际关系的认识也要如此，也需要有一个过程。总之，孩子就是主要地靠接受家庭教育和实际的社会生活来逐步认识并适应周围的人际关系的。因此，进行周围人际关系的教育，是家庭教育的重要内容。

（3）适应社会关系知识的教育

作为社会中的人，任何人都处在复杂的社会关系之中。要让孩子知道，在人生中，除了自己的亲人和熟人外，还将不断地"遭遇"新的生人和人群，不断地形成新的"生人关系和熟人关系"。人必须不断地适应这种人际关系、利用这种人际关系、改善这种人际关系，这正是生命过程应有之意。为了使孩子适应社会生活，在家庭教育中，不仅要使他们弄清楚他与周围人的人际关系，还应使其逐步认识他在整个社会中的位置及自己在社会中的角色，认识他与整个社会的关系、与社会上其他人的社会关系，如师生关系、同学关系、领导与员工关系等，获得这些知识，也是个体立足于社会的基本条件。

2. 科学的性、恋爱、婚姻知识教育

家庭教育一般都是一个从婴幼儿到青年阶段的较长期的教育过程，在这个受教育过程中就必然要使受教育者逐步接触到性、恋爱、婚姻等有关方面的问题。在现代社会中，通过家庭教育，对青少年逐步进行有关性科学知识的教育和健康引导，有益于少年、青年男女的身心健康成长，有利于青年一代树立科学、文明的恋爱、婚姻观，减少其犯性罪错的可能性，走向健康的人生。封锁、回避或不予过问，都会严重影响孩子们的健康成长，甚至会危及其终生幸福。

（1）对孩子进行科学的性知识教育

自然界的进化把人类分成了雄雌两性，即形成了男、女的性区别。性，是与人的终生都密切相联系的生理、心理等综合现象，是人类生活的永恒话题。关于性的知识，在我国的封建社会中及以后很长的时间内，对未婚的青少年人一直采取封锁、回避的态度,这种做法已导致许多严重恶果。长期以来,青少年性罪错现象的严重发生,与这种性封锁等愚昧做法有着直接关系。现代文明和科学的发展告诉人们,对青少年搞性封锁有害无益,特别是在媒体和网络快速普及的现代社会,对青少年进行性知识的封锁已不可能,如果健康的性知识不及时普及,各种消极的性知识就会乘虚而入。因此,家长应该革除陈旧的性封锁的封建意识,按照科学规律,适时地对子女进行有关的性知识教育,特别应对处于青春期的子女进行科学的性知识教育,关心其生理、心理的健康成长。这样做,会有利于孩子的身心健康,能帮助其顺利地度过青春性骚动期,减少青少年犯罪。

儿童的性知识教育,需要学校和社会也承担起相应的责任。然而,现实情况是,学校和社会对科学性知识的普及、教育,要么缺失,要么混乱。对此,中国医学科学院名誉院长、著名性专家吴阶平教授呼吁:"开展青春期的性教育刻不容缓。"并建议,"希望社会学界都能以严肃认真的态度和紧迫的心情慎重地开展这项工作。"

(2) 对子女进行科学的恋爱知识教育

恋爱,是男女之间以性区别、两性相悦为基础的,以求偶和婚姻为目的的一种社会性行为、社会性交往活动。进入青春期的男女青年,在性欲望的驱使下,一般都开始萌生与异性交往的欲望。随着社会物质、文化生活水平的提高及男女进入青春期的普遍提前,近些年来,中学生的早恋现象较为普遍,性罪错现象也有增无减。这种社会现象的产生有众多的原因,在一定意义上说有着客观必然性。因此,为了帮助青少年一代正确处理恋爱问题,尽量防止早恋和性罪错的发生,正确处理恋爱与学习、工作的关系,在家庭教育中对青春期的孩子进行科学的恋爱知识的教育,端正其恋爱态度,增强其性道德意识,是十分必要的。

(3) 对子女进行有关科学婚姻知识的教育

婚姻和家庭是恋爱的结果,也是恋爱在内容和形式上的升华。青年男女们经过恋爱,选择并确定了自己的知音者,当恋爱进行到一定阶段后必然走向婚姻,建立自己的新家庭。以孩子们结婚、建立新家庭为标志,狭义的家庭教育基本结束。这是一个漫长的、长达20多年的社会生活过程。为了孩子们的婚姻幸福,在孩子结婚前后,家庭还应该对其进行有关婚姻家庭知识的教育。其主要内容是关于如何对待和处理婚后多种新的人际关系,如婆媳关系、翁婿关系等,更重要的则是夫妻关系的调适问题。一般来说,新婚夫妻在燕尔新婚之后,都有一个如何相互协调、相互适应的问题,往往会暴露出一些矛盾和问

题。这个阶段,便是人们常说的新婚危险期。同时,家庭还要教育已结婚的儿女们处理好婚姻与学习、工作的关系等,帮助他们在婚姻家庭中形成尊老爱幼、男女平等、夫妻和睦、勤俭持家、邻里团结等家庭生活规范。总之,对于儿女们的婚姻,家长们有责任、有义务进行有关教育和指导,以使他们适应新生活,迈向新生活。

三、基本社会伦理与行为规范教育

每个个体不仅要在家庭中生活,更要走向社会,在广阔的社会环境中生活。不同的职业、不同的岗位、不同的社会环境都是一种人类生活的共同体。在这些组织中,需要交往、合作、竞争,更需要规则、规范和纪律。家庭教育中开展基本社会伦理与行为规范教育,既是孩子未来走向社会生活所必需的,也是家庭为社会和谐有序运行应承担的责任。

1. 社会伦理道德教育

社会伦理道德是靠人们的心理和社会舆论的力量来调节和控制人的社会行为和人际关系的社会规范。在任何社会中,它都是社会经济、政治、文化的表现和反映。每个时代、民族都有着为当时、当地的人们所共同承认和接受的社会伦理道德规范。时代、民族、地域及社会制度、社会性质不同,其社会伦理道德的具体内容也就不同。人们要适应社会,在社会生活中获得自由,就应该遵守与自己的社会地位和行为有关的社会伦理道德规范。违背了有关社会伦理道德规范,就会受到社会舆论的谴责,甚至要受到社会的制裁。数千年来,我国是一个重伦理道德的国家。早在我国的周代形成的"周礼",就是当时的法律,同时也是当时的社会伦理道德规范。在现代社会,社会主义的伦理道德规范是社会主义精神文明建设的重要组成部分,是每个社会公民都应该自觉遵守的规范。因此在家庭教育中,对孩子进行一些必要的社会伦理道德规范的教育,使其自幼养成遵守社会伦理道德规范的品德、习惯和情操,不仅对其本人适应社会生活,成为一个合格的社会成员是必要的,而且对社会进一步走向稳定和提高社会主义精神文明的程度,也是十分必要的。家庭教育中进行社会伦理道德规范教育主要内容包括如下三个方面:

(1) 家庭伦理道德教育

孩子在家庭中生活,首先就应该使孩子懂得家庭伦理道德。古代社会,我国的家庭在封建制度下伦理道德规范十分严密,也很繁琐,它充分体现了封建的家长制、等级制及男尊女卑的伦理关系。新中国成立后,随着旧社会制度的终结,家庭中的封建的伦理道德关系也被废除。在社会主义制度下,我国家庭中的伦理道德关系主要体现为人权平等的基本原则。具体来说,主要表现为:家庭中的成员在家庭中的经济、人权地位的平等及尊老爱幼原则。在现代条件下,我国家庭中不允许再有家长专制、重男轻女、男尊女卑等不合理现象。在家庭教育中,应该用社会主义的家庭伦理道德原则来教育和要求新一代,要让孩子懂得在家庭中,人人都应该尊老爱幼,不尊老、不爱幼的言行是违背社会主义家庭伦理道德的;要让孩子懂得,在家庭中应该人人平等、互助互爱,彼此关心体贴;男女老幼都应该相互尊重彼此独立人格和基本权利,不允许再存在压迫现象;处理家庭中的重大事务,既应尊重家庭中主要成员的意见,又应坚持民主集中制;重大事情要经家庭民主讨论;家庭成员中个人的私事应主要尊重其本人的意愿。如孩子选择对象,就应该既尊重家长的指导性意见,更应该尊重当事人的意见等。在家庭教育中,应该用这些新的社会主义的家庭伦理道德原则来教育和要求孩子。

(2) 学校伦理道德教育

引导青少年过有意义、愉快、和谐、进步的校园生活,对于青少年未来的发展和成长具有重要意义。尊师爱生、团结同学、诚实待人,是我国社会主义条件下学校中的基本伦理道德原则。对于已在学校学习的孩子,家长应该通过多种形式让儿童确立起基本的交往伦理,并内化为孩子自己的自觉行动,形成积极的学校伦理体验。发现孩子的言行有违背这些规范的,应该在弄清具体情况的前提下,对孩子进行批评、教育、劝导。不能允许孩子在学校不尊重老师、不团结同学、不接受教育、说谎或打架骂人、称王称霸。独生子女家庭尤其应注意教育孩子遵守学校中的伦理道德规范和学校纪律。

(3) 社会公德和职业道德教育

社会公德是社会生活有序、和谐开展的重要基础,每个人都必须遵守、维护社会公德。在我国,社会公共道德规范包括多方面的内容,但其基本内容则是:尊老爱幼、爱护公共财产、助人为乐、救人危难,尊重他人的人格和权利,买卖公平,不损人利己等。孩子作为社会中的一员,总要走向社会,与社会各界打交道。因此在家庭教育中,为了使孩子成为社会的合格成员,使其言行在社会上不违背社会公共道德,不损害家庭,不损害国家、集体和他人,也使孩子在社会上受到应有的尊重,就应该注意用社会的公共道德原则来教育和要求孩子。

职业道德是为了调节和约束从业人员的职业活动而形成的道德规范,是我国社会伦理道德的重要组成部分。各行各业既有统一的规范和要求,又有各自具体的形式和内容。但爱岗敬业、诚实守信、秉公办事、奉献社会等,应该

成为各个行业普遍遵守的基本准则。在孩子走上工作岗位前,父母要通过自己的言行让孩子确立爱岗敬业的职业意识,形成敬业乐群的职业观念。当孩子走上工作岗位后,在家庭教育中更应该通过多种形式教育孩子遵守职业道德,引导孩子成为一个合格的工作人员。

2. 社会法规制度教育

国家所制定的从宏观到微观,从经济到政治、到社会诸方面的制度、法律、法规、条例、办法等,都是国家对社会进行管理和控制的强硬性的社会规范。法律、法规、制度与社会伦理道德的相同之处在于,它们都是社会规范,都发挥着控制社会和调节人的社会行为的作用。不同之处在于,伦理道德规范,一般来说对社会只起着软控制的作用,它主要靠行为主体的心理和社会舆论来发挥作用;而法律、法规、制度等社会规范则与之不同,它们在社会生活中发挥着硬控制的作用,它们是强硬性的社会规范,人们只能在其规定的范围内有自由,超过了规定,就是触犯法律、法规和违背制度,国家会根据情节轻重,依照法律、法规相关制度,对当事人实行惩处和制裁。因此对社会公民来说,既不能违背社会伦理道德规范,更不能违背社会的法律、法规和制度。正因为这样,在家庭教育中家长不但应教育子女遵守社会伦理道德规范,更应该教育子女自觉地遵守社会法律、法规和制度。在加强法制的当今社会,教育子女自觉遵守社会的法律、法规和制度等强制性的规范,促使其增强法制观念,不当法盲,做一个遵纪守法的合格公民,对家庭、社会、国家及其个人都是十分必要的。家庭对子女进行社会法规制度的教育,应根据青少年的特点,酌情选择重点进行教育,一般应着重做好以下几方面教育:

(1) 我国基本社会制度和基本法律教育

我国的基本社会制度是社会主义的经济制度和政治制度,《中华人民共和国宪法》是我国的根本大法。家庭在对子女进行法制教育时,特别是对进入青年期的子女,他们已取得国家公民权利,应该加强关于我国的基本社会制度和基本法律教育。对于有阅读能力的子女,应该让其通过各种形式阅读与法律法规有关的文字、图片资料,使其掌握或了解我国的基本政治、经济、文化和社会制度。对于缺乏阅读能力的子女,家长也要尽力使其掌握基本精神,明白我国的大政方针。

(2) 有关具体法规、制度教育

我国不仅有着基本的社会主义的经济、政治制度,还有着许许多多具体的规章制度和法律规定。这些具体的规章制度和法律法规,与人们的关系更为直接,因此,在家庭教育中更应该使子女了解掌握。如在我国广大农村普遍实

行的联产承包责任制,在整个国家推行的社会主义市场经济体制等,就是当前我国的经济制度。再如婚姻法,这是每个公民结婚、建立家庭的法律依据。当子女进入恋爱结婚年龄段时,家长就应对自己的子女进行婚姻法有关内容的教育。家长还要根据年龄和需要,及时进行刑法教育,以防子女触犯法律,给本人和家庭带来不幸,给社会造成危害。

(3) 与青少年健康成长有关的法律法规教育

针对青少年初生牛犊不怕虎、爱冲动、法制观念淡薄的特点,为了有利于子女的健康成长,减少青少年犯罪,在家庭教育中尤其应该重视对子女进行有关青少年健康成长的法律法规制度教育,如有关交通法规的教育、未成年人保护法教育、社会治安条例教育等。对孩子进行这些法律法规的教育,有利于青少年的人身安全,能促使孩子用法律武器保护自己,减少青少年越轨犯罪,对青少年一代的健康成长也非常必要。

四、身心健康教育

家庭身心健康教育是指通过家庭生活的组织和安排,促进家庭成员特别是子女具备健康身体、健康人格和良好的心理素质,使每一个人都能身体强健、充满活力、情绪高涨、生活愉快。身心健康是个体其他方面发展的基础,也是个体服务社会的保障。对儿童青少年进行身心健康教育是家庭教育的重要内容。

对于健康的含义,1984 年,世界卫生组织给出了经典的解释:健康不仅仅是没有疾病或虚弱,而且是有健全的身体素质和精神面貌,有良好的社会活动能力。这一解释告诉我们,现代健康包含躯体无病、心理正常和社会适应良好三层含义,个体只有同时具备健康躯体和健康的心理,才是真正意义上的健康。

1. 家庭身体保健教育

英国教育家洛克在论述家庭教育的任务和内容时,把身体健康教育放在第一位。他在《教育漫话》中指出"健康之精神寓于健康之身体";"我们要能工作,要有幸福,必须先有健康"。家庭保健教育就是要帮孩子拥有健康的身体,形成科学的生活方式,为孩子终身发展奠定良好的身体素质。家庭身体保健教育包括以下几个方面:

(1) 身体保护与疾病防治

随着婴儿渐渐长大,有些危险会跟着增加。如婴儿戴的帽子,有带子附在颈上,如果让他用手把带子抓下来,就可能会把头部勒住以致发生危险;衣服上的饰物和纽扣如果钉得不牢,婴儿用口去咬,万一吞下肚里,便会酿成悲剧;甚至玩具若选择和使用不当,也有给婴儿造成伤害的危险。又如,孩子居住的房间里,家具是有棱角的,窗户离地面不高,墙脚的插座不用时没用胶布盖上,在家里随便放着火柴、汽油、药物、杀虫剂,等等,这些都是潜在的危险因素。至于孩子走出家门,可能遇上的危险就更多,更难以预料。近年来,我国小儿急症患者不仅增多,引发急症的原因也发生了显著的变化,即传染性疾病急症在减少,创伤性急症大幅度上升。在儿童青少年的死亡原因中,创伤与伤害则居第一位。儿童意外伤害最常见的原因主要有车祸、跌倒、烧伤、溺水、中毒等。意外伤害即将发生时,他们往往无法预见,因此没有及时逃避意识,更增加了意外伤害发生的可能性。为了避免意外事故,父母一方面要主动消除隐患,另一方面,还要针对孩子在不同时期的年龄特点和生活实际,进行安全教育,使他们学会保护自己的身体。

孩子在不同年龄阶段易患的疾病有所不同。婴幼儿期机体娇嫩,生理功能不完善,抵抗力低,对外界环境的适应能力比较弱,易受病菌侵害,如感冒、急性支气管炎、肺炎、呕吐、腹泻、肠道寄生虫病、麻疹、水痘、传染性肝炎等,是这时期常见的疾病。父母对孩子必须精心护理和照顾,防患于未然。青春发育期是人一生中身体最健康、精力最旺盛的阶段,由于孩子活动量大,如果营养不足,就可能引起营养不良、贫血等病症,严重时还会延缓正常发育。这个阶段的免疫功能尚未健全,加上身体发育、代谢、内分泌等变化的影响,肺结核的发病率出现小高峰,神经衰弱、植物神经功能紊乱、内分泌功能失调等也开始出现,甚至一些老年人的疾病,也可能在青春期种下病根。所有这些都值得父母加以重视,采取必要措施,保障孩子的身体健康。

(2) 重视饮食与营养

人出生后,身体不断生长发育,机体中的细胞和组织时刻在更新。儿童青少年处在发育的旺盛时期,他们需要各种营养素,尤其是对蛋白质、钙、碘、铁以及各种维生素的需求最为突出。这些营养素主要靠日常饮食来提供,家庭应根据孩子不同发育期对各种营养素的需求合理搭配谷类、豆类、干果类、蔬菜类、水果类、肉类、蛋类、乳类、油脂类、糖类等食品,注意做到如下几点:

① 膳食要平衡,每天吃的主食、副食的品种和数量要适当,以满足孩子对各种营养素的需要。

② 膳食制度要合理,每天进餐的次数和分量,要与儿童青少年的生活和学习规律相符,定时定量用餐,尤其是坚持让孩子吃早餐。

③ 膳食的烹调要合理,应尽量减少食物中营养成分的损失,且食物要容

易消化和吸收。

④ 膳食要色、香、味俱佳,以增加孩子的食欲。

⑤ 食物新鲜、清洁、没有毒害,不会引起食物中毒病和传染病。

家庭在重视饮食和营养的同时,还要结合孩子实际,在日常生活中对孩子进行良好饮食习惯的培养,如教育孩子进食时要细嚼慢咽,要吃各种食品,不挑食、偏食等。

(3) 建立正常的生活节律,养成良好的卫生习惯

神经系统是人体生命活动的重要调节机构,在人体各系统中居于主导地位。而大脑皮层是神经系统调节人体活动的最高中枢,其活动是有规律的。让孩子生活作息有规律,能保证大脑皮层兴奋和抑制有规律地轮换,劳逸结合,保证神经系统的正常活动,使孩子有充足的精力学习、生活。

婴儿的生活内容,不外乎吃、玩、睡。父母若能合理地安排好这三件事,让孩子吃得合适,玩耍得当,睡眠足够,从小生活有规律,就能正常地发育成长。孩子上学后,生活发生根本性变化,学习成了他生活的主要内容;此外,还有劳动、课外活动等。家长要根据学校学习时间和孩子生活内容,帮助孩子制订合理的作息制度,督促孩子按时学习、锻炼、进餐、休息和睡眠,使孩子在学习时精力充沛,劳动时干劲十足,玩耍时愉快投入,进餐时食欲旺盛,睡眠时香甜舒适。

讲究卫生,养成良好的卫生习惯,以预防常见病和多发病,促进身体健康发育,保证精力充沛地投入学习与生活,是家庭健康教育的重要内容。良好的卫生习惯,主要是讲究个人卫生、家庭卫生和公共卫生的习惯。个人卫生习惯包括身体各器官、部位和皮肤的卫生。从小养成早晚刷牙、饭后漱口、吃饭前和大小便后洗手、勤洗澡、勤换衣裤、勤剪指甲、及时小便、定时大便,注意用眼卫生、青春期女孩子注意月经卫生等习惯,对于预防疾病具有积极意义。家庭卫生主要是家里的居室卫生,包括环境整洁、空气流通等。养成家庭卫生习惯,与个人健康密切相关。公共卫生是指公共场合的卫生。它要求每个社会成员不随地吐痰、不乱扔脏物等,这不但对预防传染病,而且对提高整个社会的环境质量,都是很有必要的。

(4) 加强体育锻炼

体育锻炼对于增强体质、促进发育、加强机体免疫力、提高机体对外界环境适应能力、防御各种疾病有重要作用,它应成为家庭健康教育的重要内容。

体育锻炼可以从小开始,但应考虑孩子的实际,在不同年龄有不同的要求。例如,婴儿期,可为婴儿划出一小块清洁、安全的"地盘",让孩子在自己的

小天地里移动身体、改变姿势和摆弄各种玩具;可帮助婴儿做婴儿体操,促进其全身动作的发展;在暖和的季节,还可带婴儿到户外活动。幼儿期可教孩子做幼童保健操,或做简单的跑、跳、抓、握、拉活动;还可利用日光、空气和水,进行"三浴"锻炼。孩子入学后,除继续幼时的游戏和更多地做户外活动外,可培养孩子对体育锻炼项目的爱好,养成良好的自我锻炼习惯。

2. 家庭心理健康教育

家庭心理健康教育是维护孩子心理健康的措施和各种活动的总和。其内容如下:

(1) 创设良好的家庭心理环境

良好的心理环境也称心理营养。儿童青少年发育成长,既需要物质上的营养,还需要精神上的营养或者说心理营养。人所需要的心理营养与物质上的营养同样是多方面的。对于未成年人尤其是婴幼儿和儿童来说,最重要的心理营养是父母及其他家属成员的爱和信任。每个婴幼儿都需要有人轻轻地对他爱抚、亲切温柔地对他微笑,同他说话、玩耍,对这一切的需要就如同需要维生素和热量一样重要。而父母抚养孩子,无私地施予爱,孩子会做出满意的反应,这种反应又给了父母一种幸福感,使父母进一步增强了信心,心中更充满爱意。这就是亲子之间关系的良性循环。

在良性循环的情况下,孩子从小有充足的心理营养,不但能爱父母、家庭,且能渐渐地推而广之,爱老师、爱同学……因此,无论子女有什么缺点甚至缺陷,父母都应该使他感受到爱和信任,用积极的态度面对自己的人生,抓住机遇,充分发挥自己的才能。如果孩子从小得不到心理营养,长大后就可能会变得冷漠、无责任感、缺乏自信心,在遇到困难、冲突和挫折时,心理就可能会出现障碍,甚至出现心理畸形。随着年龄的增长,这种障碍还可能会愈来愈严重。因此,创设良好的家庭心理环境对孩子的健康成长意义重大。

(2) 培养有益的兴趣爱好

好奇、求知是人的天性。早在婴儿时期,孩子会目不转睛地盯着一样东西,情不自禁地想拿到它或触摸它、摆弄它。在整个幼儿时期及以后的童年期、少年期、青年期,好奇心一直在驱使着孩子去认识多种事物。只不过随着年龄的增长,其发展水平有所不同,兴趣爱好有所不同。

心理学的研究还表明,人的兴趣是有倾向性的,不同追求的人其兴趣的倾向性有所不同,如有的针对物质方面,有的针对精神方面;有的偏重科学技术,有的偏重文学艺术;有的追求个性享受,有的追求社会贡献;有的表现出庸俗、低级,有的表现出健康、高尚。儿童自发的兴趣和由此而进行的各种活动,是学习的桥梁,也是心理健康的重要因素。家庭必须给予鼓励、尊重和引导,使孩子的兴趣爱好向积极的、有益于身心健康的方向发展。

(3) 培养独立个性和坚强意志力

"性格决定命运"这句话在实践中屡见不鲜,良好的个性特征是成人成才的重要保障。因此,家庭教育中要注意对孩子独立个性的培养。所谓独立个性,主要是指成为某一方面的专业人才所应该具备的某些基本品质、情操和个性特点。现代社会,不同行业和职业对人才个性特征的要求各不相同。例如,科学家,应该具有善于探索新问题、敢于求索未知事物的个性倾向;发明家,应该具有独立思考、敢想敢干、不怕挫折的个性特征;运动员,应该具有不怕吃苦、刻苦锻炼、勇于攀登的性格;企业家,应该具有开拓进取、善于交往、精于筹划的个性特征;政治家,应该具有深谋远虑、智勇双全、意志坚定、机智善变的个性特征……在家庭教育中,家长要根据孩子的气质基础和性情倾向,有针对性地对孩子加以引导,放手让孩子到实践中去锻炼、发展。

要成就任何事情,没有坚强的意志是难以成功的。因此,要加强对孩子意志的磨炼。家长要能让孩子吃苦,教育孩子能经受住成功与失败的考验。在逆境中成长的孩子,一般都能形成坚强的意志,并事业有成。中外历史上这样的例子比比皆是,如匡衡、范中淹、托尔斯泰等。因为困难、失败、磨难是一位严正无比的老师,他能教会人们许多东西,使人的意志得到磨炼。

第二节　家庭教育的基本原则

家庭教育的原则是指在进行家庭教育活动时,为了达到家庭教育目的应遵循的基本要求。它是家庭教育中必须遵循的、对于家庭教育具有普遍指导意义的基本要求和指导原理,是处理问题与解决矛盾的依据,对家庭制订教育计划和选择内容及其教育方法,都具有指导作用。家庭教育原则作为家庭教育经验的总结和儿童成长规律的反映,既具有很强的实践性,又具有坚实的理论依据。家庭教育只有把握了正确的原则,只有正确地贯彻了原则,才能达到家庭成员共同提高、子女身心和谐发展的目的。正确地贯彻和运用家庭教育原则,是家庭教育顺利进行并取得理想效果的保证。

我国现代家庭教育应遵循的基本原则包括:主体性原则、严慈相济原则、

榜样示范原则和因材施教原则。

一、主体性原则

主体性原则是指在家庭教育过程中,必须以人为本,正确认识家庭成员包括孩子的主体地位,特别要承认孩子独立的人格和尊严,调动家庭成员特别是孩子的主动性、积极性和创造性,和谐互动,促进家庭成员的进步和孩子的全面发展。

主体性原则,是现代教育理念的集中体现,它建立在对儿童的科学认识和现代教育规律探索的基础上,是家庭教育中教育与发展相统一、施教与学习相统一、教育主体双向互动和子女有独立的人格及尊严等规律的反映。它主要解决家庭教育中如何充分发挥人的能动性问题,特别要处理好父母的主导作用与孩子的主动性、积极性和创造性相结合的关系,处理好父母的主导作用与尊重孩子独立人格及尊严相结合的关系,使家庭成员人人参与家庭教育,人人得益于家庭教育。

根据家庭教育的现实状况,主体性原则在家庭教育中的运用,主要体现和强调孩子的主体地位,家长必须承认和尊重孩子的人格与尊严,只有把孩子的积极主动性充分调动起来,才能使家庭教育的效能发挥出来,也使父母能真正起到在家庭教育中的主导作用。

贯彻主体性原则应该做到以下几点:

首先,家长要树立正确的儿童观。儿童观是指人们看待和对待儿童的基本观点。正确的儿童观指父母必须承认和尊重儿童的主体地位和人格尊严。正确的儿童观和爱子观是家庭教子成才的前提和基础,也是父母有较高修养的表现。

树立正确的儿童观要求家长认识到家庭中每一个人在人格上是完全平等的,尊重、信任孩子,关心、爱护孩子,激发孩子们的自尊、自爱、自信的心理,调动起他们的主动性、积极性和自律能力。家庭教育中父母应成为孩子的良师益友。当孩子在思想上、学习上、生活上遇到困难时,能首先想得到父母的帮助,而父母也能在这时给予正确的指导,帮助他们有效地解决问题;父母根据孩子的个性特点思考和安排孩子的教育问题,不把自己的想法强加于子女,与孩子多沟通,得到孩子的认同,不能要求孩子绝对服从,同时尽力满足孩子的合理要求;父母有错时要允许孩子批评,勇于在孩子面前承认错误,并且还要采取措施及时纠错,为孩子树立知错就改的良好榜样。

其次,要充分发挥家庭成员的能动性。人是家庭的主体,家庭成员是家庭

教育的直接受益者。家庭教育是一种互动的教育,家庭成员要既作为受教育者,又作为教育者,人人都要参与到家庭教育活动中。将每个人的主观能动性在家庭教育中充分发挥,就会产生巨大的教育力量,家庭教育就有了生命力,就会使每个家庭成员都感受到关怀,并提高自身的修养和水平。

要充分发挥家庭成员的能动作用,使家庭教育取得成效,家庭教育的着眼点是很重要的。每个家庭每天都要面对各种事情、处置各种问题,有令人高兴的事,也有使人沮丧的事,但不管身处顺境,还是身处逆境,如果能将人的注意力放对地方,将会决定生活是向好的方面发展,还是向坏的方面恶化。如果生活中90%的日子过得好,10%的日子过得不如意,我们老想着10%的不如意的日子,生活就更不如意。如果生活中10%的日子过得好,90%的日子过得不如意,我们老想着10%的好日子,也会令你的生活充满阳光。这是一种向前看的思维,我们把它运用于家庭教育中,就是要让每位家庭成员都懂得这样一个道理:要让别人能发挥其积极潜能,把事情做得出色,就不要老去注意他的弱点、他的错处,而要着眼于他的长处,他就会干得更来劲,这就是投桃报李的道理。在家庭中对孩子的教育更是如此,发挥孩子的主体性,就不能抑制孩子成长过程中的情感,如果孩子必须处处同父母保持一致,怎么能培养起他们自己的感受呢?我们老是告诉他们"不行"、"不",就会适得其反,更多的时候要说"行"、"可以"。在鼓励中才能充分调动人的积极性、参与性,才能增强家庭教育的效果。

二、严慈相济原则

严慈相济原则是指家庭教育中父母对孩子要严格要求,关心疼爱,同时,父母亲在教育过程中又要相互配合,使家庭教育保持一致。

在我国古代人们将父、母分别称为严与慈,并将两者相连,可见我国的古人已懂得要搞好家庭教育,就必须严慈相济,即父母双亲要相互配合。严与慈即严格要求与疼爱相结合的规律和道理。严慈相济,它广泛地存在于古今中外一切成功的家庭教育中,它是成功的家庭教育之所以能成功的基本奥秘之所在。

家庭教育中的严慈相济,是事物对立统一规律在家庭教育中的具体应用和体现。严与慈,是一对矛盾,两者极不相同,在一般情况下两者处在对立和斗争的状态。但是,在家庭教育中,两者又相互联系和配合构成为一个统一体,在一定条件下两者又会相互转化。在家庭教育中,父母相互配合是严慈相济,严格要求与仁爱相配合也是严慈相济。严慈相济,要求在家庭教育中父母

双亲对子女既不可无严,又不可严而无度;既不可无慈,又不可慈而无限,两者应该相互配合,并配合得当,即严中有慈,慈中有严,两者舍弃任何一个方面,都是不能搞好家庭教育的。

贯彻严慈相济原则,首先家长要做到严格要求,持之以恒。没有要求就没有教育,家长要切实担负起对子女发展和成长的责任,提出并落实一系列适当的教育要求,帮助孩子形成良好的生活习惯和坚强的意志品质。从个体身心发展来看,青少年身心发展具有不稳定性、不成熟性,自觉遵守道德规范的能力较差,无论在知识能力方面,还在道德情感方面,都离不开成人的引导和帮助;从未来社会发展需要看,青少年作为未来社会公民,需要遵守各种规则和要求,这些规则和要求的遵守必须从儿童时期抓起。这都要求家长从小就要对孩子提出明确要求,并持之以恒地锻炼。

其次,父母要理智施爱,爱而不溺。爱是人类教育的基础,更是家庭教育的特点。家长对子女的爱应当是理智的,在教育子女时,能自觉地控制自己的情感,既要有身为父母热爱子女的亲情,又要有师长教育学生的师情,做到爱而不纵、严而不苟、教育有度、重在实效。爱子女如果失去了控制就会变成溺爱,溺爱会把子女惯坏。法国思想家卢梭说过:"知不知道用什么方法可以让你的孩子受到折磨,这个方法就是一贯让他要什么东西就得到什么东西……"这说明"爱之不适,足以为害"。

三、榜样示范原则

榜样示范原则是指在家庭教育中,长辈用自己的模范言行给孩子做出榜样,坚持以正确的人生价值观和示范行为对家庭成员特别是子女的身心发展施加教育和影响。

儿童的模仿性最强,而模仿是人类最基本的学习手段之一。父母是儿童的第一任老师和被模仿的主要对象。父母的言谈举止、为人处世,对子女的成长起着潜移默化的作用。孔子曾说:"其身正,不令而行;其身不正,虽令不从。""不能正其身,如正人何?"前苏联教育家马卡连柯指出:"父母自身的行为在教育上具有决定意义。……在你们(指父母)生活的每一瞬间,甚至当你们不在家的时候,都教育着儿童。""父母对自己的要求,父母对自己家庭的尊敬,父母对自己一举一动的检点;这是首要的和最基本的教育办法。"人们常说:孩子是父母的翻版,指的就是父母经常以自己的行为影响孩子,并养成了他们大部分的行为举止、待人方式等。专家们的研究成果也认为,孩子的行为举止和价值观90%来自父母的榜样,有什么样的父母,就有什么样的子女。因此,父

母能够以身作则、言传身教,给子女做出好榜样,是家庭教育取得成功的重要保证。

家庭教育中坚持榜样示范原则,主要要求家庭中的父母有良好的素养,要能够担当起做合格父母的职责。所谓"合格父母",首先是父母要具有科学的教育思想和态度,懂得一些现代家庭教育理论,了解孩子的心理特点和性格特征,有针对性地对他们实施教育;其次是父母要有良好的自身素质和自我修养,有优良的品德、模范的行为,能给孩子榜样示范;再有父母要掌握科学的教育孩子的方法,既严格要求、规范孩子的行为,又要多采用适合孩子的年龄特点和个性特征的教育方法,善于鼓励孩子,做孩子的好朋友;最后,父母要为孩子营造良好的家庭环境,包括家庭的物质生活环境和家庭的精神生活环境。有合格的父母,才有示范性的教育,才有好的榜样作用,才能有效地实施家庭教育。

四、因材施教原则

因材施教原则是指家庭教育要针对教育对象的职业、个性特点等具体因素,采取和选择不同的教育方式方法,促进子女的个性发展。父母要从孩子的年龄、性格特征、生长发育状况等实际出发,根据孩子的个别差异和具体特点,有的放矢地实施不同方式的教育。

心理学研究表明,个体身心发展存在个别差异性。不同年龄阶段的孩子在生理和心理上都具有不同的特征。即使同一年龄阶段的孩子,出于先天的遗传素质、后天的生活和教育环境,孩子自身的体质状况等实际情况不同,在身心发展的可能性、方向和水平上也都存在着差异,这就使每个人都有其特质,要获得好的教育效果,就必须有针对性地进行教育。家庭教育由于在家庭环境中进行,父母对自己的子女更为了解,使其更能从孩子的具体情况出发,有针对性地进行教育,这是家庭教育的优势所在。

要做到因材施教,家长要深入、全面了解孩子。著名教育家乌申斯基说过:"如果教育学希望从一切方面去教育人,那么就必须首先也从一切方面去了解人。"了解是教育的基础,了解孩子更是教育孩子的基础和前提。家庭成员朝夕相处,要利用这一优势,通过观察、交流、活动等多种方式,了解孩子所思所想,把握孩子发展特点。在了解过程中,要做到客观、全面和深入,防止出现主观性、片面性、表面性。

其次,要尊重孩子的个性特点实施教育。在充分了解孩子的基础上,家长要根据孩子的实际情况,提出教育要求,确定教育内容,选用教育方法,要避免

家庭教育中"成人化"和"一般化"。现代社会是竞争的社会,家长往往急于求成,对子女进行拔苗助长式教育,这常常带来适得其反的效果。

还有些父母则企图通过孩子圆自己未实现的梦想,但是,当自己的梦想和孩子的兴趣、爱好、素质、特长不一致的时候,家庭教育就可能出现偏差。一些父母认为自己是长辈,是家庭中的领导者,强迫孩子服从自己,扼杀了孩子的兴趣和特长。因此,家庭中对孩子的教育,一定要依照孩子的个性特长因材施教,这不是老子、儿子谁服从谁的问题,而是老子、儿子都要顺应自然、遵循规律,都得服从真理,孩子无论在哪一方面做出了突出成绩,都是一代人超过了一代人,同样是圆了比自己更有作为的梦,都是对国家、对社会有益的。

总之,只有在家庭教育中认真遵循上述基本原则,坚持向子女进行德、智、体、美等方面全面发展教育,采用科学的教育方法,才能收到科学育人的成效。

第三节 家庭教育的方法

父母都希望自己的孩子成才、幸福,但怎样才能达到?这是许多家长费心思考的问题。家庭教育是一门科学,有着内在的规律性和科学的方法;家庭教育也是一门艺术,"运用之妙,存乎一心"。凡是家庭教育成功的父母,大都是采用了科学的教子方法与教子艺术,而那些家庭教育失误的父母,则是采用了不当的教子方法。因此,采用什么样的教子方法对孩子是否成人成才至关重要。

家庭教育方法,是指在家庭教育过程中,家长为促进孩子健康发展而采取的,是家长和孩子相互作用的活动方式的总称。家庭教育方法是家庭教育过程中的一个重要组成部分,是家庭教育的基本要素之一,它直接关系到孩子良好性格的形成和积极情感的发展,影响着家庭教育的效果和孩子成长的方向。因此,家庭教育方法的确立和具体运用,是实施家庭教育的必要条件。

家庭教育所承担的任务多种多样,影响家庭教育的因素错综复杂,家长和子女的情况各不相同,家庭教育过程中所遇到的问题也纷繁复杂。因此,家长要理解、掌握多种教育子女的有效方法,学会选择并运用多样的教育方法。

一、启发诱导法

父母通过摆事实、讲道理使子女认清事理,提高认识,形成正确观点,养成良好的道德行为习惯。要做到这些,就需要运用启发诱导的方法,使他们明白应当怎样做、为什么要这样做。只有子女的认识提高了,感到有必要这样做,他们才会自觉地按要求去做。启发诱导也符合未成年人的心理特征,他们受心智发展水平的局限,其分辨是非、独立思考问题的能力都较差,若不管其对问题是否理解,只一味地采取简单粗暴的填鸭式的灌输方法,势必会挫伤他们的主动性、积极性,使家庭教育过程受阻,家庭教育目的也将落空。

启发诱导法的具体方法有下列几种:

1. 谈话

父母有意识地同子女谈话,交流思想情感,了解子女的情况,提高他们的认识,对他们进行教育;或者鼓励子女提出问题,或者提出问题让子女思考,在共同探讨的过程中,启迪子女智慧、开阔子女视野;或者通过谈话给子女讲解道理,使子女了解社会道德规范,提高主体活动的自觉性。

2. 讲故事

未成年人一般都非常喜欢听故事和笑话,而且在听故事和笑话时,非常专心。利用生动、具体、形象的故事和笑话,来感染教育儿童,使其在笑声中、欢愉的气氛中受到启发,提高明辨是非善恶的能力,发展其思维力、想象力、注意力、审美力以及语言表达能力。

3. 讨论

当子女对某些社会或道德问题有些看法,但又不甚明确、不太全面时,特别是在产生一些极端的看法和观点时,不要简单地采取粗暴的方式去解决,这时可以通过讨论、辩论,使其明辨真伪、善恶、美丑,提高认识,形成正确的观点。

4. 暗示

父母或是希望子女做什么、不做什么,或是防止子女出现过失或犯错误而用间接、含蓄的语言、表情或手势向子女传递某种教育"信息",从而使子女迅速察觉、心领神会地按父母教育意图去行事的一种教育方法。暗示分直接暗示、间接暗示、反暗示和自我暗示四种。家庭教育就是要形成子女积极地自我暗示的能力,以增强信心,获得进步。

5. 表扬

父母根据子女的实际表现,对其思想、行为给以肯定的评价。少年儿童的自尊心较强,利用表扬的方式,可以极大地调动他们积极向上的情绪,从而使他们取得的成绩得到巩固,并在此基础上继续前进。表扬要做到实事求是、及时准确,要以表扬为主、批评为辅,既肯定成绩,又指出问题,使子女明确今后

努力的方向及应注意的问题。

6. 批评

批评可对未成年人产生一定的刺激,加深他们对问题的理解,以使他们更快地改正缺点和错误。但是,父母对子女进行批评,应采用和风细雨式的摆事实、讲道理的方式,分析原因,并帮助他们改正缺点和错误。最好不要采用体罚、恐吓、辱骂等方式,以免伤害其自尊心,挫伤其积极性,使其产生消极对抗的情绪。

总之,运用启发诱导方法,要有明确的目的性,方法要富有知识性和趣味性,要把握恰当的时机,要带着真挚的爱意,对子女以诚相待。

二、榜样示范法

榜样示范法是以他人的高尚思想、模范行为和卓越成就来影响受教育者的方法。榜样把道德观点和行为规范具体化、人格化,形象而生动,具有极大的感染力、吸引力和鼓动力。而未成年人又富有模仿性,爱效仿父母,尤其崇拜伟人、英雄、学者。在良好的家庭教育环境里,"榜样的力量是无穷的"能得到最充分的体现,榜样能给予子女以正确方向和巨大力量,引导他们积极向上。相反,在一个不良的家庭教育环境里,榜样的作用将受到局限,或子女接触、进而仿效的是反面典型,这将直接影响子女的健康发展。

榜样示范法的具体方式有二:

1. 典范

父母要有意识地向子女介绍一些历史伟人和各方面的杰出人物,引导子女确定学习的典范,使这些精英不平凡的一生、伟大的业绩、崇高的品德和光辉的形象,对子女产生极大的吸引力,激发子女对英雄模范人物的敬仰思念之情,并对照典范严格要求自己,推动其积极上进。

2. 示范

父母是经常地、直接地对未成年人发生影响的人。父母与子女朝夕相处,是与子女交往最多的人。在子女心目中,父母往往被看作是榜样,并作为"自我形象"设计的参照系,矫正并规范"自我行为"的参照标准。父母的言行、举止、仪态、作风、为人处世和各方面的表现,都对子女起着示范作用,对其人格产生潜移默化的影响。因此,父母要以身作则,加强自身修养,注意自己的言行,确立"身教"意识,起到良好的示范作用。当然,对子女的这种示范作用,不仅仅局限于父母,还包括能对子女产生影响的所有成年人。

三、实践锻炼法

实践锻炼法是父母通过有目的地组织子女进行一定的实际活动,以培养子女各方面能力,形成良好品德的方法。未成年人的各种能力和品德的培养离不开实践锻炼,只有在实际生活和社会实践活动的过程中,能力和品德才能形成、发展和完善。实践锻炼法是家庭教育的一个基本方法,其具体方式包括下列几种:

1. 练习

父母要使子女养成良好的行为习惯,提高各种能力,锻炼身体,强化所学习的各种知识,都必须通过练习,甚至在许多方面还需要反复练习。如子女文明生活习惯的养成,光讲清道理还不够,还要指导子女长期、反复练习,才可能使其成为子女的一种"自然"的习惯,成为其良好行为习惯的有机组成部分。

2. 制度约束

父母与子女一起制定家庭生活规章制度,要求子女严格照章行事,使子女养成良好的生活习惯。制度约束还有利于培养子女的组织性、纪律性、顽强的意志和严格要求自己的好习惯。

3. 参观访问

父母带领子女走出家门、访亲问友、参观展览、游历名胜,从而使子女直接了解自然和社会,提高社交能力,受到美的熏陶,养成活泼开朗的性格、向善向美的品质。

4. 组织活动

父母指导和组织子女参加一些家务劳动、家庭表演活动、家庭会议、课外活动及各种专项训练活动等,能使子女得到很好的锻炼。在活动中,子女要遵守一定规范,经受多方面锻炼,以促进各种良好品质的形成。如参加社会调查和社会服务等社会实践,能使子女接触社会、了解社会,认清自己肩负的使命,从而形成正确的理想和人生观。

5. 委托任务

父母委托子女承担某项职责,完成某种任务,也是一种重要的实际锻炼。如让子女承担家庭中理财、理物任务等。通过完成委托任务,能提高子女的工作能力,培养他们的工作责任感。

运用实践锻炼方法,要坚持严格要求,采取各种方式调动子女的主动性,并注意检查和坚持。

四、环境陶冶法

环境陶冶法是父母有意识地创造一个和谐、良好、优美的家庭生活环境，使子女置身其中，在耳濡目染中陶冶其良好的生活习惯和思想品德的方法。这种方法寓教育于情境中，通过家庭"自然"的生活环境、健康的生活气氛和精神氛围来感化、熏陶子女；它既没有强制性的措施，也难以有立竿见影的功能，然而却能收到潜移默化的效果，能给子女的品德发展以深远的影响。具体有下列几种方式：

1. 人格感化

这是父母以自身的品德和情感为"教育情境"对子女进行的陶冶。在这种情况下，父母是以自己的高尚品德、人格、对子女深切的期望和真诚的爱来触动、感化子女，促使子女奋发向上，积极进取。父母的威望愈高，对子女的关怀和爱愈真挚，这种人格感化的力量就愈大；反之，影响力就弱，其效果就差。

2. 环境陶冶

家庭是未成年人的主要活动场所，他们在其中连续生活很长时间，家庭生活环境每时每刻都对子女产生着潜移默化的影响作用。一个理想的家庭生活环境会对未成年人产生积极的影响作用。因而，教育工作最主要的任务在于组织家庭生活，创造一个适宜未成年人成长的氛围。

3. 艺术陶冶

艺术是人类智慧的结晶。艺术包括诗歌、文学、音乐、舞蹈、美术、雕塑、影视等，它源于生活，又高于生活，形象概括，寓意深厚，不仅给子女以美的感受，还能熏陶他们的性情。父母通过与子女共同观赏电影、电视、戏曲、歌舞、绘画、书法等机会，指导子女正确赏析艺术作品，或引导他们自己去创作、表现、演出，从中获得启示，受到陶冶和教育。

总之，运用环境陶冶法，要注意创造一个良好的教育情境，注意与启发、说服、诱导相结合，注意引导子女参与教育情景的创设。

五、自我教育法

自我教育法是指子女基于自我认识，对自身的各方面发展提出一定要求、任务，并自觉进行自我评价、激励、控制和思想转化的方法。此方法广泛运用于子女发展的各方面，它是子女在自身发展中自觉能动性的表现，充分体现了子女在家庭教育过程中的主体作用，是家庭教育获取成功的重要因素。

只有在受教育者接受教育的各种要求，并使之成为自身内在的驱动力时，教育要求才能收到预期的效果,因而,充分发挥受教育者的主观能动性,是教育成功的一个关键因素。受教育者的自我教育能力的形成与发展水平,就成为衡量教育水平的标准,也成为教育追求的一个主要目标。显然,自我教育能力的培养与提高,在受教育者成长过程中,在教育过程流畅地运行中起着重大作用。

自我教育能力主要由自我评价和自我控制构成。父母要针对子女不同时期的身心特点,充分调动其积极性,发挥他们在发展自身中的主体作用。要培养子女自我教育能力,就必须做到下列几点:

(1) 激发子女自我教育的愿望。让子女明确意识到父母提出的要求,相信它的正确性,并确信经努便可实现,从而产生自我教育动机。

(2) 培养子女自我评价的能力。能运用已有的知识对自己的行为进行自我判断、自我分析、自我批评。

(3) 启发和指导子女制订自我教育计划。

(4) 指导子女执行自我教育计划。教给子女一些自我锻炼的方法,如自我训练、自我体验、自我检查等;教给子女一些自我激励的方法,如自我鼓励、自我监督、自我控制等。

(5) 指导和培养子女自我教育的习惯。

上述几种家庭教育方法各有特点与作用,同时,它们相互补充、配合,构成了家庭教育方法的完整体系。对儿童青少年的培养不可能通过个别方法来实现,必须科学地综合运用各种家庭教育的方法。因此,父母亲要根据家庭教育的具体任务、子女的年龄特征和具体的情况等因素,创造性地运用各种家庭教育方法。

第五章 不同年龄阶段孩子的家庭教育

个体身心发展具有阶段性特征。对于孩子而言,处于不同的发展时期和年龄阶段,其生理和心理特点不同,在家庭和学校中扮演的角色也不一样。因此,家庭教育要针对孩子发展过程中的阶段性特征,在教育内容和方法上要有侧重点和特色,这样才能取得教育成效,达到教育目的。

2010年2月26日,我国首份科学、系统、全面的家庭教育指导性文件《全国家庭教育指导大纲》在北京由全国妇联等7个部门联合发布。《大纲》对不同年龄段儿童的家庭教育要点作了系统阐述,按不同年龄段划分家庭教育的指导内容:对新婚期及孕期的家庭教育指导主要是引导夫妇共同做好优生优育优教的知识准备;在0~3岁年龄段主要是引导儿童逐渐掌握人类行为和语言,逐步建立亲子依恋关系等;对4~6岁年龄段的儿童建议逐渐掌握具体形象思维,指导家长关注儿童日常交往行为等;在7~12岁年龄段时应培养儿童掌握好情绪情感,养成良好的学习习惯和学习兴趣等;在13~15岁年龄段时,应开展适时、适当、适度的性别教育,开展信息素养教育,引导儿童正确使用各种媒介等;对16~18岁年龄段的家庭教育建议引导儿童"学会合作、学会分享",培养儿童做一个知法、守法的好公民等。此外,《大纲》还对特殊儿童、特殊家庭及灾害背景下的家庭教育提供了科学指导方法。本章将按照孩子成长的不同阶段,对胎儿期、婴儿期、幼儿期、青少年时期的家庭教育策略做出阐述,为家庭教育实践提供借鉴。

第一节　优生与胎教

怀孕,对个体来说,是生命的起点、成长的开始。孩子的孕育和出生,意味着夫妻爱的结晶、角色的改变、生命感的延续、家庭结构的完整和未来的希望,这对家庭而言,其社会意义重大而深远。

研究表明,女性在 24～30 岁为最佳生育期。受精两周为胚种期或孕卵期,受精 2～8 周是胚胎期,从怀孕 2 个月至孩子出生是胎儿期。胎儿在母体中的发育:3 个月时,指甲、眼睑、双唇、鼻子和声带发育成形;8～9 月,胎儿全身长出脂肪层,使其在出生时能适应子宫外的气温变化;产前一周停止生长,这时胎儿平均体重 3 千克左右,体长 45～60 厘米。这些发展为新生命的出生做好了准备。

一、优生

1. 优生的含义及价值

优生即生优,英文原意为"生健康的孩子",指采取一系列措施保证诞生的婴儿素质优良,生育出健康聪明的优秀后代。研究优生问题就成为优生学,它是研究人类遗传、改进人种、提高素质的一门科学。

优生具有重要的个体和社会意义。第一,优生关系到个体的健康成长。如果每个家庭都能或基本都能坚持优生,就会使我国有先天性疾病的孩子消失或基本消失,我国的残疾人就会大为减少,一代代新生儿就能够个个聪明、健壮、健康成长。反之,如果不注意优生,孩子有可能严重先天性缺陷,或智力低下,或有其他遗传性疾病,这无疑会增加社会的负担,而且会严重影响下一代的健康成长。第二,优生关系到家庭幸福。每个人都希望婚后家庭生活幸福美满。如果不注意优生,一家之中增添了一个或多个有严重缺陷的残疾孩子,或出生一个患有遗传性疾病的新生儿,又无法治愈,就会给家庭带来无穷的负担和忧愁,也会使这样的孩子终生痛苦,备受疾病的折磨。而如果做到优生,出生的孩子聪明、健康活泼,就会给家庭带来无穷的欢乐和幸福,也能使家庭为社会做出有益的贡献。第三,优生关系到我国人口素质的提高和社会可持续发展。当今社会发展,对人的素质的依赖无以替代,优生不仅可以为社会

提供具有良好基础的未来人才,而且为社会的可持续发展提供了保障。

2. 优生的基本要求

优生就是运用现代生物学、医学、遗传学、社会学等多方面的科学知识,避免和改善影响后代身心健康的不良因素以求生育出健康的后代。优生需经过优身受胎、优境养胎、优教育胎三个环节。

(1) 优身受胎

① 绝对避免近亲结婚。所谓近亲结婚,指的是直系血亲和三代以内的旁系血亲。现代遗传学已经揭示,基因是人类的遗传信息,它存在于人体细胞里的染色体上,并通过生殖传给后代。父母一方或双方的染色体或基因不正常,就会遗传给后代而发生遗传病或生出致病基因的携带者(未发生遗传病),其同胞兄弟姐妹中约 1/4 发生遗传病,1/4 是健康者,1/2 是致病基因携带者。在人群中,致病基因携带者仅占 1‰~1‰,正常婚配,两个携带相同致病基因的携带者相遇的概率是 1‰~1‰,因此各种隐性遗传病的发生率都较低。但是在表亲中,携带相同致病基因的可能性是 1/8,因此,表亲婚配后生隐性遗传病婴儿的机会就会大大增加。此外,近亲婚配生育的子女中,先天畸形,胎儿、婴儿死亡率和新生儿死亡率都比一般人高出 3~4 倍。人的各个器官和组织都可能发生遗传性疾病,目前已知的有 3 000 多种。对待遗传病,由于无根治方法,因此,要减少遗传病患者,最重要的,就是禁止近亲婚配,实行优生,减少病儿的出生。

② 有些病患者不宜结婚或不宜生育。比如,重度遗传性智力低下者,如先天愚型、重度克汀病(多为基因遗传)、精神分裂症及躁狂抑郁性精神病患者,不宜结婚和生育。这些病在下一代中的发病机会占 57.8%~68.1%。双方家系中患有相同遗传性疾病者不能结婚和生育。男女任何一方患有常染色体显性遗传病,如进行性肌肉营养不良、先天性成骨不全、遗传性致盲眼病等,不宜生育。婚配双方都患有相同的常染色体隐性遗传病,如全身白化病、垂体性侏儒症、血友病、全色盲、先天性聋哑者,不宜生育。有伴性遗传病,如色盲、血友病患者,应控制所生子女性别。女性携带者与正常男性婚配,怀孕后应做产前诊断,判定胎儿性别,女胎无病可以保留,男胎会患病,应中止妊娠。

③ 要在适当的婚育年龄怀孕。我国婚姻法规定,男子不得早于 22 周岁,女子不早于 20 周岁,一般在 24~30 周岁这个最佳生育年龄会有健全的精子和卵子,胎儿能发育正常。产妇年龄越高,先天痴呆儿的可能性越大:25~29 岁,先天痴呆的可能是 1/1 500;30~34 岁,1/800;35~39 岁,1/250;40~44 岁,1/100;45 岁以上,高达 1/60。

④ 要注意选择受孕期。夫妇双方要选择身体健康、情绪良好、精力充沛、心情愉快的时期受孕。国外有"情深婴美"的说法,而且夫妇双方要在戒酒、戒烟后的两三个月以后受孕;妇女若服避孕药的要停后两个月,才可怀孕。

（2）优境养胎

优身受胎是优生的基础和前提,是保证受精卵尽可能没有遗传性缺陷的第一步,但这并不意味着就万事大吉了。如果不能及时地为受精卵提供一个良好的条件和环境,依旧会给胎儿带来不良的影响,严重时会使胎儿出现畸形、流产、早产等,影响胎儿的发育,会使优身受胎前功尽弃,达不到优生目的。

① 要注意营养。当受精卵形成之后,一个新生命就开始了"十月怀胎"的旅程,在280天中,体重仅为0.000 000 5克的受精卵长成3 000～4 000克的新生儿,体重增加6亿倍。这奇迹般的变化,其物质基础便是母亲供给的营养素。因而妊娠期营养显得尤为重要。

② 保持良好的心境。孕妇的情绪状态对胎儿影响很大。美国心理学家汤普森曾在母老鼠身上做实验:用电击和铃声结合,形成母老鼠对铃声产生躲避到隔室的反应。母鼠怀孕后,经常给以铃声但不给以电击,又使母鼠无法躲避,母鼠处于恐惧不安的情绪状态之中,并一直维持到小鼠生下来,结果发现小鼠行动畏缩、胆小、不活泼。据研究,尽管母亲与胎儿在生理上并非具有同一大脑和植物神经机构,但它们之间存在着一种通路,比如怀孕母亲突然受到恐吓,管理情绪并与大脑皮层相连的下丘脑便会发出指令,身体出现脉搏加快、瞳孔放大、手心出汗、血压升高,而且信号传入内分泌系统,促使神经激素分泌加剧,会使胎儿躯体发生变化。如果这种情感强烈持久,就会影响胎儿的生长发育。

③ 不吸烟、喝酒,不随便用药。孕妇吸烟,烟中的尼古丁、一氧化碳以及其他有害物质,可经由胎盘传入胎儿体内。一氧化碳会使胎儿对氧的需要和利用受到影响,导致胎儿发育迟缓,以致早产和死亡。酒可使胎儿畸形,酒精中的有害物质很容易通过胎盘被胎儿吸引。一个妇女每日饮葡萄酒1 800毫克,胎儿将出现"胎儿性酒精综合征";日饮烈性酒300毫升,孩子的畸形概率为5%。有些药物对胚胎和胎儿的影响很大,会给胎儿带来危害。药物致畸主要发生在妊娠头三个月。因而孕妇吃药一定要遵照医嘱,小心谨慎。

④ 注意锻炼,增强体质。母亲有一个健壮的身体才不会流产,致畸和造成胎儿发育不良。孕妇每天做操,可以防止胎儿缺氧,有助胎儿发育。

（3）优教育胎

优生的第三环节是优教育胎,也称为胎教。接下来将单独讨论。

二、胎教

1. 胎教的含义

何谓胎教？目前有两种观点：一种观点认为，胎教是借喻，说明孕妇的身心健康对胎儿的生长发育有重要影响，尤其是孕妇的情绪对胎儿影响很大，但否认孕妇在怀孕期间读书、弹琴、听音乐对胎儿的智力、音乐才能的影响，这种观点其实是"优境养胎"的意思。另一种观点认为，胎教不仅仅是"优境养胎"，更是"优教育胎"，因此，胎教就是利用胎儿生理上的特点，有规律地刺激胎儿的听觉、发展胎儿的触觉，促使大脑的生长发育，为胎儿智力发展、语言能力发展、音乐才能等奠定良好基础。这一观点对胎教的理解较为全面、深刻。

胎教是指根据胎儿发育的不同阶段和生命特征，通过调节母体孕期的内外环境，促进胎儿中枢神经系统释放神经递质及内分泌物质使生物化学和生物物理环境相互渗透，干预胎儿的大脑发育，启迪智能，改善胎儿的生命素质，促进胎儿的健康发育成长，从而起到教育的作用。

现代科学研究表明，人的生命早期，是一生中心理发展十分迅速而又极为重要的时期。胎儿不是浑浑噩噩、一无所知的与世隔绝的小生命。英国埃克塞特大学研究员艾伦·斯莱特说："新生儿的微笑、眼神和发怒是在母体内就学会的一种特殊语汇。"他还认为，从受孕后的最初几周起，胎儿就已具有灵敏的感觉。康奈尔大学的科学家发现，胎儿神经细胞的组合不是随意进行的，而是依据受到的外界刺激的质量、数量和强度而组合的。

实行胎教，是实现优生、优育和优教的重要组成部分，也是家庭教育的最早实施。在我国历史中，胎教学说源远流长，历代史家都记载了胎教轶事、经验和方法。现代社会，胎教已引起各国的高度关注，在理论上进行专门研究，实践中也积累了不少有效做法。西班牙有一所专门研究产前教育的研究所，其研究结果表明，胎儿能够体会和感知外界有意识的激励行为，还会长期保留在记忆中，并对其未来的个性以及体能和智能产生相应的影响。美国的范德·卡尔医生自 1979 年在加利福尼亚州海沃德创办了"产前大学"，即胎儿大学，对怀孕 5 个月的母亲进行胎儿授课，每天上 2 节课，每节课 15 分钟，包括英语、音乐和运动。婴儿出生后，就是毕了业的"大学生"，并获得了"产前大学"颁发的学位证书。范德·卡尔医生声称，接受胎教的新生婴儿在他们的智力词汇里其实已经掌握了约 50 个单词，这些"毕业生"出生以后个个说话早、词汇多、体格健壮、情绪稳定、音乐感受力强。该"大学"自开办以来招收的学生越来越多，当地很多的未来母亲也在预先进行自我形式的胎教，期望腹中的婴儿能提早接受教育。

2. 胎教的实施

（1）营养和情绪胎教

孕妇丰富的营养饮食和愉快情绪是胎教的重要内容之一。胎儿发育过程是脑细胞形成的关键时期，如果缺少蛋白质就会影响脑的发育，日后难以弥补，会形成永久性伤害。因此，孕妇要加强营养，善于饮食调节，注意补充维生素和钙、铁、锌等元素，与烟、酒隔绝，并养成良好的饮食习惯。同时，孕妇的情绪会引起体内生理与生化的变化，如惊恐、暴怒会引起肾上腺素分泌增加，使血管收缩，子宫供血减少，对胎儿发育不利。孕妇要注意调节自身的心理状态，不要动气和争吵，不要过分激动，要保持平和的心态，多与人交往，多接触美好的事物，以愉快的心情培育宝宝。

（2）音乐胎教

音乐作为胎教的内容受到科学界一致的肯定。音乐的节奏和独特的音响可以引起人的生命活动周期(如心率、呼吸率等)的变化。它既可以改善孕妇的身心状况，心理愉快，生命中枢活动正常，从而提高免疫能力；又可以使胎儿获得丰富的刺激环境，脑细胞的发育得到促进，情绪稳定，整个身心发育处于最佳状态。我国有关科研人员从1985年起进行了音乐胎教婴幼儿听觉脑干诱发电位检测情况的观察分析。结果表示，观察组和对照组婴幼儿的神经功能与发育不一样，经过音乐胎教的发育成熟程度明显优于无胎教者。胎教组爱唱爱跳的儿童占73%，比对照组多2～3倍。另外，智商高分组中胎教儿童占绝大多数。音乐胎教已为目前世界各国医学界、心理学界临床人员所研究、应用和推广。

用于胎教的音乐应经过严格的挑选。适合做胎教音乐的曲子应该具备以下一些条件：器乐曲宜宁静或优美活泼，其配器精致，音色丰富、和声简明、篇幅适中，切忌单调冗长。声乐曲宜欢快、明朗为主；歌曲体裁以艺术歌曲、通俗歌曲和民歌为宜，以C调为主的音乐更适合胎儿；对活动过多的胎儿，父母可常选听一些优美的催眠曲或催眠歌。胎教音乐也可以由父、母亲自己演奏或演唱。

音乐胎教宜从胎儿四个半月到五个月月龄时开始。由于胎儿有安静—活动周期的四种行为状态，即安静睡眠、活动睡眠、安静觉醒和活动觉醒，因此要选在胎儿每天觉醒的时候进行胎教，以免给胎儿带来不利的干扰，影响胎儿的行为状态。音乐胎教每次15分钟左右为宜。

（3）言语胎教

言语作为一种听觉材料有着比音乐更频繁、更复杂的音位变化,是胎教的重要内容。通过言语,胎儿熟悉了父母的声音,可以减少胎儿出生后对环境的陌生感和不安全感。言语胎教可以激发胎儿脑细胞的增长,可以为胎儿大脑两半球言语功能的平衡发展奠定基础;还可以提高胎儿出生后对言语的敏感性,使胎儿言语发展比一般儿童早、快、准、畅,为出生后思维的迅速发展打下良好的基础。

用作胎教的言语材料也必须经过严格的挑选。一般说来,格调清新、言语质朴优美、意境深远和篇幅短小的诗歌、散文,活泼诙谐、富于哲理的童话、寓言故事,生活气息浓郁、短小轻快的儿歌、歌谣等,都是很好的胎教言语材料。如果有条件,使用第二种语言进行胎教则会收到更好的效果。

(4)体操胎教

胎儿的生命也在于运动,运动也是胎儿生长发育的必由之路。早在怀孕第7周,胎儿就开始了自发的"体育运动"。从眯眼、吞咽、咂手、握拳,直到抬手、蹬腿、转体、翻筋斗、游泳,真是应有尽有,无所不能。胎儿的全身骨骼、肌肉和各器官在运动中受到锻炼和发展,胎儿在运动中逐渐长大。一般来说,到第4个妊娠月孕妇就能感觉到胎动。这时候,孕妇轻轻地抚摩腹部,可以促进婴儿的活动,一定强度的触觉刺激使胎儿大脑皮层兴奋,加强其全身性的活动。胎儿适度的全身性活动能使胎儿血液循环加快,单位时间内摄入的氧气增多。这样一来,不仅胎儿的心脏、呼吸系统、肌肉和骨骼系统,而且胎儿的大脑皮层以至整个神经系统,也会因为动作反馈信息增多和血液中氧气含量的增加而得到充分的发育。因此经过体操锻炼的胎儿出生后动作的发展,如翻身、抓、握、爬等,比一般婴儿早,特别是小肌肉群(如手部、手指肌肉)的发育优势更为明显。

进行体操胎教要特别注意:孕妇应量力而行,如果感到劳累,无法将所有动作做完时,只选做其中的一部分就可以;孕妇锻炼仍以5~10分钟为宜;动作的速度、幅度视孕妇情况而定,一般说来,动作宜稍慢,幅度不要过大,动作不能猛烈,要均匀;一般在怀孕3个月内及临近产期时均不宜进行,先兆流产或先兆早产的孕妇也不宜进行。

第二节 婴儿期的家庭教育

婴儿期即从出生到大约3岁,是个体神经系统结构发展的重要时期,儿童的身高和体重均有显著增长;遵循由头至脚、由中心至外围、由大动作至小动作的发展原则,逐渐掌握人类行为的基本动作;语言迅速发展;表现出一定的交往倾向,乐于探索周围世界;逐步建立亲子依恋关系。针对婴儿期的特点,开展科学合理的家庭养护和教育,可为儿童下一阶段的顺利成长打下基础。

一、0~3岁婴儿身心发展特点

从出生到3岁,是婴幼儿身心发育最为迅速的时期,具体表现在以下方面:

1. 身体发育

到36个月时,平均身高男孩为97.26厘米,女孩为96.28厘米;平均体重男孩为14.73千克,女孩为14.22千克。婴儿头较大,躯干较长,四肢较短,父母不宜过早对其进行站立行走练习。孩子的心脏一般比成人跳得快。孩子比较好动,父母要注意孩子的游戏活动量。孩子的消化系统较弱,肠胃功能较差,消化力不强。

2. 动作发展

动作发展应遵循自上而下、由躯体中心向外围、从粗大动作到精细动作的发展规律。由抬头、坐、爬、站,到走、跑、跳等,婴儿都已掌握人类的基本动作。出生后第一年、第三年发展较快,第二年发展较慢。

3. 感知觉发展

婴儿最早出现的是皮肤感觉,约在第1个月末就可因香味引起食物性的条件反射。4个月时,婴儿可区分酸、甜、苦等不同味道。出生1个月后目光可随光的物体移动,4个月能区别颜色。听觉方面,出生3个月有集中听觉,4个月能分辨成人的声音。这一时期,婴儿虽能认识事物的整体,但还不能确定事物的常在性。

4. 语言发展

婴儿期是语言发展的关键期,如1~3岁是学习语言发音的关键期,2~3

岁是掌握基本语法和句法的关键期。其语言发展经历了反射性发声、牙牙学语、理解话语、开始说话四个阶段,到3岁时,基本掌握母语的语法规则系统。

5. 认知发展

1~3岁的婴儿,不随意注意在减少,随意性注意在增加,已开始能控制自己的注意。记忆力带有很大的不随意性,随着活动范围的扩大,语言能力的发展,记忆内容增多,记忆力也在增强。此阶段内,孩子的思维与动作相联系,直观动作思维是其主要形式。行动的目的性很差,易受外界情景的干扰而转移目标。坚持和自制力很差,不能控制。情绪已有20多种反应,如亲爱、尊敬、同情、好奇、惭愧、失望、厌恶、恐惧等。

6. 人际交往

此时,婴儿表现出一定的交往倾向,有与人沟通交往的愿望,喜欢用自己的身体探索周围世界。0~1岁主要是建立亲子关系。

7. 个性发展

在这一阶段,孩子有时表现出对自己的观察和评价能力,对别人、对事情有趋于习惯性对待的态度和方式,这说明性格萌芽已经产生。

二、婴儿的养护与教育

0~3岁婴幼儿刚来到人世间,生理、心理机能刚刚开始发育,但又发展得非常迅速,对世界充满了好奇,喜欢探究。因此,须指导家长在提供适宜刺激以满足孩子好奇、探究心理的同时,把婴幼儿的健康、安全及动作、语言发展放在首位,为孩子提供卫生、安全、舒适、充满亲情的日常护理环境和充足的活动空间,让婴幼儿在丰富、适宜的环境中形成良好的日常生活习惯。0~3岁婴幼儿家庭教育指导的重点是科学养育、发展动作的灵活性和协调性、培养婴幼儿的语言交往能力。

1. 倡导母乳喂养

母乳是婴儿最佳的天然食物,有利于婴儿身心健康与亲情培养。母乳中含有糖、蛋白质、脂肪。母乳中的糖含量很高,而牛奶中的糖只有它的一半,即使在牛奶中加糖,质也无法与母奶相媲美。蛋白质也非常易于孩子消化和利用。母乳是营养价值最高、最经济、最适于孩子的最佳食品。而且,母乳清洁卫生,温度适宜,食用安全方便。尤其是,母乳喂养,母子肌肤相亲,使婴儿产生一种亲切感和安全感。

要加强宣传,提倡母乳喂养。年轻母亲加强乳房保健,科学饮食,增加母乳的营养。母亲在产后尽早给婴儿哺乳,有人主张新生儿在出生后2小时内吸母乳因为这时乳的营养素很高,而且能促进乳汁分泌。母亲要定时喂奶,随着孩子长大,要尽量减少喂奶次数。年轻母亲需掌握正确的哺乳方法,如产后数日就应该坐着喂奶,喂奶时要注意别堵住孩子嘴鼻,不可让孩子含着奶头睡觉等。母亲哺乳时间应不低于4个月,并适时断奶。断奶过早,加辅食过多,会引起消化不良、腹泻和营养不佳等不良后果。断奶过晚,孩子总想吃奶,不愿吃别的食物,也会造成营养不良。在正常情况下,九十个月的孩子已长出门齿,消化、吸收功能增强,这时便可断奶,再说,孩子小,容易忘掉。孩子越大,断奶越困难。不具备母乳喂养条件的,应学会科学合理地给孩子补充营养和调配膳食,并应购买有质量保证的正规厂家生产的适合不同月龄婴幼儿饮用的奶粉。

2. 及时培养孩子良好的日常生活习惯

婴儿生活习惯的培养主要包括良好的睡眠、饮食、排便及卫生习惯的养成。

婴幼儿良好习惯的养成,能为其一生发展奠定基础。良好的睡眠习惯,有利于婴幼儿的大脑和身体发育;良好的饮食习惯,能保证婴幼儿摄取足够的营养和正常的生长发育;良好的排便习惯,对于婴幼儿正常的饮食、睡眠等都很有好处;良好的卫生习惯,能增进婴幼儿的基本生活自理能力。

家长要积极为孩子树立良好的榜样,用自己的言传身教影响孩子;创设有利于良好生活习惯形成的环境,如创设安静温馨的睡眠、进食环境,利用日常生活各环节进行随机教育,采用鼓励表扬的正强化教育措施等。

3. 多让孩子接触水、阳光和空气

开展三浴锻炼,满足婴幼儿接触外界的感官体验需求。足够的户外阳光浴和空气浴使婴幼儿身体更健康、强壮,还能促进婴幼儿智力发展和良好情感的形成。

家长须摒弃传统的育儿观念和陋习,保持居室空气新鲜;保证孩子每天1~2个小时的户外活动,利用空气和日光锻炼身体;从孩子的实际情况出发,尽量早开展三浴锻炼,但要循序渐进地进行;选择安全、合适的场地进行,掌握适宜的时间和温度,并及时观察和了解孩子的情况,预防意外事故发生。

4. 促进婴幼儿动作灵活和协调性的发展

爬行对婴幼儿的身体和智力发育都非常重要。家长需了解爬行能促进婴幼儿全身肌肉与大脑的协调发展,能锻炼婴幼儿的触觉、听觉、视觉等感觉器官,有助于其方位感和距离感的建立,同时能满足婴幼儿用自己的手脚去接触、探索世界的内在需求。

家长可运用各种方式逗引、支持婴幼儿爬行;为婴幼儿创设一个安全、卫生的爬行环境;从婴幼儿的实际出发,确定适宜的爬行时间和距离;给婴幼儿穿着适宜爬行的服装;爬行后及时帮助婴幼儿洗手、整理服饰、喝水、补充食物并给予精神鼓励。

婴幼儿的动作发展顺序是先粗大动作,再精细动作。粗大动作是精细动作发展的基础。多让婴幼儿看、听、摸、尝、闻,可以训练婴幼儿的感官能力,使他由对周围事物形象、感觉上的认识逐渐发展到了解熟悉外面的世界。走、跑、跳并不是单一的肌肉活动,而是视觉、平衡觉等整合的过程,能使动作协调、灵活,促进婴幼儿的生长发育及智力的发展。

家长要为婴幼儿提供安全的活动场地,创设有趣的情境,提高婴幼儿活动的兴趣;开展亲子体育活动,发展动作技能;让婴幼儿有充分的动作练习,不仅进行爬、翻滚、走、跑、跳、攀、转圈等大动作练习,还应进行抓取物品、扔东西、拍球等精细动作的练习。

5. 支持婴幼儿"涂鸦"、拆卸行为

"涂鸦"、拆卸行为是婴儿进行想象的手段,是发展想象力的途径,能促进2~3岁婴幼儿的思维发展,是婴儿智能开发的重要形式;玩具伴随婴幼儿成长,能促进其感官、认知等各方面的发育;玩具的安全、实用、适宜比玩具的价格更重要;涂鸦是帮助婴幼儿与外界融为一体的载体。

要引导家长为婴幼儿提供拆卸、涂鸦的活动空间,给婴幼儿提供足够的拆卸、涂鸦的安全工具材料,引导并陪伴婴幼儿的拆卸、涂鸦行为,与婴幼儿一起玩一玩、画一画、拆一拆、讲一讲,理解婴幼儿的创造天性,用心欣赏婴幼儿的看似不合逻辑的涂鸦作品。

6. 多与婴幼儿进行语言交流

0~3岁正是婴幼儿牙牙学语的关键时期,是培养口语交际能力的重要阶段。现代社会生活中,家长与婴幼儿语言交流时间少,不重视和婴幼儿进行语言交流,也不知如何正确地和婴幼儿交流。要充分认识0~3岁的婴幼儿正处于语言发展的关键期,他们具有与成人语言交流的需要,良好心理、物质环境的创设是促进婴幼儿语言发展的重要条件,婴幼儿的语言能力必须在与成人的相互作用中发展。

对0~3岁的孩子来说,他的言语落后于思想,之所以如此,是因为这个年龄对什么事情都感到新鲜,生活使他有点喘不过气来,而他思维的速度和说话的速度存在差距。因而婴幼儿说话不流利、重复都是正常的、自然的现象。当出现这种现象时,你不要注意他,更不要去纠正他,应耐心地听他说完而对他

的表达方式不予计较,鼓励孩子说话的信心。家长要多与孩子说话,给孩子提供说话锻炼的机会。家长要为婴幼儿提供正确的口语示范,积极回应婴幼儿的言语需求,为婴儿的语言学习和模仿提供充裕的环境条件,利用生活中的一切机会,让他们多听多说,运用多种方法(如游戏法)积极逗引、鼓励婴幼儿开口说话。

7. 进行适合婴儿的"早期阅读"

2~3岁的婴儿已出现了早期阅读的兴趣和行为。早期阅读能给予婴幼儿脑部良性的刺激,使大脑更好地发育。亲子阅读能使父母与婴幼儿的情感得到沟通,增进了良好的亲子关系,对婴幼儿人格的良好发展也非常有益。

家长需为婴幼儿提供合适的阅读内容和材料,如选择图画色彩丰富的书籍,选择故事简单有趣的阅读内容,选择婴幼儿自己感兴趣的阅读材料;每天在固定时间段与婴幼儿一起进行亲子阅读,可选择睡前或餐后等家长方便且婴幼儿注意力不易分散的时间;亲子阅读中要采取多样化的阅读指导方式,如阅读游戏法或者引导婴幼儿看图书画面复述法等。

8. 鼓励婴幼儿的社会交往

0~3岁的婴儿大多在家中玩,尤其是城市里的婴儿,缺少与外界的交往。婴儿也有交往的需求,交往是个体不可缺少的社会化学习的重要内容;婴儿良好的心理素质也是在交往中逐渐形成和发展起来的。

父母要利用各种机会,多与婴儿交往,教授其一些基本的交往技能;鼓励婴儿邀请同伴到家做客,带婴儿走出家门,与各种对象进行交往;帮助婴儿学习处理交往过程中发生的纠纷;尊重婴儿的交往个性,逐步引导,而不是给予太多的强制性干预。

9. 重视常见疾病的护理及对孩子的心理调适

婴儿常见病主要有高烧、小儿肺炎、营养性和缺铁性贫血、腹泻、佝偻病等。对待婴儿的常见病,一要十分重视,因为小病不治易成大病;二要重在预防,以预防为主,治病为辅;三要加强病后护理,加速健康的恢复,尽量减少疾病的危害。

家长要按时为婴幼儿进行预防接种,学习婴幼儿常见病的知识,掌握预防的方法,了解发病征兆,重视科学应对与及时诊治。家长要学会保持居室空气新鲜,让婴儿多晒太阳,学会科学合理地给婴儿补充营养和调配膳食;家长也需要帮助儿童适应幼儿园生活。入园前,家长有意识地养成儿童自理能力、听从指令并遵循简单规则的能力等。入园后,家长应积极了解儿童对幼儿园的适应情况,在儿童出现不良情绪时通过耐心沟通与疏导来稳定儿童的情绪,分析入园不适应的原因,正确面对分离焦虑。

第三节 幼儿期的家庭教育

幼儿一般是指 3~6 岁的儿童。这个年龄阶段的孩子开始进入幼儿园,接受较系统的幼儿教育,从各方面为将来进入小学,接受正规教育做好准备。幼儿期家庭教育的任务就是在婴儿期家庭教育的基础上,促进幼儿在新的生活条件和教育条件影响下进一步得到发展。

一、幼儿的身心发展

幼儿期是个体迅速生长发育的时期。幼儿在环境和教育的影响下,在以游戏为主导的各种活动中,身心发展异常迅速,与婴儿期相比发生了质的飞跃。

1. 身体发展

身高、体重、营养、神经、动作技能等方面获得长足进步。到幼儿期末,身高达 110 厘米左右,体重达 20 千克左右;小肌肉群继续分化,大肌肉群发育较好;神经系统发展迅速。脑重继续增加,到 7 岁时已达 1 120 克,相当于成人脑重的 90% 以上;神经纤维髓鞘化已基本完成,额叶发育已接近成人,颞叶显著增大并逐渐成熟;神经系统的机能——兴奋与抑制也不断加强。

2. 语言发展

幼儿时期是人一生中词汇量增加最快的时期。3 岁幼儿掌握 800~1 100 个词汇,4 岁 2 000 个,到 6 岁时可达 4 000 个并可说较复杂的复合句,逐渐明确词义并有一定的概括性,基本上掌握了各种语法结构,并可自由地与他人交谈。

3. 思维发展

幼儿期儿童思维开始摆脱动作的束缚,以具体形象为主。在此阶段,孩子进行思维时,总是借助于事物的形象,或由过去感知过在头脑中保留下来的事物的印象来完成对事物的概括和认识。如幼儿虽能计算 3+5=8,但在实际运算中,是依靠头脑中的实物表象(如苹果、手指等)进行计算的,并非是在头脑中对抽象数字的分析、综合。

4. 社会交往

幼儿喜欢与同伴一起玩,玩伴的数量随着年龄增加,玩伴关系不稳定,经常变化。游戏是幼儿主要的活动形式。游戏的内容、组织形式以及幼儿在游戏中表现出的心智水平都有一定的发展。游戏的内容日益丰富、深刻;游戏的独立性和创造性成分日益增多;游戏的集体性逐步加强。

5. 个性发展

幼儿阶段的儿童出现了最初的兴趣、爱好的个别差异,开始有了浓厚的认识兴趣,但兴趣倾向性还不稳定,易于改变;在能力方面表现出明显的个别差异,不仅在智力方面表现出类型和水平的差异,而且在特殊能力方面,如绘画、计算、舞蹈等方面也表现出明显的差异,有的幼儿表现出特殊的才能;气质的差异在个性特征中最早出现且表现得更加明显,如有的活泼好动、有的安静迟缓;有的胆大不怕生人、有的胆子小怕生人等。幼儿阶段是个性形成的关键时期,在此阶段开始形成自己最初的个性倾向并会在一生中都保留其痕迹,因而这一时期在人的心理发展中具有重要作用。

二、幼儿的家庭教育

1. 重视幼儿良好个人卫生习惯和安全意识的养成

幼儿的个人卫生习惯包括用眼卫生、口腔卫生、饮食卫生、个人整洁等多方面的要求。0～6岁幼儿的视力逐年增加,到六七岁时,视觉系统基本发育完全。3岁时的视力达到0.5～0.6,6岁时正常视力已达1.0。因此,幼儿时期的视力保健非常重要,不容忽视。幼儿龋齿如不及时治疗,极有可能造成日后恒牙排列不齐,有些幼儿因此长期用正常的一侧咀嚼,从而造成面部发育不对称,影响了其日后的正常生活。幼儿的视力和牙齿保健与他们的良好个人卫生习惯密切相关。家长在家中要避免让幼儿连续长时间观看电视、玩电子游戏,要引导其多做户外运动;要保证阅读活动场所有足够的照明;保持正确的阅读姿势,不过近、过远或躺着看书;定期检查幼儿视力并及早做好不良视力的矫正;教育幼儿适当控制甜食,特别是不在临睡前吃糖;坚持饭后漱口,早晚刷牙,并学会正确刷牙方法,养成个人良好的口腔卫生习惯。

意外伤害已成为影响幼儿健康成长的"第一杀手",因而亟须加强安全教育,采取安全措施保护幼儿。家长在有效监护的同时,应适时适当地对幼儿进行自我保护的教育,提高其自我保护的能力。家长要懂得如食物中毒、烫伤、溺水等突发事件的急救措施;提高监护意识,尽可能消除环境中一切伤害性因素,如剪刀、刀具等锐利物品要妥善保管等;结合生活实际事例,随时对幼儿开展有针对性的安全教育。

2. 开展家庭体育活动促进幼儿体质发展

加强幼儿的心肺功能、腿部力量是增强该年龄段幼儿体质健康发展的首要任务。生动活泼、形式多样、方便易行的家庭体育活动,是十分有效地增强幼儿体质的手段。家长应确保幼儿每天有1~2小时的体育活动时间,让幼儿多在阳光下玩耍、多呼吸新鲜空气;节假日带幼儿外出活动,在自然环境中锻炼幼儿的体质;可利用民间的传统游戏因地制宜地开展体育活动,全家一起参与;定期(如半年)对幼儿的体质发展情况进行检查。

3. 培养幼儿自理能力和劳动习惯

幼儿的劳动习惯包括自我服务、适当家务劳动和参加公益性劳动,它的养成从形成自理能力开始。不能形成自理能力将直接影响孩子今后的生活、工作和才能的发挥。幼儿自理能力的培养和劳动习惯的初步形成,完全取决于家长的做法和要求。家长要放手让幼儿去做力所能及的事情,即使初期出现一些反复,但还要坚持下去;要根据孩子的实际情况,提出具体的要求和做法;可在日常生活中,采用游戏、奖励等多种方法,鼓励幼儿去尝试和完成。

4. 依据幼儿年龄特征进行智力开发

儿童早期智能开发是影响其一生的重要环节,幼儿早期智力开发须符合幼儿的年龄特征循序渐进,家长应从其兴趣和可接受性出发,让幼儿乐于接受,让幼儿在玩中学,游戏是促进幼儿智力发展的最佳方式,在游戏中发现,在操作中探索,注重幼儿情感态度、方法、习惯等多方面的和谐发展;家长做有心人,善于发现幼儿的兴趣和特长,应根据幼儿多元智能理论,满足幼儿的多种需要,采取针对性教育,发掘他们的优势潜能;多带幼儿参加各种活动,激发兴趣,扩大视野,积累经验,增长才干。家长要保护孩子的好奇心。由于幼儿对世界充满着好奇,他们常常提出许多成人觉得很幼稚的问题,并刨根问底。有些家长却忽视了孩子的提问,对孩子的问题置之不理,甚至对孩子的提问感到厌烦,这将导致孩子不敢或不愿再提问。还有些家长对孩子因好奇而破坏家中的玩具或物件行为报以训斥打骂的态度。好奇心是求知欲的动力,是想象力的基石,是认识世界的驱动器。家长珍爱幼儿的好奇心和求知欲,对幼儿想象力的增强和创造力的培养具有极其重要的意义。家长应鼓励和启发孩子提问,回答孩子的问题要有启发性;如果孩子提出的问题家长也不知道答案,应如实告诉孩子,并与孩子一起寻找答案;应理性对待孩子因好奇而导致的破坏性行为,并为孩子提供科学探索的机会。

5. 培养幼儿良好个性

亲子游戏不仅是建立良好亲子关系的重要途径,而且为幼儿良好个性的培养奠定基础,而其种类、形式、活动空间、时间、参与人员等具有多样性,可由家长根据幼儿和家庭的实际加以选择和创造。家长需充分开发游戏资源,利用各种日常用品和活动作为游戏材料和资源,巧用民间游戏,积极开展家庭亲子游戏,做孩子快乐的玩伴;设计和开展亲子游戏时要考虑游戏的娱乐性、教育性,做到寓教于乐,从而帮助孩子在玩中学、学中玩;鼓励全家一起参加亲子游戏,注意亲子交流,鼓励孩子不断说出自己的想法,并适当加以引导,促进幼儿个性和情感的良好发展。

培养幼儿人际交往能力既是幼儿个性发展的需要,也是帮助幼儿入园消除其焦虑、担忧、孤单等负面情绪的重要途径。家长要培养幼儿热情友好、文明谦让等好品质、好习惯,帮助幼儿打好交往的基础;平时注意培养幼儿多方面的兴趣、爱好和特长,增强幼儿交往的自信心;鼓励孩子多到社区和儿童游乐场所活动,积极为幼儿创造与同伴交往的机会;留意幼儿在生活中的交往行为、交往水平,适时适当地对其交往技能技巧、态度、行为进行指点帮助。

开展挫折教育,培养幼儿坚强意志力。抗挫能力是一个人生存竞争和适应社会的必备条件。挫折伴随着孩子成长的每一步。要有意识地让幼儿受点苦和累、受点挫折。家长可为孩子创设一定的情境,给孩子提供更多的锻炼机会,如有意识地拒绝孩子的一些要求;当孩子遇到挫折时,家长以肯定、鼓励的方式引导孩子,并给予其必要的帮助,要给孩子树立面对挫折时的良好榜样并积极暗示孩子,充分利用现有条件,如图画、文学作品、影视作品等传播媒介达到教育的目的。

6. 帮助幼儿度过入园适应期及离园的幼小衔接

离开了熟悉的家庭环境,入园初期多数幼儿会产生不安全感,表现出焦虑、害怕、厌恶甚至反抗等情绪,严重影响到该阶段幼儿的正常生活。

家长需在幼儿入园前一段时期有意识地减少幼儿对家人的依恋,让幼儿多融入同龄人的活动;入园后,要随时关注幼儿在家中的情绪、胃口、睡眠等情况;当幼儿出现较为强烈的情绪反应时,不采用骂、压、恐吓等方法,需通过不断的情感交流来稳定幼儿的情绪;要经常与幼儿园老师进行沟通,了解幼儿的适应情况,寻找原因并共同商讨和采用恰当对策。

幼儿对入小学读书充满期望,但又并不清楚自己会遇到什么样的改变和需要做出哪些努力,因而怀有既兴奋又忐忑不安的心情,各方面准备也不充分。进小学对幼儿是个挑战,需要做好生理、心理、学习、社会性适应等多方面

的准备。幼儿能否适应这一挑战,很大程度上取决于家长的认识和做法,以及家庭与幼儿园是否能配合一致。做好幼儿的入学准备并不等于提前"小学化"。家长在幼儿入学前可有意识地带他们到小学参观了解,较早和小学老师接触;经常和幼儿亲切交谈,介绍入学读书的快乐、要求和应该注意的事情;有意识地要求幼儿改变一些生活方式,延长专注于完成某一项活动的时间;在家庭中注意培养幼儿一些良好的学习习惯。

第四节 青少年时期的家庭教育

一、青少年时期身心发展的主要特点

青少年时期是指人7～25岁的年龄阶段,其中:7～15岁是少年期,16～25岁是青年期。13～18岁左右一般称为青春期。这时人的身体、心理各方面发育最快,并在各方面逐步达到成熟的重要阶段。

1. 脑和智力发育快速并达到成熟

人脑的发育状况是人的智力发展状况的根基,也是人的整个生理发育的重要标志。孩子17岁时可达到成人的脑重(1 400克),智力也可达到成人的100%。脑及智力发展已基本达到成熟。

现代科学研究发现,人的智力的发展呈现着先快后慢的状况,在13岁以前呈近似直线上升趋势。0～7岁发展最快,此后发展速度开始变慢,约在26岁左右停止发展。26～36岁之间保持相对静止。有的心理学家认为,人的智力发展有三个高潮期:3岁时为智力发展的第一个高潮;7岁时为第二个高潮;14岁又出现第三个高潮。在这三个高潮段中,如果有良好的条件,教育又得法,青少年的智力就可能顺利地发展,为以后的成才打下基础,否则智力发展将会受到严重影响。

2. 第二性征、第三性征的发育及成熟

第一性征是指每个人一生下来就存在的性特征,即男女性腺和生殖器官的差别。第二性征,又称副性征,指显示两性差异的生殖器官之外的男女身体的外形区别。人的第二性征在青春期开始出现,到青春期后发育成熟。随着第二性征的出现和成熟,男性出现遗精,女性开始月经来潮。人的第二性征的

成熟是性成熟开始的标志。人的青春期大致在13~18岁之间。近年来,青少年的生理发育正在加速,在世界范围内已出现早熟的趋势。

第三性征是指由后天社会文化环境因素的影响形成的某些男女特征。男女除了生物学上的差别,还存在着社会心理学上的差别,如发型、衣着打扮、步态、姿势、声调、性格等,这就是人的第三性征,也称男女性别角色特征。青少年时期,男女第三性征的区别都已鲜明地表现了出来,根据人的第三性征,就可判断出是男是女。这些差异是人为的、社会的,是可以加以改变的。

3. 性格及一般心理特征逐步形成

经过婴幼儿时期的发展,人进入少年期后,性格、世界观、人生观及其他方面的心理特征开始形成,并在整个青少年时期逐步形成较为稳定的性格、心理特征。

在人的少年期,各种感觉的感受性都得到了显著的发展。视觉感受性,10~12岁比7岁时增长率可达60%;听觉感受力,如辨音能力在10岁时可达到6岁时的3~4倍;知觉能力,可从明显的无意识性和情绪性发展到有意性、目的性,到11~12岁时,就能长时间有效地知觉事物;记忆力,小学阶段人的记忆力已显著发展,理解记忆逐步加强;思维的发展,小学阶段是从具体形象思维向抽象思维过渡的时期,小学高年级已能进行抽象思维;情感的发展,随着知识的积累,情感的内容不断得到丰富,深刻性不断增加,稳定性也日益增强,道德感、理智感、美感等高级情感也得到迅速发展;意志力的发展也明显,已能控制自己执行一定的计划。总之,孩子在这个时期,个性逐步形成,自我评价的独立性日益增强,对于自我评价的批评性也有一定程度的发展。

4. 进入"第二次心理断乳期"

随着年龄的增长,孩子进入了青春期,由小学升入了中学。在此期间,孩子在生理和心理上都会发生剧烈的变化。首先,随着身体外形的急剧变化和生活能力的增强,活动领域的扩大,他们产生了强烈的成人感和独立意识;但在生活和认识水平上又还需要家长和老师的帮助和指导,独立愿望和依赖习惯并存于一身,并出现矛盾。其次,随着性机能的成熟,对老师和家长在心理上产生了一定的距离,不愿让人干预自己和希望被理解的心情,就构成了中学生封闭与开放的心理矛盾。另外,由小学升入中学,孩子对一切都会感到新鲜好奇,产生了强烈的求知欲望;但一般又缺乏艰苦行动的意志,这就形成了求知欲高与意志薄弱的矛盾。大量的矛盾交织在一起,使孩子的心理状态很不平静,再加上这一时期孩子神经系统的兴奋性,就使得他们心理的发展带有不稳定、多变化、动荡的特点。心理学家们称这个时期为"第二次心理断乳期"。

孩子在这个时期表现出更强烈的逆反心理,执拗、任性、固执,不愿和家长沟通。

这个时期,孩子处在人生的十字路口上,是他们的"危险时期",他们在观望、徘徊。这个时期的教育任务更为艰巨。顺利度过第二次心理断乳期,孩子会长大成熟许多,性格、基本品德和情操、世界观、人生观等都基本成熟,一般都可跨进人生道路的坦途。但如果这一时期教育出现问题,也容易导致孩子越轨行为和犯罪现象的发生。

5. 性心理的发展与成熟

青少年时期,人在生理上得到发育、心理上得到发展,并逐步最终达到成熟,人的性成熟也在这一时期实现。但是,在这一时期,人还没有固定的职业和经济收入来源,还不能够通过结婚实现性的满足,即人的性的社会性成熟还远远没有达到。由于人的社会性成熟落后于生理、心理的成熟,因而在青少年时期出现了一个"性饥饿期",时间长达 10 年左右。如果不能正确处理好人的身心成熟与人的社会性成熟这一矛盾,不能加强对青少年科学的性教育,就可能使青少年失去自控,出现性罪错,妨碍他们的健康发展,为一生的幸福投下阴影。

二、青少年时期的家庭教育策略

青少年时期是人的身心变化最大且由幼稚走向成熟的关键时期。家庭教育的艰巨任务就是要根据青少年身心发展的规律,抓住青春期成长的关键点,因势利导地做好孩子成长中的教育和疏导工作。这对于子女的健康成长、家庭幸福和社会稳定,都有重大的意义。这一时期家庭教育的特征和重点主要体现在如下几个方面:

1. 确立理想信念的教育

青年少年时期,人的身心发育逐步成熟,认识水平不断提高,参与社会生活的能力增强,思想意识也趋于稳定,对世界、对人生的根本看法也基本形成。因此,家庭教育如何帮助孩子树立科学的人生观和世界观,找对人生的前进目标就是首要任务。做人立世,德为根本,只有确立高尚的理想信念,具有了社会责任感,才会有正确的人生坐标,才能懂得怎样做人处事,才能懂得怎样面对人生和人生道路上的种种困难,也才能更好地实现其他方面的发展。

父母要配合学校教育,对现今世界上多种多样的人生观、世界观给孩子进行分析,让孩子逐步明白马克思主义人生观强调对人类、对社会的贡献,强调贡献即给予与索取的完美统一,反对剥削和不劳而获,这是高尚的、科学的、合

乎人类根本道德的,只有以马克思主义为指导的人生观、世界观,才是科学的。要通过家庭日常生活贯穿对孩子的理想信念的教育;要让他们懂得怎样做人,人为什么活着,怎样对待自己的国家和民族,怎样对待现今的社会和社会的发展;要使孩子建立起爱人类、爱国家、爱社会、爱他人稳固的心理,乐意维护和遵守社会道德规范和人伦规范,成为合格的当代文明人;要教会他们心胸宽广、吃苦耐劳,增强对社会的责任感,愿意为社会做出贡献。

父母在孩子青少年时期帮助他们确立了崇高的理想信念,就为孩子有价值、有意义的生活并度过完美人生奠定了坚实的基础。

2．塑造健全人格的教育

现代社会需要情操高尚、意志坚强、个性强烈、富于创新、人格独立的人才。在孩子性格形成的青少年时期,要培养孩子具有高尚的道德情操、强烈的独立意识和能力、坚强的意志力、刚强的性格,能团结人,能吃苦耐劳,有独创精神,既能尊重别人,也能得到别人的尊重等优秀品质。这是塑造孩子健全人格的重要环节。

父母要将对子女道德情操教育、独立能力培养、意志力锻炼、良好个性养成作为家庭教育的重要内容,有意识地贯穿于日常生活的方方面面,拓宽教育层面,取得更大实效。例如,在孩子明确是与非、对与错的观念后,从小就鼓励他们从帮助他人中获得满足与自豪;事情做错后立即改正就能得到原谅。孩子做对了就给予肯定、鼓励、表扬,做错了就用恰当的态度和办法批评、制止,使孩子明白该做什么,不该做什么。天长日久,就可促使孩子形成助人为乐、知错能改等高尚道德情操。

父母要注意交给孩子一些力所能及的任务去独立完成,鼓励他们在完成任务中多动脑筋、多想办法,力争使任务完成得出色。从完成一双小袜子的清洗,到完成食品的采买;从完成房间的清扫,到完成房间的布置设计,事情由小到大,由简单到复杂,都给孩子提供了独立思考的机会,培养他们的独立能力。父母在孩子成长的过程中,特别在孩子青少年时期需求增多的情况下,不要事事都满足孩子,要在学习上、经济上创设一些艰苦的环境锻炼孩子的意志力,让孩子敢于面对困难,勇于解决问题,在实践中磨炼自己的意志力,培养克服困难的精神。

在孩子逐渐懂事、实践范围日益扩大的青少年时期,加强对孩子人格塑造意义十分重大。人格塑造并非一日之功,它要靠数年甚至更长时间的磨炼和积累。在孩子可塑性很强的年龄,坚持不懈地对孩子进行教育,刚毅、能团结人、能吃苦耐劳、不怕困苦、能独立思考等良好个性的养成,都会成为孩子完美

人格形成的奠基石。

3. 开发智能潜力的教育

婴幼儿时期的教育,是成人和成才教育的奠基;青少年时期的教育,则是成人和成才教育的关键。青少年时期是人学习的黄金时期,全身心投入学习,将学习作为主要任务,并且能获得更多的知识积累,对于大多数人来说,只有这个时期才能做到。而智能的开发是人成才的基础,是人成才的价值所在。因此,家庭教育只有很好地与学校教育、社会教育相配合,将孩子智能潜力开发放在突出位置,才能为孩子今后的成才打下良好的基础。

父母要努力发现、挖掘孩子的优势,进行重点培养。每个孩子都有其自身的特点,父母在注意培养孩子全面发展的同时,要密切观察和发现孩子的优势、突出爱好等,并通过多种努力,进行重点培养,充分挖掘孩子的潜能,为成才打下基础。有些孩子锋芒早露,有些孩子大器晚成,有些孩子平庸无奇。对孩子成才的培养,要从实际出发,不可操之过急,也不可错过时机,更不可硬性地拔苗助长。如发现孩子的某一方面确有超人的才华,就应该不失时机地去培养,促使其早日成才。

家庭教育对孩子智能潜力的发挥,还要努力发挥家传的作用。特别是技艺方面的家传优势,通过遗传素质和环境熏陶,往往对子女产生极大的影响,使其具有某方面的特长,而家庭又有培养子女得天独厚的条件,应该充分利用这些有利条件进行专门人才的培养。

家庭教育还要融入学校教育、社会教育的潮流中。父母要通过鼓励、协助等方式,为孩子在学校教育、社会教育中取得更好的学习成效助力;要鼓励孩子树雄心、立大志,决心攀登科技高峰;要鼓励孩子尽可能升入高等学校,在这个人才培养的专门场所,刻苦学习,接受深造,逐步形成自己的专长;要鼓励孩子到社会实践中去,在社会这个培养人才的大课堂中,根据社会的需要,争取成为社会主义现代化建设事业所需要的有用人才。

4. 处理社会交往的教育

青少年时期,是孩子最早接触社会,独立与人交往,解决一些人生问题的转折期。要让孩子成熟起来,顺利地跨入社会,家庭教育必须在孩子的交往中给予指导,让他们学会交往,能正确处理交往中遇到的问题。

孩子首先要学会在学校建立与老师、同学的良好交往。孩子在学校这一小"社会"中,会形成自己最初的交往关系,并通过自己在班级中的地位表现出交往关系的状况:一是成为同学中的核心人物;二是成为大多数同学的积极合作者,受人欢迎;三是成为同学排斥的对象,被孤立起来。父母要了解自己的孩子在班上的地位,有针对地引导和帮助孩子学会交往。如果孩子是同学的核心人物,父母在肯定孩子活泼、能团结同学、有威信、有号召力等优点的情况下,要认识到这类孩子支配别人的心理比较强,容易产生高高在上的优越感,轻视和不尊重一些同学。父母应帮助引导他们尊重别人,懂得谦虚、宽容和忍让。如果孩子比较合群,是一个受人欢迎的合作者,父母应从孩子身上看到谦和、忍让和宽容的品德;但这类孩子比较缺乏果敢和独立性,爱随大流,父母就要在生活中帮助他们多进行一些自我判断和自我决断,逐渐掌握一定的自我原则,学会坚持自己正确的立场和观点,帮助孩子将来成为有主见、独立性强的人。如果孩子被排斥在同学关系之外,是不受欢迎的孤独的人,父母就要给予高度的重视,与孩子进行交流,了解他对此事的看法,冷静客观地分析出孩子交往障碍的原因,有针对性地找出具体办法,帮助孩子积极实践,努力改变这种交往困境。

教会孩子有良好的交往,必须使孩子能正确对待嫉妒心。青少年时期正是人在人生路上放弃拐杖、独立行走的起点,孩子渴望独立的意识很强,自我意识发展很快,也容易产生嫉妒心。而孩子的嫉妒心常常是引起同学和朋友之间误会、发生冲突的一个常见的心理因素,会使孩子不能正常交往。有些父母认为嫉妒心是一种不好的心理,便一味地加以压抑,不让孩子表现出来。其实嫉妒心是人人都会产生的、很自然的一种心理。如果只一味地压制不让他们表现出来,就会造成孩子的心理压抑,加重他们的心理负担,影响他们的心理健康。更何况嫉妒心也并非就完全是一种坏的心理,它也可能是孩子上进心的一种表现。因此,父母要引导孩子正确地表现嫉妒,并促使他们将嫉妒化为一种积极发展的动力:首先,要教会孩子将嫉妒发泄出来,然后稳定他的情绪,告诉他这是在嫉妒别人,教会他冷静处理人与人之间关系的态度和方法;其次,要帮助孩子在嫉妒中让爱心占主导地位,父母要巧妙地用爱去转化孩子不满的情绪和敌对的态度,使孩子学会欣赏、宽容、包容别人,引导孩子多看到朋友的优点和长处,原谅其缺点,并分析自己的优缺点,通过比较,使孩子在对朋友的承认和肯定中消除心中的嫉妒,激发出赶上别人的上进心;最后,要帮助孩子正确对待别人的责难和批评,当孩子因别人的批评生气时,父母要正确引导孩子,先对孩子的生气和不满表示理解,并恰当地指出别人的不妥当之处,更要将孩子的眼光引向审视自己,使他感到朋友的批评和指责也并非毫无道理,客观地接受他们的责难,进一步完善自己,并保持和发展与朋友的友谊。

5. 解决青春期烦恼的教育

在青春期转变过程中,由于内外环境的改变,孩子容易呈现众多的不适

应,导致许多焦虑和烦恼。心理学家常把青春期称为"大动荡时期"、"危险期"等,它说明了青春期在人生历程中的独特性。一般而论,适度的烦恼和焦虑对青少年的成长有一定的积极意义,它能促使个人的自我体验、自我认识,通过自身的内在调节机制进行调整,以适应各种变化,不断成熟起来。但是,如果烦恼的积累超过了心理的承受能力,它将会成为个人健康发展的障碍,甚至导致青春期发展的紊乱。因此,教师、父母,甚至青少年自己必须正视这一特殊现象,分析它的特点,寻找解决的方法,建立一个完善的调节机制,消除烦恼,以便青少年迅速而顺利地完成从儿童向成人的过渡,为他们未来的发展奠定良好的基础。

(1) 第二次"心理断乳期"的烦恼与教育

第二次"心理断乳期"是孩子在少年到青年期出现的一种心理状况。由于这时成人感产生,独立意识增强,要求从心理上脱离对父母的依赖,出现了"心理断乳",表现出对父母的"反抗",又称为"第二反抗期"。在这个时期,孩子开始以挑剔的眼光、批判的态度来重新审视父母、评价父母,父母在他们眼里的伟大时代已经过去。他们对事物开始持有自己的观点,有时为了显示自己的"个性"而固执己见,对父母的观点表示轻视,跟父母顶嘴,责难父母的事常有发生;有的在家里沉闷不言,不愿跟父母待在一块,甚至以离家出走来威胁父母。然而,对少年来说,要打破长期保持的家庭关系无论在情感上还是在行为上都是痛苦的,孩子未取得完全的经济独立,思维未得到充分的发展,个性正在形成之中,他们仍然会依赖父母,需要父母为他们提供物质生活条件、情感支持和行为指导,家庭仍然是青春期孩子的港湾和提供物质和情感的基地。因此,一方面强烈地要求打破这种依附关系,走向独立;另一方面又依赖父母,离不开父母,这势必使孩子陷入紧张和烦恼之中,产生反抗和冷漠。

面对孩子的第二次"心理断乳期",父母要加强教育和引导。两代人之间无根本的利害冲突,差异的存在是客观事实,特别是孩子到了青春期,独立意识增强,父母必须适应这种新的"形势",正确对待与处理同子女的差异。父母要认识到孩子长大了,这是好事,应该对家庭中父母与子女的关系做出相应的调整,建立起一种合作的指导型的父母与子女的关系,帮助子女顺利度过这一关键时期。首先,父母与子女要相互理解。孩子青春期的变化常常使父母感到突然,无所适从。其实,父母们也同样经历过青春期的系列变化,体验过青春期复杂的情绪,回忆青春期的体验和感受对于引导青春期孩子,对他们进行教育是有帮助的;同样,子女也要理解中年父母的身心变化——进入更年期也同样重要。只有父母、子女双方都了解对方身心的系列变化,特别是情感易于激动的特点,学会自我调整,消除可能发生的种种隔阂,减少青春期变化与更年期变化的"撞车事故",当然,父母最好是主动让道,以便更好地"冷处理"。其次,父母要注重情感支持。情感因素是人际关系的润滑剂,父母要重视情感教育,通过非权威因素(情感)来影响子女、教育子女。父母应多和孩子一起聊天、闲谈、散步、上街,共享欢乐,创造一种民主、轻松而愉快的家庭气氛,让孩子感受到家庭的温暖。再次,父母要加强对孩子的行为指导。处于青春期的少年知识经验不足,认识问题的能力较低,他们对某些问题无从把握,也无法从同龄人那里找到答案,因此还想得到父母的指导,父母依然是子女有影响力的指路人。另外,父母的教育方式应适当调整,放下架子,做子女的朋友,采取商讨的形式,用缓和的语气,同他们谈论有关问题,引导他们进行独立思考和判断,培养他们的独立性和创造性。最后,父母还可引导孩子阅读一些健康向上的小说,观看一些优秀影片,并与孩子一道共同讨论,寻找主题思想,引导孩子向正面人物学习,以分散孩子对性意识的注意力,把孩子的主要精力引导到学习、社会活动和体育锻炼上去。

(2) 性意识发展的困惑与教育

青春期具有决定性意义的变化莫过于性的成熟,性意识的产生。孩子在出生后的很长一段时间内,对性的认识是模糊的,不自觉的,最初没有性别意识,只是有一些性角色意识,产生一些诸如:"我是怎么来的?"、"男孩与女孩有什么不同?"等问题。由于青春期生理上和心理上的巨大变化,男孩、女孩形体分化日益明显,男孩发育成了"男子汉",女孩发育成了"大姑娘";男孩的初次遗精,女孩的月经初潮,这种未曾经历的体验不可避免地给那些天真活泼、充满稚气的少男少女以强烈的振荡与冲击,他们不由自主地产生某种不安羞涩和神秘感。性生理的成熟,性意识觉醒了,性的欲望在增长。但由于社会道德规范的限制,只能将性的需要进行压抑,通过幻想或手淫来得到一定的满足,而这类替代性满足方式又往往给他们带来罪恶感,于是,一些孩子心理上的一系列矛盾和苦恼就发生了。同龄人的影响,大众传播媒介的刺激等,强化了少男少女对性的兴趣与好奇。他们开始在伙伴中讨论有关"性"的话题,而且"性"问题开始在他们的生活中占据一定的地位。青少年对男女同学关系十分敏感,行为上故意回避异性,而内心又渴望接近异性,常常陷入"趋避—冲突"之中。于是,只有采取想象的形式,以做白日梦的方式,通过思慕,在头脑中与自己喜欢的异性"交往",从而得到一定的情感补偿。当然,青春期孩子对异性的思慕是朦胧的、纯洁的,与异性朋友接触大多属于友谊的范畴,不能一概视为"早恋"而加以斥责,虽然也存在青春期"早恋"的现象。

因此,对孩子进行青春期的性教育显得十分必要,对于青少年的"性饥饿"问题,更应该进行正面引导。父母对孩子进行性教育应该遵循的基本原则:一是要有科学的态度。父母要树立正确的性教育观念,不要给性蒙上一层神秘的色彩,或灌输某种肮脏的观念,甚至培养性的罪恶感,应帮助孩子把性视为一种自然的生理现象,形成正确的性道德观念,培养孩子对性的责任感和严肃性。二是要采用审慎的方法。性教育不同于其他的教育,必须谨慎行事,在具体方法上要讲究。父母可把有关性发育的知识在性成熟到来之前适当地传授给子女,使他们在青春期来临时不至于茫然、困惑;但也不能一语道破,或加以描绘,而应就事论事,用严肃的态度来进行讨论。要引导孩子建立健康的男女同学关系,发展有益的友谊,在男女交往中注意分寸,帮助孩子把主要精力和兴趣转移、集中到学习和有利于他们身心发展的社会活动上去。对于青少年的"性饥饿"问题,更应注意进行正面引导。可让孩子知道些性知识,如对女孩子的初潮,母亲应多给以关心、指导,使其正确对待,消除恐惧心理。对男孩子的初次遗精及遗精现象,做父亲的需要给以关心,向其讲点生理及性知识等。三是要对孩子进行有关性道德的教育。要向孩子讲明,性生理现象要受到社会道德和法律制约,在不到法定年龄和经济未独立前,不能过多考虑,否则会浪费时间,要引导孩子把注意力用在学习和参加有意义的社会活动或体育锻炼上,分散其对性的注意力。对此,回避封锁或不过问,对孩子的健康成长是不利的,孩子在青春期出现的性犯罪,一般来说父母有着不可推卸的责任。

(3) 对自我关注的烦恼与教育

青春期成人感的出现,使青少年的自我意识觉醒。他们开始以新的眼光,从新的角度来观察自己、审视自己、研究自己,出现关于"我"的许多思考,随之产生一连串的困惑和苦恼。

首先,身体变化所引起的烦恼。青春期自我意识的觉醒使孩子首先关注自己的长相。对自己的长相状况十分敏感,脸蛋是否漂亮、英俊,身段是否得体、好看,高矮是否适度,皮肤是否白皙等问题常常引起他们强烈的情绪反应,与"理想模式"的标准少男少女相比,总显逊色,未免犯愁、苦恼。父母要帮助孩子正确对待自己的先天长相。对孩子的长相不要苛求,不要在孩子面前评论孩子长相、身段等的不足,以免伤害孩子的自尊心。要帮助子女树立正确的"长相观",让他们具备正确的审美观念,懂得人重在具备内在的美丽和智慧、能力、品行等,要让孩子追求自然美,正确对待自己的相貌,更好的自我接纳,培养积极的自我观念。

其次,学习的烦恼。孩子进入青春期,正值在中学学习阶段。中学课程种

类增多,内容加深,学习进度加快,老师的教学方法变化,都需要孩子做出必要的调整以适应中学的学习。他们往往没有足够的思想准备,出现学习上的适应性困难,产生忧愁和苦恼。父母除了给孩子提供必要的生活条件、学习用品外,还应积极配合老师,随时了解子女在学校的学习情况,在力所能及的范围内给予更多的关心和指导。还应正确对待孩子的成绩起伏,当子女成绩下降时,父母不要动辄就责备训斥,而应帮助孩子查明原因,找出补救方法,增强学习信心,并养成子女良好的学习习惯,帮助他们尽快适应新的学习环境,争取优异的成绩。

再次,人际关系的烦恼。随着社交意识的萌发,青少年活动范围扩大了,已不再把自己局限在家庭或班级,开始广泛地结交朋友,发展友谊。孩子人际关系协调、融洽,有利于建立积极的自我观念,促进个性健康的发展。同时,良好同伴关系的建立和发展,是青少年社会适应的一个重要方面。但是,孩子还缺乏社交经验,在交友中难免碰到一些矛盾,出现一些困难,这也会使孩子产生烦恼。父母要给孩子良好的人际关系示范,以自己的一言一行给子女做出表率。父母还应当支持孩子健康的社交活动。良好的同伴关系有益于孩子的社会化,父母应鼓励孩子与同伴的正常交往,热情接待孩子的同伴,不可处处防范、"监视"孩子的行动。父母也要引导孩子形成正确的友谊观,澄清孩子交友的一些模糊认识,避免他们感情用事、重"哥们义气",帮助子女建立和发展真正的友谊,为他们的成长创设一个有促进作用的同伴环境。

最后,关于前途的烦恼。青春期是孩子面向未来,为未来做准备的时期。青少年开始设计"理想的自我":一个温馨的小家庭,从事有价值的工作,在事业上有一番成就。然而现实世界充满矛盾,未来又难以预知。因此未来对于他们既富有魅力,又令人忧虑,关于未来的梦想如同一幅变幻莫测的图案,动荡不定。父母应当引导孩子客观、全面地认识自己,既不自我贬损、悲观失望,又不估计过高、盲目乐观,在对自己做出充分估计的基础上确立较高的发展目标。要引导孩子正确对待升学和就业,克服心理压力,形成孩子正确的人生观,树立对未来生活的信心。

总之,由于生理、心理的巨大变化,以及正处在成人的转折点上,再加上社会环境的影响,青少年时期的教育难度很大,是家庭教育的重点和难点所在。家庭教育只有勇敢地承担起这一教育重任,与学校教育、社会教育共同完成对青少年的教育任务,才能促进青少年的全面发展,为他们走向社会、走向成才奠定良好的基础。

第六章 独生子女的家庭教育

德国《焦点》周刊曾描写,一种世界性的趋势正以不可抵挡的势头滚滚而来,即妈妈们只愿生一个孩子。联合国调查显示,工业国家每个妇女生育子女的数目平均为1.57个;在48个发展中国家和新兴工业国家,到2050年,每个妇女的生育数目将从现在的5.74个降到2.51个。独生子女增多已成为一种世界性趋势。

中国由于实行计划生育政策,独生子女增多的趋势很快到来。1995年,中国3.2亿个家庭中有20.72%的家庭为独生子女家庭,独生子女约为6 600万。2008年,独生子女人数已超过1亿人,占总人口的8%左右。今天,有超过90%的中国城市孩子和50%~60%的农村孩子没有兄弟姊妹。现在,独生子女的家庭教育在我国当代家庭教育工作中已成为一个十分突出的工作。总体来看,我国独生子女家庭教育的基本状况是好的,但是也存在着许多令人担忧的问题。如何进一步提高对独生子女的家庭教育质量,进一步实现优生、优育、优教,是一个事关国家命运和民族前途的大问题。

第一节 独生子女家庭的特点

一、独生子女家庭的结构及特点

1. 人口结构及特点

独生子女家庭的人口结构对孩子的教育影响很大。目前,独生子女家庭的人口结构按数量分类,可概括为三种类型:两口型、三口型与多口型。

(1) 两口型

这是一种不完全的家庭,大都是由于父母离婚造成的,极少数是因为两地分居造成的。这类家庭极易给子女心灵带来创伤,直接影响到他们的健康成长。

生活在这类家庭中的孩子多数具有自制力、忍耐、爽直、温顺、胆小、腼腆、善良、自尊和反抗的性格待点。在品行上,这些孩子学习勤奋、艰苦朴素、自理能力强。挑吃、挑穿、吃零食、不爱惜东西的不良品行很少在这些孩子身上出现,这是较好的家庭教育的结果。这类家庭的孩子如果教养不得法则会出现很多问题:认识水平低于完整家庭儿童,学习、行为表现差于正常家庭儿童,易表现出两极性;他们交朋友困难、脾气古怪、性格孤僻、喜欢一个人独自活动;对什么都无所谓,做错事也不感到羞愧,学习成绩差,潜力得不到发挥;做事有始无终,言语不能自制、吹牛自夸、放荡不羁、到处乱跑,自控能力差,不能正确评价自己的行为,等等。因此这类家庭注重家教方法非常重要。

(2) 三口型

这类家庭多为年轻父母,在独生子女家庭结构中所占比例较大。从宏观上来看,他们对子女的教育具有三种类型:

其一,科学合理型。这种类型的父母,由于真正理解了家庭教育在孩子成长过程中的重大意义,掌握了一定的家庭教育理论、方法和艺术,能合理地安排利用时间,根据儿童身心发育的年龄特征,重视理论与实践的有机结合,因人因时因情施行有效的教育,收到了良好的效果,达到了预期的教育目的,使子女成为了对社会有用的合格人才。

其二,张弛变化型。这类家庭中的父母重视家庭教育,但由于工作、学习或家务繁忙,没有很多专门时间顾及孩子的教育,因而对孩子的教育时松时紧。教育子女的时间和精力得不到保证,缺乏程序性、连续性和一贯性,对孩子的教育时冷时热甚至宽严失度、前后口径不一。因此,在许多问题上,使得孩子无法做出自己正确的认识和价值判断,严重影响到孩子的身心健康成长。

其三,放任责怪型。这类家庭的父母在对家庭教育的认识上存在着严重错误。他们认为对孩子的教育是学校的事,忽视家教的作用,对孩子的教育放任自流。当孩子长大后学习不努力、不求上进时,升学不成、就业困难时,有的甚至沾染上恶习、走上犯罪道路时,这些家长们首先不是自责,而是先怪孩子笨、智力低,不是成才的料,然后责怪学校没有教育好孩子,使之走上了犯罪道路。

三口型家庭,由于缺乏兄弟姐妹的关怀、监督和帮助,失去了同伴们共同活动、游戏的机会,极易促使独生子女养成孤僻、不合群、不守集体纪律的坏习惯。家庭中添置的物品或购买的食物,因为没有同辈的分享,也易于使儿童形成"独占"和"唯我"的思想。因此注重正确的教育是很重要的。在这种单一家庭中,会增加独生子女独立、自主活动的机会,也有助于他养成独立、自主、果断、敢想敢说以及主动积极等优良性格。

（3）多口型

这类家庭的孩子多与祖父母或外祖父母和父母亲生活在一起。在多口型的家庭中,父母对孩子的教育,在时间和精力上都有充分的保证。除了爸爸、妈妈外,祖父母或外祖父母也是教育孩子的老师。因而孩子的生活起居,学习辅导都得到了确切的保证,使孩子能充分获得家庭教育,但是老人带孙子也有不利的一方面,那就是易产生溺爱的现象,对孩子身心健康发展是有害的。

与非独生子女相比,独生子女家庭结构的特殊性就在于一个"独"字,独生子女是父母唯一的孩子,这使得独生子女家庭结构趋于简单化,其特点表现如下：

第一,家庭关系简单。家庭关系复杂度与家庭成员的多少密切相关。根据美国家庭问题专家波沙特(Bssard)的家庭互动定律,家庭结构中存在三种基本关系：夫妻关系、父子(女)关系、母子(女)关系,这是家庭结构中最基本的元素,在家庭结构中添加任何一个点,就会使家庭人员关系变得加倍复杂,三口之家存在三种关系,四口之家就有六种关系(图6-1)。

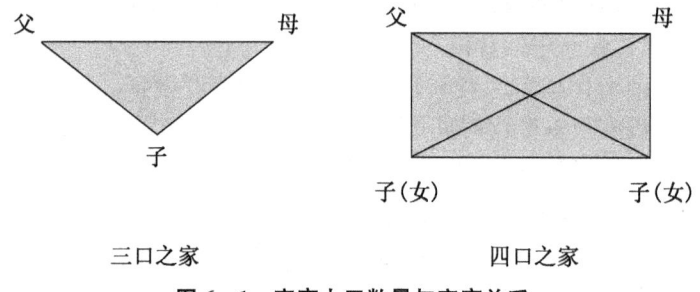

图6-1 家庭人口数量与家庭关系

第二,家庭成员间互动集中。如果将家庭成员间的关系看成互动的渠道,那么独生子女家庭由于关系简单,在物质、感情、时间等方面的交流和分配上具有互动对象更集中、交往更频繁、交往强度大等特点。

第三,家庭成员的角色发生改变。从父母的角色地位来看,独生子女家庭父母的角色内涵中,增加了同龄伙伴的内容,这和非独生子女家庭父母的角色有很大差异。一项调查显示,孩子放学回家后的交往对象,独生子女与非独生子女家庭交往的差异是显著的(表6-1)。

表6-1 独生子女与非独生子女放学回家交往对象的调查比较

交往对象	独生子女(%)	非独生子女(%)
父母	62.7	42.9
兄弟姊妹	0	25.7
爷爷奶奶	8.1	6.6
邻居同学	15.2	17.0
独自活动	14.0	7.8
(N)	(726)	(548)

注：N为调查样本。

2．独生子女父母职业、文化差异的特点

鲁迅说过："文学家的孩子先熟悉笔墨，木匠的孩子先认识斧锯，军事家的孩子先会摆刀弄枪。"它说明了不同的家庭背景特点，对孩子的影响是不相同的。

(1) 独生子女父母职业差异的特点

职业指人们所从事的社会工作的性质。职业的分类标准多种多样，在此我们按传统的方法即按从事劳动的方式分类，可分为体力劳动职业和脑力劳动职业。

体力劳动即从事的社会工作以体力的付出为主要特征。这种家庭，不管其父母文化结构如何，一般来说，工作一天下来，十分疲劳，即使有教育子女的良好愿望，也很难付诸实施，因此，对孩子的教育不少家庭属自流型、冷热型，而且家庭中有一种比较普遍的看法：即认为父母此生命运已定，但愿子女将来能找到一个称心如意的轻松职业。因而在智力投资上不惜金钱，尽力而为之，乃至出现操之过急、拔苗助长的现象，甚至严重违背儿童身心发展规律，既作了无效投资，又损伤了儿童的兴趣，得不偿失。

从事脑力劳动的家庭，父母的文化层次一般都是较高的。这种家庭的父母，在对待教育子女问题时，一般都能较理智地看待孩子，能恰如其分地施行正确的教育，循循善诱，一步一个脚印。这类家庭的孩子不仅聪慧、懂事，而且也比较理智。但也有少数家长望子成龙心切，对孩子的教育问题往往恨铁不成钢，因此，也不乏采用简单粗暴的教育方法者。在从事脑力劳动的家庭中，"子女将来不能不如父母"的思想并不比体力劳动

家庭中弱,相反,可能更强烈、更普遍。因此父母也更加重视早期的家庭教育和家庭的影响。

此外,还有一种值得我们重视的职业,就是个体户。从事这种职业的人,整天全部的精力放在事业上,无暇顾及子女的教育,有的甚至把教育子女的重任托付给亲朋好友,即使自己进行家庭教育,也常常灌输一些不健康的思想和观念,比较突出的是"一切向钱看"。因此,孩子的家庭教育得不到正确的引导,学校教育又很少得到家长的配合,教育难以在他们身上产生实效,所以这类家庭的孩子大多表现不好,甚至难以教育,特别是有父母经济这个"坚强的后盾",对学习无所谓,品德行为上也有恃无恐,往往难以得到健康的成长。

为了祖国的未来,不管我们所从事的是何种积业,都应该加强对孩子正确的教育和影响。

(2) 独生子女父母文化差异的特点

文化层次与从事的职业密不可分,而职业威望与社会地位又密切相关,因此文化程度也是影响孩子发展的一个重要因素。

在高文化层次家庭中的父母知识较渊博,对教育孩子的正确方法了解、掌握得较多,而且孩子从小就受到家庭高层次文化环境的熏陶,因而孩子大都具有比较大的外驱力即能动作用。因此在这种家庭中的孩子较易成为有用的人才,他们或者继承父母之业,或者另辟天地、大展风华。但是在这种家庭中,也往往易使父母用统一的尺度、统一的标准要求孩子,造就孩子,常与同类型家庭的孩子进行比较,要求孩子如何如何,而忽视了孩子的个别差异,因此有时反而影响了孩子学习的兴趣和求知的欲望,没有收到应有效果。文化层次高的家庭应充分发挥有利的环境因素,促进孩子全面健康成长。

在文化层次较低的家庭中由于父母文化水平较低,而且多以从事体力劳动为主,在教育子女问题上应该注意防止放任自流、只养不教的现象,更要防止金钱至上的错误观念对孩子的不良影响,要注重从小就培养孩子良好的心理品质和道德品质,促使孩子健康成长。

文化程度的高低和职业的不同对孩子的教育影响是客观存在的。美国社会教育学者柯恩认为:"中等阶层和低阶层的父母体罚或不体罚青春期以前的子女情况显然不同。"低阶层的父母对子女的行动有迅速的反应,他们重视子女受人尊重的品质,良好的行为,本质上是不违反规定。中阶层的父母则重视子女行为的意向,重视子女内在行为标准的发展,良好的行为本质上是根据自己的原则行事,这反映了父母价值的差异对孩子的影响。尽管文化程度的高

低和职业的不同对孩子的教育影响是客观存在的,但这不是绝对的,它又具有较强的可塑性。在家庭教育中,只要我们树立正确的教育观、人才观,正确对待孩子,采用正确的教养方法,可以消除职业和文化差异对孩子的不同影响,同时又可以变劣势为优势,使差异成为促进孩子成才的动力。

二、独生子女的家庭类型及特点

我国传统的家庭多为严父慈母型。大量的调查研究表明,当代我国的家庭类型有由严父慈母型向慈父慈母型发展的趋势。我们这里所说的"严"不是指打骂、训斥孩子,而是严格要求、严肃对待;所谓"慈"也不是指迁就、溺爱孩子,而是和善、和蔼、慈祥、喜爱。目前,我国独生子女所处的家庭类型主要有如下几种:

1. 严父慈母型家庭

这类家庭的特点:既有严格的要求,又有母爱的温暖;父母是严于律己的,注重身教,又是尊重孩子的,能满足孩子的合理要求;父母的教育是一致的,父母共同担负教育孩子的任务。

生活在严父慈母型家庭中的孩子,性格和品行是比较好的,待人礼貌、热情、活泼、独立性强,有自理能力,学习勤奋,直爽、温顺、亲切,有社交能力,机灵、快乐,有毅力,有创造精神。

2. 慈父严母型家庭

这类家庭的特点:母亲在家中主宰一切,教育孩子主要由母亲负担,父亲不闻不问;母爱是通过严格要求,严明纪律,严肃的态度体现的,孩子似乎不容易体验到母爱的温暖;在思想、学习、品行上严格要求,在生活上无微不至的关怀,孩子的合理需要能得到满足。

生活在慈父严母型家庭中的孩子,容易形成温和、顺从、无主动性,缺乏独立性,依赖性强等性格特点。在品行上要警惕养成两面讨好,投机取巧,说谎的毛病。

3. 严父严母型家庭

这类家庭的特点:孩子在严格的家规中生活(如学习、品德方面的要求较高,生活作息制度较严,平时不准看电视等);奖惩分明,当孩子违反家规和父母愿望时会受到打骂;家庭气氛严肃,孩子处于被支配的地位,感受不到家庭的温暖和母爱。

生活在严父严母型家庭的孩子,在父母面前表现得规规矩矩,一旦父母不在场就无拘无束,大胆、放肆。这些孩子缺乏自尊和自信心,比较能忍耐,有反抗精神,易形成不诚实的毛病。

4. 慈父慈母型家庭

这类家庭的特点:家庭气氛是和蔼可亲的,父母从不打骂孩子,以理服人,父母重视孩子的意见,能满足孩子的要求;孩子对父母没有恐惧感,能得到家庭的温暖,但父母对孩子有时太过迁就、溺爱。

生活在慈母慈父型家庭中的孩子,一般都品行良好,比较热情活泼、爽直、温顺、善良、顺从,有协作精神,但也易形成依赖心理强、任性、固执等性格特点。

综上所述,不同的家庭类型对孩子的影响是有差别的。不管我们的家庭类型如何,父母的教育影响应该立足于促使孩子得到健康发展。

三、独生子女家庭的优势和劣势

独生子女在成长过程中,由于"独生"的家庭环境,而取得一些优越条件,同时也产生一些不利的消极因素。这些优越条件和不利因素对独生子女的心理发展和个性的形成都产生影响作用。年轻的父母只要教育有方,是可以利用有利因素抑制消极因素的。

1. 独生子女成长的家庭优势

(1) 优越的家庭环境

由于"独生",父母、祖父母、外祖父母均视为掌上明珠。衣食住行一般都享受家庭中的高标准,有的还拥有一定的活动场所,祖辈们为子孙创设各种优越条件,父母有较充裕的时间和精力对儿童进行精心的护理和教育,有时间和精力为儿童提供丰富多彩的生活,特别是能创设条件让儿童多接触社会,从小就为培养儿童多方面的兴趣爱好打下基础,从小就让儿童积累生活经验,培养儿童适应社会生活的能力。这为独生子女的健康成长创设了良好的外部环境。

(2) 坚实的经济基础和良好的教育条件

因为只有一个子女,家庭经济状况相对富裕,父母拥有较多的财力进行智力投资,可以逐步提高物质和文化生活水平,有足够的玩具、读物、报刊、杂志、参考书等,有利于丰富孩子的知识,开阔孩子的思维领域,促进智力的发展。同时,父母有充足时间和精力辅导孩子学习。独生子女学习环境优越,一般有专门场所,没有干扰,教育条件比较良好。

(3) 充分的父母之爱

由于"独生",没有兄弟姐妹,只能常和父母在一起,周到的照顾、密切的关系比较容易实现,同时也易于形成和谐愉快的气氛。这种环境不仅易于培养儿童娴静的性格和互相关心、互相爱护、互相帮助的好品德,而且儿童能充分享受到父母之爱,特别是父母的智力激励。德国一位儿童心理学家指出:儿童的智力发展,与家长如何对每个孩子分配"智力激励"相关。一般来说,第一个子女享受的"智力激励"要多一些,故聪明一些。而独生子女独享其父母的"智力激励",因而他们的智力发展较好,身体发育得也比较好。

(4) 家长期待成才心理强烈

由于只有一个孩子,父母总是"望子成龙",把希望寄托在唯一的孩子身上,不会出现"这个不行,再等下一个"的心理状态。父母的这种期待成才的心情,使得家长要把孩子教育好,培养成才的心情特别强烈。于是父母必然用大量的时间和精力教育自己的孩子,有利于促进孩子的迅速成长。

2. 独生子女成长的家庭劣势

(1) 独生子女没有兄弟姐妹,容易产生孤独感。当儿童会走路、会讲话后,十分渴望和同伴交往,同说同笑,同玩同乐,当得不到满足时,容易急躁,爱发脾气,形成孤僻、不合群的性格。

(2) 担心孩子发生意外,这是独生子女父母最大的忧虑。由于产生了"怕"的心理,于是在子女教养上出现两种表现:一是娇生惯养,放任自流,要什么给什么,形成了娇气、无法无天、挑吃挑穿、懒散、自理能力差等特点。二是限制过多过严,剥夺了儿童活动的自由,不许跑跳,不许攀登,不许孩子同其他小伙伴一起玩。父母怕摔怕碰怕丢失,怕受欺侮,怕传染疾病等。这些过多的限制、干涉和保护,压制了儿童的自然发展,扼杀了儿童的好奇、好动、积极主动、勇敢等特点,形成胆小、懦弱、呆滞、孤僻、爱发脾气、无理取闹、情绪低沉、身体欠佳等一系列的独特表现,和同龄儿童的共同心理特征比较,出现显著的差异。独生子女的这些缺点,完全是由于家长教养不当的结果,是迁就、溺爱、娇生惯养造成的。

(3) 望子成才心切,对独生子女要求过高、过多、过急、过早,是儿童力所不能及的,造成生理和心理的负担过重,结果对什么也不感兴趣,且信心不足。例如过早学习汉语拼音、汉字、写字或小提琴等,实际扼杀了儿童学习的积极性、兴趣性,对以后的学习造成严重的不良影响。

(4) 父母和其他成人在教育态度和教育方法上的不一致,对儿童的要求不一致,是造成儿童个性和行为上差异的重要原因,是一个突出的不利条件。

Hawke 与 Knox 于 1978 年总结了独生子女家庭的优势和缺陷(表 6-2)

表 6-2 独生子女家庭的优势和缺陷

优势		缺陷	
父母	子女	父母	子女
有时间追求个人的事业和爱好,减轻了经济负担,不必担心对孩子的待遇不公平。	没有竞争,有更多的隐私,物质生活更为丰富,亲子关系更为密切。	在过度纵容与适度关注之间难以把握,只有一次做好的机会。	不能体验兄弟姊妹之间的亲情,父母对其成功的压力太大,赡养父母的负担过重。

独生子女家庭中这些有利条件和积极因素能否充分发挥作用,使独生子女真正受益,从而在德、智、体、美各方面都能健康发展,关键在于正确的教育。不利条件的消极因素能否转化为积极因素,从而使孩子更多地受益,关键同样在于正确的教育。

第二节　独生子女的身心发展特点

早在 19 世纪,美国儿童心理学家霍尔(G. S. Hall)及其学生博哈农(E. W. Bohannon)就对独生子女进行了研究。1898 年,博哈农发表了世界上第一篇关于独生子女问题的论文《家庭中的独生子女》。他认为独生子女缺乏社会交际能力,存在着自私、早熟、娇惯、妒忌、固执和神经质等缺点。博哈农认为独生子女是特殊问题儿童,这种观点当时被大多数人所接受。

此后德国小儿科医生尼特尔总结了自己的临床经验并吸收了博哈农的研究成果,于 1906 年出版了世界上第一部关于独生子女的论著《独生子女教育》一书,成为德国研究独生子女教育问题的先驱。他认为,独生子女是有着特殊性的"问题儿童"。他们缺乏独立奋斗能力,依赖性强,无办事能力,缺乏社交能力,早熟孤僻,神经过敏,娇气任性,冷酷、嫉妒、身体虚弱等。

苏联教育家马卡连柯经过观察研究后也认为,独生子女是"最困难的问题儿童"。可见早期研究的成果,比较一致地提出了独生子女是"问题儿童"的结论。

一些心理学家通过与非独生子女的对比研究独生子女,由于理论观点、研究方法不同,产生两种不同的派别:一派强调独生子女的消极方面和弱点,认为是"问题儿童",身体健康情况不佳,并列出了二十余项不及非独生子女的特点,对独生子女的个性成长持悲观态度;另一派强调独生子女的积极方面,认为一切都优越于非独生子女(如生长发育快、早熟、性格和行为特征优越等)。

国内对独生子女的研究基于本土文化与国情,也形成了类似西方学者的两派观点。一派观点是:多数研究发现独生子女问题较多,许多方面不如非独生子女。在独生子女个性心理特征方面,上海市幼教研究室(1981)研究发现,与非独生子女相比,独生子女挑剔、不尊敬长辈、不爱惜东西、无理取闹、爱发脾气、对同伴不友爱、胆小懦弱、自理能力差。赵淑英等人1983年研究进一步验证了上述结果。孙蒲远(1986)通过长期观察指出,独生子女往往存在自私、劳动差、任性、随便、无所顾忌等现象。万传文(1984)实验研究证明,独生子女在独立性和友好行为两项指标上显著地差于非独生子女。林崇德较早研究了独生子女的情绪情感特征,指出独生子女的情绪情感特征非常突出,特别是爱激动、好发脾气、较任性等;林崇德还发现,独生子女随着年龄增长,其各方面均向好的方向发展,优点增多,缺点有所克服、改进。另一派观点是:独生子女有其特殊的优势。孙履祥、钱含芬(1991)研究显示,独生子女在聪慧性、灵活性、独立性、求知欲、情绪的强度、主导心境等方面优于非独生子女。有不少研究指出,独生子女个性并不必然表现为任性、自私、不合群等特征。

近二十年来,大多数研究人员从教育学、心理学与医学角度否定了独生子女是"问题儿童"的观点,也否定了独生子女天生优越的观点。研究认为,独生子女的特点是由独生的环境和周围教育影响而形成的,特别独生子女家庭结构的特殊性影响了独生子女的社会化过程。

一、独生子女身体发展特点

影响体格发育的基本因素有遗传素质、营养、体育锻炼、生活制度、卫生习惯、疾病的预防护理等。独生子女的身高体重的增长,是生理发展最明显的指标。上海市对2~6岁1 200名独生幼儿的调查发现,独生子女的身高、体重的平均数均高于标准数值,每个年龄组都有一定数量的独生子女超过标准体重的高限值,显得过于肥胖。安徽省教科所对3~15岁1 000名独生子女的研究发现:独生子女的体格发育略高于非独生子女,其中,身高增长尤为明显。4~7岁组、10~11岁组男童与女童身高平均值均高于标准值。但是,在900名幼儿中,发现有27%体格发育属下等,6~7岁幼儿体重增长不显著,还发现幼儿贫血与缺铁的发生率相当高,体格瘦弱者占40%以上;10~11岁组儿童低体重及营养不良者占36.7%,有12.7%为营养过剩。分析原因,这是因为

家长对独生子女生理卫生保健不够科学,以致营养摄入量不正常或活动量不均衡,缺乏体育锻炼的缘故。研究认为,独生子女营养结构不合理,饮食习惯不良等问题,应引起家长的足够重视。

调查资料还说明,我国每百名儿童就有 5 名体重超标。体重超标不仅妨碍儿童正常活动,而且,潜伏着催患各种疾病的危险。当然,低于标准体重的独生子女,同样存在着因营养不良造成某种疾病的隐患。

独生子女身体机能发育的研究资料表明:脉搏、血压平均数与 1979 年全国城市的平均数没有明显区别。而肺活量一项,独生子女的平均数高于全国城市标准水平,这与独生子女身高、体重发育良好有关,标志着独生子女呼吸功能有较大的潜在力。

二、独生子女心理发展特点

1. 独生子女的智力发展特点

研究指出:独生子女及多子女家庭中的头生儿比一般非独生子女的智商要高得多。独生子女普遍知识面都比较广,智力发展比较好。安徽省教科所的研究表明:独生子女的总智商均值、言语智商均值、操作智商均值高于非独生子女;而且男童智商高于女童;家长的文化程度越高,儿童的智商均值也越高。分析认为,这种现象与独生子女家庭优越的经济条件,智力开发的投入及良好文化氛围有关。

北京市对两所小学 412 名独生子女调查表明,留级学生中非独生子女占 10.9%,而独生子女仅占 3.4%。一般说,独生子女的学业成绩都比较好。

独生子女的智力发展优于非独生子女,除因家庭教育客观环境较好,家长肯于智力投资外,还与家长有较多时间接触子女,与他们交谈、游戏,带子女参观、旅游,广泛地施加智能教育有关。

2. 独生子女的情绪特征

关于独生子女的情绪研究指出:无论是幼儿,还是中小学生,普遍表现任性、爱激动、发脾气。一般说,独生子女的主导情绪是乐观的,但情绪不稳定,易激动,活动受情绪支配。这是因为独生子女在家庭中的特殊地位和家长经常满足子女不合理需求的缘故。家长的溺爱迁就,使独生子女产生"优越感",以致影响子女对情绪的自我调控能力。然而,爱激动、任性、发脾气并不是独生子女固有的天性,在正确的教育下,这些情绪的极端表现可以避免或纠正。

3. 独生子女的意志行为特征

一般说,在家长百般疼爱、过度保护、包办代替之下,子女普遍表现为有主见、不顺从、任性、难于自制、缺乏恒心、怯懦。研究说明,独生子女的自觉纪律、自制力、坚持性、勇敢等意志品质在幼儿期与学龄期表现较差,经过教育,到了中学逐步有所改变。

美国的英瑞·卡布尔门教授(Kurroy kappelman)对独生子女的意志品质作过分析认为:独生子女的父母把注意力过分集中在子女身上,使子女产生依赖性……孩子没有独立实践的机会,越来越多地依赖父母去获得每一项新的经验,依赖父母的保护去抵御危险;靠父母的暗示进行选择;在父母的同意下对事物做出决定。显然,生活在家长"羽翼"保护下的独生子女,很难形成良好的意志品质。

4. 独生子女的性格特征

从现实生活看,独生子女确实存在许多性格弱点。许多研究资料说明:独生子女对他人不尊敬、不合群、不友爱、依赖性强、有攻击性行为等的人数比例明显高于非独生子女。在独立性方面,5岁和6岁幼儿组独生子女与非独生子女有显著差异;而且,在优、差得分上高于非独生子女,出现两级分布情况;独立性强和独立性差的都是独生子女占优势。而友好行为这一项,非独生子女明显地优于独生子女。

独生子女性格特点是在家长特殊心态的教育下形成的。随着学校和社会多方面的教育影响,独生子女的性格特点将有所变化。独生子女对社会、对集体、对他人的态度具有某些好的、应予肯定的心理特点,如爱交际、热情、同情心、诚实等。而且,这些特征随年龄而有所发展。如幼儿期一些否定性心理品质多于良好品质的儿童,进入小学会发生变化,较好的品质远远超过缺点。然而,据林崇德教授研究,到了中学阶段,独生子女的良好性格品质稍有减少,缺点又有所增加。分析认为,这是中学生道德意识的发展,对社会、对集体、对他人的态度已经具备了一定的选择性。

总之,独生子女与非独生子女的心理特征并无本质区别的特异性,独生子女某些突出的心理特点和行为表现,可以从各自不同的社会文化背景、家庭环境、家长的教育观念及教育方式方法等方面找到答案。因此,重视家庭教育正确的方法是独生子女健康成长的重要条件。

第三节 独生子女家庭教育的特点和方法

一、独生子女家庭教育的特点

从独生子女的家庭特点和独生子女的心理特征来看,独生子女更有利于其成才,在智力和才能方面具有更多的优势,关键就在于如何扬长避短,发挥其有利因素,抑制其不利因素,正确运用教育规律,创造良好的教育环境。

独生子女的根本特点在于"独生",因而对独生子女的教育,始终要抓住"独生"二字,具体来说,要注意以下几点:

1. 要教育独生子女勤奋

孩子若不勤奋而懒惰的话,不仅先天的遗传素质和智力优势发挥不出来,反而会变成劣势。勤奋的人即使智力一般也会超过智力高但懒惰的人。

2. 要重视对独生子女意志力的培养

独生子女有比较优越的物质生活和良好的家庭环境,往往过着饭来张口、衣来伸手的生活,依赖性强。但是学习的道路并不是那样平坦的,总有这样或那样的困难出现,因此要发挥独生子女的优势,教育上必须培养他们有坚强的意志力,有克服困难的勇气,有长久地、愉快地坚持一项工作的毅力,有在失败面前不灰心、不气馁,一往直前的对挫折的忍受力。只有这样,才能充分发挥独生子女的优势。

3. 家长的要求不要超过孩子的承受能力

由于家里只有一个孩子,期待孩子成才的心切,许多父母重视对孩子的早期教育和定向培养,孩子上学后除完成学校作业外,有的父母还布置一大堆的家庭作业,这样就使得孩子厌烦、反感,从而降低了学习的积极性。因此,只有适合孩子的需要和已有心理水平的要求,才能促进他们的心理发展。

4. 要让孩子多参加集体活动

孩子幼小时要及早送幼儿园,让其过集体生活,用集体的力量来带动和帮助他们前进;上学后应让独生子女多和同学、邻居、街道小朋友接近,多参加少先队和科技活动、课外活动;在家里也要让孩子当父母的助手,帮助父母完成某些任务,因为家庭也是个小集体。要让孩子在集体活动中、在与同学、朋友、

父母的共同活动中去体验人与人之间的合作、友好的交往关系。

对独生子女要放手让他们独立地安排自己的生活,独立地学习和作业,独立地去克服困难,独立地进行交往,以克服其依赖性。

父母应设法利用节假日给孩子创造更多的交往机会,如让孩子与同学、邻居的小伙伴、亲戚朋友以及自己的同事多来往,让其在交往中体会人与人之间的关系,以增强他们的交往能力;同时也要让孩子多参加一些体育竞赛、文艺评比、学习竞赛等活动,从而体验竞赛中成功与失败的滋味,从中学会竞争的本领。

二、独生子女家庭教育的方法

1. 父母必须先受教育

儿童出生后首先接触的是父母,父母是儿童的第一任老师,是培养儿童健康成长、打开智慧之窗、形成良好个性行为的启蒙者。父母作为家庭教育的主体,其言谈举止、行为习惯、思想品德等,时时对儿童起着潜移默化的影响,起着直接的榜样作用。要提高家庭教育的水平,必须使负有家庭教育责任的父母首先受教育,掌握最基本的家庭教育的有关知识,以便卓有成效地做好独生子女的培养和教育。

首先,父母要树立正确的家庭教育的教育观,即家庭教育必须从属于一个最重要的社会目的,必须培养祖国建设需要的人才,培养素质全面发展的合格人才。

其次,父母还要树立正确的教育思想,坚信"没有不好的孩子,只有不好的教育方法"这一至理名言,它是科学的实践总结,把它作为解决教育问题的指导思想,是十分必要的。无论遇到什么情况或什么问题,只要坚持正确的教育原则,使用正确的教育方法,最后总会取得良好的教育效果。

再次,父母应学习了解儿童身心发展的年龄特征、发展规律,了解心理学在家庭教育中的积极作用,采用有效的教育方法,"寓心理于教育之中",运用心理学方面的知识对子女进行教育。同时父母要抓住时机向独生子女进行早期教育,抓紧最佳期的教育,可以收到事半功倍的教育效果。

2. 父母教育孩子,要善于扬长避短

(1)摆正独生子女在家庭中的地位,淡化"独生"意识,改变独生子女在家庭中是重点保护对象的特殊心理。家长要排除对独生子女的占有心理,对独生子女教育的攀比、从众心理,从而承担在家庭中教育者角色的责任。

(2)父母要善于利用独生子女教育中的积极因素,培养良好的个性、品德

和行为,克服消极因素,纠正不良的个性、品德和行为,使独生子女健康成长。

父母要尽早送孩子入托儿所,送入集体中去接受正规教育,与众多的小朋友欢度幸福的童年。父母要与托儿所老师积极配合、协作和互相支持,按时联系、互通情况,保证儿童顺利地过渡到集体生活中去。

(3) 要充分利用家庭人员少,经济较为宽裕,加上祖辈关怀所创造的各种优越条件,妥善安排儿童的生活。除保证足够的生活用品外,可根据儿童的兴趣爱好及才能,给他多买些有益于身心健康、增长知识、开发智力、培养良好的性格、启发儿童创造力和想象力的玩具,以及有教育意义、色彩鲜明、形象优美的图书画册,供儿童游戏和欣赏,但数量不宜过多。父母可教会儿童如何玩、如何爱,允许自由选择,不必多加干涉。父母还可有计划、有目的地带孩子外出参观游览,广开眼界,认识社会生活和大自然的美好风光。如果条件允许,父母也可以让儿童学习画画、音乐或书法,以培养兴趣爱好,陶冶性格,学习本领,当然,这些项目不宜过多。除具有特殊才能、准备培养专业人才外,不宜对儿童要求过严,即使培养专业人才,也要根据儿童的年龄特点、素质等具体情况进行教育,切忌强迫命令、填鸭式教法,扼杀儿童的学习兴趣和积极性,拔苗助长只会贻害终身。

(4) 由于只有一个孩子,父母具有充裕的时间去考虑儿童的教育问题。有了优越的经济条件,可利用它的积极作用对儿童进行智力开发,但也要向儿童进行勤俭节约、艰苦朴素的传统教育,从实际生活中对儿童提出具体要求,如爱惜粮食,不掉米饭等,让他知道每件物品都是来之不易的。用通俗易懂、最简单的语言及生活中的具体事例进行教育,是儿童最易于接受的方法。

(5) 培养积极兴趣。父母要合理利用时间,引导儿童把兴趣和注意力朝有益的活动去发展。兴趣并不完全是自发的,是需要培养,也是能够培养的。如培养儿童爱听故事、会听故事,引起儿童好奇,发展儿童想象力;儿童会提出许多问题,父母要尽量满足,给以适当的回答。儿童想象力的每一点进步,都应给予鼓励表扬,这里倾注着父母的精心培育和对儿童的真挚深情和热爱。儿童想象力的发展,对打开智慧之门起着重要作用。

(6) 以发展的观点对待子女的教育问题。父母既不能将子女永远视为幼稚无知的孩子,也不能将子女视为"小大人",以成人的标准衡量子女的表现。家长需针对子女的发展特点,注重培养其独立性和自主精神。

(7) 坚持正面教育。父母在教育子女的过程中,要掌握教育原则,使用正确的教育方法,才能收到良好的教育效果。坚持正面教育和积极引导是重要的、基本的教育原则。父母遇事要给儿童讲清道理,告诉他们为什么要这样

做,这样做的好处是什么。孩子是通情达理的,耐心说服是良好的教育方法。强迫命令、训斥打骂,只能引起反感,导致消极后果,如胆小怯懦、说谎骗人等。恰如其分的表扬与批评是重要的教育原则,也是正确的教育方法。凡事要有个准则,并及时做出恰当的表扬和批评。例如,学习、行为、生活常规等都有个准则,儿童做得对,能一贯坚持,有进步,不断提高,就表扬;不按要求做,不执行规定,随心所欲,为所欲为,既不允许,也要批评。

(8) 做好榜样示范。父母的榜样作用,在家庭教育中起着十分重要的作用。为了培养好下一代,父母必须以身作则,处处严格要求自己,为唯一的子女做出良好的榜样。儿童的行为品德、知识和智力水平以及兴趣爱好等,受父母的影响很大,这是由于儿童年龄小,不会明辨是非善恶,又有善于模仿的心理特点,而父母是家庭中最接近儿童的亲人,当然也就成为家庭中唯一的或主要的模仿对象,成为儿童最直接的榜样。父母应该清醒地意识到自己对儿童潜移默化所起的重要作用,加强自己的道德行为修养,为子女作好表率,使儿童得到健康成长。

在家庭教育中,如果我们充分注意到家庭教育的这些特点,并针对这些特点进行教育,那么我们就可以充分发挥有利于独生子女成长的家庭因素,克服和预防独生子女成长过程中的不利因素,使独生子女得到健康发展。

第四节 我国独生子女家庭教育存在的问题及原因

我国的独生子女及独生子女家庭与西方一些国家的独生子女家庭,在许多方面都有着根本的不同。在西方一些国家,例如美国,也有不少独生子女家庭。但这些独生子女家庭多是因离异等原因出现的单亲家庭、私生形成的单亲独生家庭,有些则是夫妻不愿多生而形成的独生子女家庭等。我国与西方的文化传统及生育心理长期有着巨大的差别,中国数千年来是重人伦、重子嗣,强调"不孝有三,无后为大"和多子多福的国家,因此,绝大多数家庭有愿意多生的愿望,至今这仍是我国许多人的心态。只是我国人口太多的国情,不得不实行计划生育的政策。在此社会文化背景下,独生子女的父母及其他长辈一般都对独生子女或孙子女视若掌上明珠、家庭烟火的继承者而万般珍视、爱护,寄托着很高的希望,当作心肝宝贝来进行抚养、教育。因此,我国的独生子女,绝大多数都能得到很好或较好的家庭抚养和家庭教育。事实证明,独生子女的个性、智力、道德、体格等方面,均可得到良好的发展。

一、独生子女家庭教育存在的问题

由于我国的社会文化特点、独生子女及其家庭的特殊情况等原因,我国的独生子女家庭教育还存在着一些问题,在家庭教育工作中应该重视并认真解决。

1. 期望值偏高的现象较突出

基于我国的文化传统和社会心理特点,对于自己的子女抱有很高的期望值,是多数家长的普遍心态。在历史上,有不少人靠子女的成才和当官来显耀门庭、光宗耀祖、子贵父荣、子贵母荣。《三字经》中就把窦燕山因教子有方,使五子登科树为典范。在当代,独生子女因其"独",是家庭中的独根、独苗,是父母希望的唯一寄托者,因而也就自然地抬高了独生子女在家庭中的身价和地位,进一步强化了为人父母者望子成龙、望女成凤的心态。其父母、祖父母、外祖父母把全部希望都寄托在这个孩子身上,几乎所有的父母都梦想着自己的独生孩子能成为自己所希望的人,成为"出乎其类,拔乎其萃"的佼佼者。这就是独生子女家庭对独生子女普遍抱有较高或很高希望的原因。

在独生子女家庭中,一般还隐含着微妙的补偿心理和攀比心理。一方面,家长们总是倾向于认为自己的孩子最优秀,总是希望将自己没有实现的理想寄托在自己的独子或独女身上,从而在心理上得到补偿;另一方面,家长们又总是认为自己的孩子比别人家的孩子优秀,或者认为起码也不逊于其他人家的孩子。这样的心理状态,就促使着家长们对独生子女的期望值在互相攀比下逐步升级。对此现象,应该引起社会广大独生子女家长的高度警惕。

2. 教育方法不当的现象较多存在

在我国当代,且不说是独生子女家庭,即使是多子女家庭,对子女教育问题,一般来说也都是重视的。但是,由于我国缺乏成熟的家庭教育理论,特别是独生子女的家庭教育理论,以及有些年轻的家长本身的素质较低,又不善于学习等原因,把对子女的爱和教混同起来,甚至用爱来代替教,因而影响甚至严重影响家庭教育的质量。可以说,在不少独生子女家庭,由于教育方法不当,家庭教育水平不高,已严重地影响了我国独生子女的家庭教育和正常成长。在我国,近些年来,孩子的身心发育不平衡,德、智发展不平衡的现象多有存在,并且独生子女普遍多于非独生子女。这已成为我国家庭教育工作中比较突出的重大问题之一。

所谓独生子女的身心发育不平衡,是指有相当数量的独生子女,由于在家庭中是"小皇帝"、"小太阳",是父母、祖父母、外祖父母共同的掌上明珠和心肝宝贝,由于物质生活条件优厚,想要什么便能得到什么,想吃什么便能吃到什么,因而身体发育是正常的,甚至不少孩子的身体发育超过或大大超过正常水平。在城市中,得了肥胖症的"小胖孩"已屡见不鲜,且多是独生子女,同时又确有不少独生子女由于自幼缺少小伙伴,并受到父母等人的溺爱和娇生惯养,心理发育迟缓或发育有偏差。这就是目前已出现的一些独生子女生理、心理发育不平衡的现象。

所谓德、智发展不平衡,是指有相当数量的独生子女,由于家长对其抱有很高的期望,因而自幼就注意进行智力开发,买玩具、书籍甚至高档的钢琴等不惜工本,因而其智力发展较快,但其非智力因素,特别是在德的方面,却发展迟缓,甚至存在这样那样的问题。目前,我国独生子女家庭教育中,对独生子女重视智力因素的发展而忽视或轻视非智力因素发展的现象较为普遍。在娇宠、溺爱下,孩子衣来伸手、饭来张口,五六岁了可能连衣服还不会穿,十多岁了可能连一点家务活也不会干、不愿干,也谈不上尊敬老人,不会与小伙伴和睦相处,只会妄自尊大、唯我独尊。这种高智力的低能儿,在目前的独生子女中为数不少。对于这种德、智发展不平衡的现象,有关人士称之为我国家庭教育出现的严重变态,是家庭教育的失败。

3. 较多独生子女家庭出现严爱失当

独生子女的智力和身体素质一般较好,但由于自幼缺少小伙伴,是在成人群中长大,受娇宠而又受管制过多,因而在性格特征、行为习惯、德行情操等非智力因素方面,有不少独生子女明显弱于非独生子女。对于这种情况,不少人称之为独生子女的"四二一综合征"。在过分溺爱的家庭环境中成长起来的独生子女,常有的性格特征是任性、骄傲、自私、偏激、脆弱、难合群。在过分管制和约束下成长起来的孩子具有的性格特征又常常是消极、顺从、怯懦、自卑、胆小、不诚实或者是固执、冷漠和刚愎自用。在过分溺爱又过分管制的家庭环境中成长起来的孩子性格特征和行为习惯就更为复杂,往往是两种弱点集于一身。属于这种情况的孩子虽是少数,但长大以后,难以教育,走向学校和社会后一般缺少吃苦精神,意志脆弱,很难确立协作意识和适应群体生活,需经过较长期的磨炼,才能形成好的性格特征和道德情操。有些则可能成为社会生活中的弱者或失败者。

二、独生子女家庭教育问题的原因分析

我国独生子女家庭教育较普遍地存在着上述问题,要解决或较好地解决这些问题,就应该对我国独生子女家庭教育存在问题的原因进行研究和分析。只有如此,才能找出促使我国独生子女家庭教育的水平和质量得到提高的方法。造成我国独生子女家庭问题的原因是多方面的,主要表现如下:

1. 不能正确对待"独生"而导致过分溺爱

由于受宗族继承、多子多福等传统文化观念的影响,以及我国的社会生产力水平还较低,社会养老问题还没能得到很好解决等原因,我国人口的生育愿望仍是强烈的。因此,不论是生男还是生女,只生育一胎,对多数独生子女家庭来说,仅仅是为了响应国家的计划生育政策,而并非完全出于自己的愿望。这是我国在人口生育问题上绝大多数家庭的心理状况和社会现实。

由于多数独生子女家庭中人们的心理状态不平衡及我国传统文化的作用,这些独生子女家庭便把对众多孩子的爱和希望都集中在独生子女这株独根独苗身上,这便是多数独生子女在家庭中自觉不自觉地受到溺爱的社会原因和家庭原因。

由于多数独生子女自觉不自觉地受到了两代六位成人的溺爱,自幼娇生惯养,这对其在家庭中接受正常的、良好的家庭教育造成了许多实际的、心理上的困难。孩子知道自己在家庭中的中心地位,在抗拒教育方面往往有恃无恐。因此一些家庭对其也就任其所为,使其为所欲为。再加之对独生子女的期望值普遍偏高,也就导致了在不少独生子女家庭中的家庭教育失常,形成对孩子的过度保护。比如,父母不让孩子离开自己,或者由于怕不卫生,或者怕孩子学坏,或者怕孩子受欺侮,不让孩子独立活动而包办一切。结果就出现了报道中所描绘的,儿子在夏令营时住在学校里,父亲半夜爬到儿子床底下守着,怕儿子掉下床来。这种过度保护的方式和心理,都极不利于孩子能力的正常发展。

一些独生子女的家长对独生和独生政策的心理反差,往往导致情感的扭曲,对孩子的爱缺少理性,结果导致许多荒谬现象的发生。比如,明明家境并不富裕,却对孩子的要求百依百顺;明明孩子的艺术能力一般,却为孩子购买各种乐器,花高价请家庭教师辅导孩子;明明是孩子的错误,却百般庇护,百般说好;明明孩子智力一般,却当成神童来要求,等等。这种情感上的扭曲,使孩子在一种扭曲的氛围中成长,无疑也会扭曲孩子的心理,出现心理障碍。

由于对独生子女过度偏爱,致使不少独生子女家庭出现低收入高消费的

现象。父母把大部分钱花在孩子身上,尽力满足孩子的要求,甚至是许多不合理的要求,这些都影响独生子女健康成长。

2. 家庭环境中的不利因素

孩子的健康成长,特别是其幼年期的心理发育,需要一定的条件。失去了一定的客观环境条件,孩子的健康成长特别是幼年期的心理发育便会受到一定的影响。比如说,孩子在幼年期的心理正常发育,需要有同龄伙伴一起生活、玩耍的生活体验和情感交流,这样才有利于孩子产生童心的共鸣,相互促进,保证身心的健全、健康发育。对此,国内外儿童心理学家们都是共同肯定和强调的。在城市中,邻里关系一般来往较少或很少,特别是在高层楼房中生活的孩子更是如此,各家自立门户,基本上是"鸡犬之声相闻,老死不相往来"。因此,就使得相当数量的城市独生子女自幼就缺少小伙伴,整天被成年人包围和保护着。这样的生活环境是不利于孩子的身心发育和健康成长的。

儿童的独立性和独立生活能力等需要在日常生活中得到训练和养成。而独生子女由于多数自幼就陷于多位成人的过度保护之中,过着衣来伸手、饭来张口、衣择其佳、食择其精的生活,样样都能顺利地得到满足,因而容易养成独立性差、依赖性强、自幼好逸恶劳、追求享受、不识五谷春秋等弱点和缺陷。过度保护,无度的爱和严,都不利于孩子的健康成长。

总之,独生子女家庭的家庭环境和客观条件,既存在有利于孩子健康成长和接受良好家庭教育的一面,又存在不利于孩子健康成长和接受良好家庭教育的一面。独生子女的家长应该尽力克服不利因素,提高家庭教育的质量、水平和艺术,把独生子女教育好。

3. 家庭教育水平普遍不高

从总的情况看,近些年来,我国虽然已着手对家庭教育问题进行科学研究和指导,但是,有关研究的深度和广度有限,还不能适应我们这个多人口、多独生子女国家的需要;咨询、指导机构不够,有关专家和理论工作者缺乏,还没能像学校教育那样引起政府和社会的高度重视。这种状况,从总体上决定着我国的家庭教育水平还不高。从现实看,对家庭教育的科研成果及已形成的比较成熟的有关知识的宣传、教育和普及工作,做得也不够。因此不能被广大家长所掌握,这就影响了我国不少独生子女家庭的家庭教育质量。

我国不少独生子女家庭中,作为教育者的父母,不爱学习或不善于学习,缺乏对家庭教育知识的学习和研究,不愿意在教育子女方面动脑筋、下工夫,直接影响了孩子的教育、成长。因此,要提高我国独生子女的多方面素质,最根本的就在于提高独生子女家长的家庭教育水平。

三、从实际出发做好独生子女家庭教育

我国独生子女众多,这种状况会保持一个历史阶段;做好独生子女的家庭教育工作,不仅关系着独生子女家庭的幸福、千千万万个独生子女的个人前途,而且关系着国家的命运和民族的兴衰。因此不论是对独生子女家庭来说,还是对国家和民族来说,都必须把我国的独生子女家庭教育工作做好。这是与我国的整个育人工程密切相关的,事关国家、民族前途的大事。

1. 优化独生子女家庭教育环境

我国的独生子女及其家庭教育之所以有着许多特殊性,之所以存在着较多问题,从根源上说,并不在于独生本身。独生子女本身与多子女家庭中的孩子相比并没有多少特殊性,也没有先天的弱点,但由于独生子女的家庭环境有着许多特殊性,因而优化独生子女的家庭教育环境就成为改善独生子女教育的重要措施。

首先,要端正独生子女家长的生育态度及教育态度。在我国,有相当数量的独生子女的家长的生育态度是不端正的。如前所述,由于受传统观念的影响及独生政策的规定,有相当数量家庭,独生不是自愿而是无奈。因而当生育第一胎而不能再生时,家长便把对多子女的爱集中到独生子女一个孩子身上,于是便出现了娇纵、溺爱、期望值偏高、过度消费、过度管制等家庭教育中非正常、不利于独生子女健康成长的种种现象。因而要扭转独生子女家庭教育的状况,就应该从根本上转变生育态度和教育态度。

其次,要创造出良好的家庭教育条件。良好的家庭教育条件,包括家长要掌握必备的文化知识和科学育儿知识,并能根据独生子女的特点进行合理的教育;独生子女的家长必须具有良好的道德品质,并成为孩子的楷模;要形成民主和睦的家庭气氛,使孩子从小就学会尊重人、关心人、团结人、体谅人,为他人着想等。这些条件是开展良好家庭教育的基本保障。

另外,要改进教育方法,形成一些切实可行的家庭教育原则。根据独生子女家庭教育的特殊性,要从实际出发,在施教过程中应重点形成适度原则、全面原则、一致原则、民主原则和严格原则。所谓适度原则,是指对独生子女的教育必须依据其身心发展的基本规律,不要因为是独生子女而寄予过高的期望、提出过高的要求、给予过分的爱和照顾。父母在智力开发上不搞过度教育;在生活中要使孩子做些力所能及的事,不能事事都由家长代劳;在物质供应上,不给过度满足等。全面原则,是指要注意德、智、体、美、劳的全面发展,尤其要处理好智力教育与非智力教育的关系。一致原则,是指家庭成员对子

女的教育态度要一致,要注意教育的整体效应,配合默契,协调行动,在孩子面前不出现意见分歧和冲突。民主原则,是指在家庭中形成民主气氛,不搞"家长制"。家长要尊重孩子的意见,不搞一言堂,逐步培养孩子的独立人格。严格原则,是指对孩子的不良行为不能放纵,要使孩子逐步树立起是非观念,养成知错必改的道德品质。只有不断克服自身弱点,孩子才能健康成长,才能成长为有益于社会的人。

2. 动员全社会力量关心独生子女教育问题

社会的改革开放,为独生子女的成长创造了广阔的舞台,儿童、青少年可以在这个舞台上成长、发展并大显身手。这是以往封闭的、僵化的社会状态无法比拟的优越条件。然而,社会的变革不可避免地带来了一些消极、落后的现象。在市场经济大潮的冲击下,人们的拜金意识、高消费观念迅速发展;在陈旧的教育方式方法的影响下,独生子女的个人中心观念受到强化,反抗、厌学等情绪在滋长。要彻底改变独生子女教育现状,建立起人人关心独生子女教育的新格局,需要做出艰苦的、大量的兴利除弊的家庭教育改革的工作,要像重视"希望工程"那样,发动全社会上下齐动手,尽快树立科学育人的观念,创设科学育人的社会环境。

首先,面向儿童的市场要树立起为独生子女服务,为祖国后代服务的明确观念,改变"打主意赚孩子钱"的思想。随着市场经济发展,激烈的商品竞争,在面对儿童的广阔市场上,正在开展激烈的争夺战。花样翻新的营养食品,五光十色的儿童服装,新颖多变的儿童玩具,甚至包括名目繁多的学习班等,对子女开辟的市场越来越大,而价格越要越高,营利意识取代了服务意识,必将产生毒化独生子女心灵的社会风气。只有当全社会形成了对儿童"多一些奉献,少一些索取"的风气时,才会形成有利于独生子女健康成长的社会环境。

其次,要充分利用社会的文化娱乐设施,增加社会文化活动场地,为独生子女创造丰富有趣的社会文化生活条件。目前,我国的儿童娱乐场所及文化设施,已有很大改进;但由于我国人口众多,经济发展比较落后,现有文化娱乐设施,仍远不能满足儿童活动的需要,且收价过高,管理不善,广大独生子女的生活内容仍显得贫乏单调。增加投资、改善管理、优化社会生活环境,已经不单纯是成年人精神生活的需要,也是广大独生子女丰富生活内容所必需的。为了使独生子女得到良好的教育环境,博物馆、图书馆、社区文化中心、展览馆、音乐厅等文化部门,应制定向独生子女开放的政策。

同时,还要大力发展儿童的影视艺术,重视创造有良好题材的儿童影视剧、文化读物、录音、录像。有益的、健康的影视内容及书报画册增多了,就会有力地占据儿童的思想空间,抵制不良因素的侵袭和影响。

独生子女教育是全社会的责任。纠正独生子女的普遍弱点,也需要全社会的共同努力。只有当政府机关、人民团体、各行各业和全国人民对独生子女的教育都给予高度重视,并为此出力献策、做出贡献,我国的独生子女现状才会得到根本性改善。

第七章 家长素质与家长教育

一个家庭的教育职能发挥得如何,既同这个家庭的婚姻基础、经济状况、教育理念、心理气氛有关,又与父母亲的文化素养、思想品德、心理素质、法纪意识有着更为直接的关系。大量研究表明,在影响孩子成长的众多家庭因素中,家长是最重要、最具决定性的因素。有家庭教育专家指出:家庭教育与其说是教育子女的过程,还不如说是教育家长如何提高自身素质修养的过程。因为在"教子成才"的过程中,父母日常生活的品德情操、做人做事的言行修养、待人待己的人格精神,比他对子女所说过的所有"大道理"都显得更为重要。孩子是看着父母的背影,踏着父母的脚印长大的,父母如果在言行中稍有不慎,都可能给孩子的成长带来极为不利的影响。因此,认清家庭教育中家长的重要作用,提升家长的自身素质,是搞好家庭教育的根本途径。

第一节 家长的角色及在家庭教育中的作用

狭义家庭教育中,家长是家庭的主要负责人,对于儿童少年来说,主要是指父母或其他的监护人。家长在家庭生活中的职能是多方面的,他们既要负责主持家庭事务、协调家庭关系,又要负责抚养、保护、教育家庭中的儿童与少年,由此演化出家长在家庭中的多种角色。

一、家长的多种角色

社会学认为,角色(也称社会角色)作为联系社会和个人的重要概念,是指与人们的某种社会地位、身份相一致的一整套权利、义务的规范与行为模式。它是人们对具有特定身份的人的行为期望,是构成社会群体或组织的基础。

家庭是社会结构的重要组成单位,家庭中的各种角色则是编织家庭的基本单位。家长角色是家庭中非常重要的角色。家长角色,既是一种社会身份和地位,也指与其身份、地位相一致的一整套权利、义务的规范与行为模式,还包括人们对具有家长身份的人的行为期望。一般情况下,家长角色的承担者是一个家庭中的父亲、母亲或具有监护权的成年人。

父亲和母亲作为家长角色的承担者,既有一些共同的角色特征,但由于受到历史和现实的、个人和社会的、家庭内外和文化习俗等因素的影响,父母在各自的角色扮演上也有一定的差异。

1. 家长是子女的养育者

抚养教育子女是家长最根本的角色规范。我国《婚姻法》明确规定:"父母对子女有抚养教育的义务"、"父母有保护和教育未成年子女的权利和义务"。《婚姻法》还规定:"父母与子女间的关系,不因父母离婚而消除。离婚后,子女无论由父方或母方抚养,仍是父母双方的子女。离婚后,父母对子女仍有抚养或教育的权利和义务。"《中华人民共和国教育法》第四十九条规定:"未成年人的父母或者其他监护人应当为其未成年子女或者其他被监护人受教育提供必要条件。未成年人的父母或者其他监护人应当配合学校及其他教育机构,对其未成年子女或者其他被监护人进行教育。"

2. 母亲是子女生活上无微不至的照料者

从子女来到这个世界时起,母亲便担负起了抚养的责任。在新生儿期,母亲能够满足新生儿的生理欲望和生存需要,对婴儿进行母乳喂养和护理,使新生儿消除不安,保持情绪稳定,这是预防各种新生儿疾病,保证新生儿身体健康成长的必要条件。同时母亲会经常与婴儿获得肌肤接触,与婴儿说说话,这使婴儿体验到了母爱。母亲对子女生活上的照顾贯穿子女成长的整个过程,即使是到了子女成年时期,母亲还是会担心他们"天凉受冻,天热中暑"。可见母亲是子女生命中最无私的看护人和最细心的照料者。

3. 母亲是子女真诚沟通的知心朋友

随着婴儿的长大,母亲的爱更多地起着维护他们内在情感和心理安全的功能,这时,母亲更多扮演的是子女知心朋友的角色。母亲首先是一个倾听者。出于自尊心或其他原因,子女总是不愿意用语言表达自己的思想感情,但又很想让父母知道他们的想法,于是会将这些感情通过表情、动作表现出来,母亲的细致使她们常常可以察觉到子女的这种微妙变化。当了解到孩子的内心世界后,母亲会谈谈自己的想法,并用自己的经验来帮助他们。

4. 父亲是子女快乐游戏的好玩伴

由于男性自身的特点,父亲大多喜欢和子女一起玩运动性、技术性、智能性较强的游戏。特别是与男孩之间,父子常常会扭在一起或在地上翻滚,这正是父亲在向孩子传授自我保护技能。父亲往往用自己较丰富的知识、较强的动手操作能力及较深刻的理解判断能力,使孩子学到许多有益的知识,开阔视野,培养观察与思考的能力。

5. 父亲是孩子成长的"偶像"和榜样

父亲对青少年社会化所产生的作用,往往比母亲的影响更为强大。在子女眼中,父亲常常是自己崇拜的偶像和权威。现代社会,父亲往往改变传统观念中严厉不可接近的形象,在子女面前树立一个"新好男人"的模范角色——独立、坚强、理性却又不失温柔敦厚,让子女在榜样的力量下成长为优秀的人才。

可见,家长角色是多元的,体现一种角色丛现象,同时,父母的角色也存在一定的差异。在家庭教育中,家长角色多元性表现出对儿童成长的多方面作用,父母角色的差异性在家庭教育中又表现出不同的偏向。

二、家长在家庭教育中的作用

从家庭教育的角度看,家长具有如下几方面的作用:

1. 家长既是子女的启蒙老师,也是子女全面发展和终身教育的守护者

家庭是孩子的第一生活环境,是儿童社会化的起点。孩子出生以后,家长特别是父母,自然而然、不可选择地成为孩子的启蒙老师。可以说,家长对孩子的影响和教育是从孩子出生之日就开始了。家长特别是父母,是儿童社会化过程中最初的、最直接的角色模仿对象,是子女教育的主要责任者和执行者,因此对子女的教育、影响是深刻而持久的。

父母不仅是子女的首任教师,而且也是终身教师。家长不像学校教师那样,随着孩子年龄的增长、变换班级、升学或转学而变换,家长作为孩子不可选择的教师是不可替换的。

家长作为孩子的教师,他们的职能是多元化和全面性的。家长不但要给孩子提供生存和生活所必需的一切物质条件,还要提供精神条件。就教育来说,父母对子女所负的责任是多方面的,他们不仅要保证孩子身体的健康成长,而且要培养孩子良好的行为习惯和品德,并促进孩子智力的发展,对孩子进行全面的教育。

2. 家长在家庭教育中起主导作用

家庭教育是私人教育,有较大的独立性和随意性。家长作为家庭教育的执行者,主宰着家庭教育的各个方面,决定着家庭教育的方向与质量。具体表现如下:

(1) 家长决定着家庭教育的培养目标

虽说社会的教育目标和社会发展的状况影响家长对子女的教育,但究竟要把子女培养成什么样的人,家长在一定程度上起着决定作用。家长的社会经历、受教育的情况、人才观、职业等都影响着对子女的期望。

(2) 家长决定着家庭教育的内容

究竟对子女进行什么样的教育,进行哪些方面的教育,主要取决于家长的教育观念。与教育机构中的全面发展教育不同,家庭教育中存在重智轻德等问题,这多与家长的教育观念有关。

(3) 家长决定着怎样实施教育

对子女持何种教育态度,采用什么样的教育方式,主要取决于家长的教育观念、知识和能力。家长的教养态度、方式直接影响着教育效果和孩子的发展。

上述主导作用的发挥——教育目标、内容、态度、方式的确定在很大程度上取决于家长的素质。

3. 家庭教育潜移默化的特点决定了身教重于言教

家庭教育是非正规的教育,父母对子女的教育影响是在日常生活中,通过言传身教潜移默化地进行的。家长作为孩子直接、经常的模仿对象,其言谈举止无时无刻不在影响着子女。

家庭教育中言教固然重要,但身教的影响更大,因为它不仅是子女学习的榜样,而且还关系到言教的效果。家长言行一致、以身作则是家庭教育成功、树立家长威信的重要条件。因此要把子女教育成什么样的人,家长必须首先做什么样的人。为了子女的全面发展,为了提高家庭教育的质量,家长必须提高自身的素质。

综上所述,家长在家庭教育中起着决定性的作用,而上述作用的发挥、实现则取决于家长的素质。因此,加强对父母的教育,提高家长素质势在必行。

第二节　家长的素质结构

我国现代著名教育家陈鹤琴先生说过:"父母,不是容易做的,一般人以为结了婚,生了孩子,就有做父母的资格了,其实不然。我们知道,栽花的人先要懂得栽花的方法,花才栽得好;养蜂的人先要懂得养蜂的方法,蜂才养得好;养蚕的人先要懂得养蚕的方法,蚕才养得好;甚至养牛、养猪、养马、养鱼,都先要懂得专门的方法,才可以养得好。难道养小孩不懂得方法,可以养好吗?"英国著名教育家斯宾塞认为:"生儿育女,只是青年人生理成熟的标志;能够教养子女,才是青年人心智成熟的标志。"合格的父母、称职的家长应当具备合理的素质结构,这是家长开展科学、有效家庭教育的基础。

所谓家长素质,可分为两个方面,一方面是指家长本人作为一个社会成员、国家公民所应具备的素质,如一般文化水平、品德修养、身体健康状况等,这些可以称为家长的一般素质。家长的一般素质对子女会起潜移默化的作用,同时又是家长进行家庭教育所必备的特殊素质的基础。家长素质的另一方面就是作为家长对子女进行教育所应具备的素质,即特殊素质或教育素质。它包括掌握有关儿童身心发展的基本知识、家庭教育的基本知识,具备一定的教育能力等。它直接影响家庭教育的实施和质量。

一、家长应具有家庭教育的高度义务感

我国宪法第二章第四十九条规定"父母有抚养教育未成年子女的义务"、"禁止虐待儿童"。《婚姻法》第二十九条第一款和第二款规定"父母和子女的关系,不因父母离婚而消除,子女无论由父方或母方抚养,仍是父母双方的子女。离婚后,父母对子女仍有抚养教育的权利和义务"。因此,父母必须负责抚养教育子女,即或是父母离婚以后,也不能推卸责任。

家长抚养教育子女,不仅是一种法律行为,更是一种道德行为。家长必须认识到抚养教育子女,不仅是家长对子女所尽的义务,也是对国家、对社会所尽的义务。家长应为自己、为社会培养合格人才而自豪。那些忙于自己的工作不管孩子,或以各种理由为借口而忽视孩子,没有把子女教育好的家长应为自己的失职而感到内疚、惭愧。

除了用法律的形式来约束家长,使其尽到自己的义务外,对家长进行宣传教育,使其正确认识自己在家庭教育中的重要作用和对孩子所负的责任,也是提高家长教育义务感和自觉性的重要方面。首先,要使家长认识到,教育是一项系统工程,需要家庭、学校、社会的相互配合,从而自觉克服家长只管吃喝、学校管教育的片面认识,承担起教育子女的任务。其次,还要使家长认识到,在子女成长过程中,父母的影响同样巨大,缺一不可,父母是子女共同的教育者,应相互配合、协调一致地对子女进行教育,克服严父慈母或只由父母一方教育孩子的错误认识。再次,教育子女是一项艰巨、长期的任务,需要花费大量的时间、精力、钱财等,因此家长要克服困难、坚持不懈地承担起抚养教育子女的责任,而不能只凭一时兴趣教育子女,更不能由于在教育中遇到困难而放弃对孩子的教育。最后,使家长认识到父母是子女最直接最重要的启蒙教师,父母与子女的关系、父母对子女应尽的义务不因夫妻关系的改变而改变,不能因为夫妻离异或不和而对子女放任不管。正确处理离异家庭中子女的教育问题尤为重要。

伟大的教育家福禄贝尔曾说:"国民的命运,与其说是操在掌权者手中,倒不如说是握在母亲手中。"抚养教育子女的义务,是社会赋予每个做父母的神圣职责。每个父母都必须尽力承担起来,把子女培养成社会、国家所需的合格人才,这是合格家长的首要条件。

二、家长应具有高尚的道德情操

做一个合格家长要不断提高自身的思想品德、道德情操,做子女的良好榜样。父母是孩子接触最早、最多,时间最长久的人,因而是孩子早期学习中最直接、最具体的榜样。父母的一言一行都会潜移默化地对孩子产生一定的影响,犹如一本没有文字的教科书。在孩子面前,家长从思想言行到生活细节,没有一件是小事。要教育孩子具有"互爱"的公德,家长自己就要努力成为有"互爱"公德的人。正如我国教育家陶行知所说:"我期望我的儿子成为一个什么样的儿子,我先得把自己做成那样一个儿子。我要儿子自立立人,我自己就得自立立人;我要儿子自助助人,我自己就得自助助人。"陶行知就是这样一个集道德、情操、理想、信念、意志等素质修养于一身的好父亲、好教师,引领着他的三个儿子成为很有建树的教授、科学家、工程师。可见,家长良好的道德情操修养不但是为孩子正正派派做人所必需的,而且是树立一种家庭价值观念所需要的。它能造成一种家庭道德气氛,使孩子在这种气氛中受到熏陶和感染。比如,你的家庭成员崇尚什么?贬斥什么?提倡什么?禁止什么?以什么为光荣？什么为耻辱？这些都会通过家长的言谈举止和待人接物表现出来。这些表现又起着引导孩子去选择什么、趋向什么、回避什么、反对什么的作用。古人云："近朱者赤，近墨者黑。"家长言正身端的榜样力量，会促使孩子"近朱"而"远墨"。

三、家长应具备较全面的文化素质

家长的文化素质是家长素质的重要方面，对家庭教育的实施及其效果有着直接影响。一方面，家长的文化素质在一定程度上决定着家长的理想、情操、道德水平和教育观念、教育方式方法，从而直接影响家长对子女的教育能力与教育质量；另一方面，家长的文化素质在很大程度上决定着家长的职业、经济收入和社会地位，决定着家长为人处世的能力和方式方法，决定着家庭的生活方式、心理氛围，从而使置身于相应的家庭环境之中的子女受到潜移默化的影响。

家长的文化素质涵盖相当广泛，既应具有作为合格公民必须具备的各种科学文化知识，还应具有开展家庭教育相关的教育知识等。

首先，家长要有广博的社会科学文化知识。家庭教育是结合家庭生活进行的百科全书的教育。家长掌握科学文化知识包括自然科学知识、社会科学知识和一般文化知识，不但是从事工作、劳动和提高生活质量的需要，而且有助于自身与孩子的沟通和互动。当今孩子见多识广，问题和困惑也相应增加，家长有一定的科学文化知识，才能满足孩子解决问题、消除困惑的需要。至于辅导孩子学习和发展各种兴趣、爱好，指导其职业择向，更需要父母有比较丰富的、相关的科学文化知识。家长应具有优生的科学知识，如男女婚姻对象的选择，结婚年龄和时间的确定，生育孩子的最佳年龄和受孕的最佳时期，受孕、妊娠保健和围产期保健，异常胎儿的产前预防与诊断，畸形胎儿和遗传病的预防，以及怀孕期间、分娩前后家庭生活（日常家庭生活和夫妻性生活等）的调节等方面的知识。家长还要掌握与衣、食、住、行、玩、乐、休闲、待人接物、为人处世、人际交往以至料理家务、布置家居、协调家庭关系、适应居住环境、提高生活质量等有关的家政知识，对于建设现代文明家庭，营造良好家庭氛围，提高家庭生活质量，教育子女学会生存、学会自我保护，也是很有必要的。

其次，家长要掌握一定的教育知识。父母要具有生理学、心理学知识，即有关儿童青少年的机体如何发育，身体各器官的机能如何发展，心理如何发展，各年龄阶段生理和心理具有哪些特点，他们的学习、活动与交往有什么规律等方面的知识；父母既要懂得家庭教育学知识，还要懂得有关的普通教育学知识,了解教育的基本原理和学校实施的各方面教育,以及家庭如何同学校教育密切配合等。当前,家庭教育中普遍存在着"父母好心办坏事"的现象,其主要原因在于家长缺乏家庭教育的知识,不了解家庭教育的特点,没有能力和办法去应付、解决面临的各种问题,自然无法取得好的教育效果。

四、家长应树立正确的教育观念,端正教养态度

家长素质是多方面的,而各种研究表明,家长的教育观念是家长素质各种成分中的核心。它主宰着家庭教育的各个方面,是决定家庭教育方向与质量的关键。

1. 家长教育观念的构成及其对家庭教育的影响

家长的教育观念主要指家长对子女的教育观念,它包括家长的人才观、亲子观、儿童观和教育观。

(1) 家长的人才观

家长的人才观是指家长对子女成才的价值取向,它与家长本人对人才的价值取向有密切关系,并直接影响家长对子女的期望、培养目标和教育重点。目前,很多家长把上大学作为孩子成才的唯一出路。家庭教育中出现了重智轻德等现象,偏离了全面发展的教育目标。据北京市 IEA 学前项目的调查,就家长教育子女的重点看,绝大部分家长重视幼儿身体及智力的培养,忽视对幼儿进行性格培养,这严重影响着一代新人的发展质量。

家长应树立怎样的人才观?

① 行行出状元的人才观。自古以来,三百六十行,行行出状元。未来社会里,我国既需要发展知识密集型产业,也仍然需要保留大量劳动密集型产业。这就决定了经济建设和社会发展在人才资源方面的多样化需求,即既需要数以千万计的各种专门人才,又需要数以亿计的高素质的劳动者。

② 人人能成才的人才观。尽管每个人存在着差异,有着不同的个性,但是"天生我才必有用",每个人都有要求进步的愿望,每个人都有丰富的潜能,每个人都有自己的智能、优点、优势。通过良好的教育、训练,每个人都能成才、成功。

③ 终身学习的人才观。随着信息技术的发展,在学校和工作场所之间的交替活动,将成为每个人在未来社会中的基本生存模式。更加灵活方便自主的终身教育,将把成才的道路铺到每个人的脚下。那种"一朝学成而受用终身"的观点已经过时。人才的成长最终要在社会的伟大实践和自身的不断努力中来实现。

因此家长要树立正确的人才观,认识到人才是多样的,成才的途径也是多样的。家长要认识到只要对社会、国家有贡献,充分发挥了自己的聪明才智就是成才,为此以儿童德、智、体、美全面发展作为教育目标。

(2) 家长的亲子观

家长的亲子观是指家长对子女和自己关系的基本看法,它影响家长的教养动机。由于家长对亲子关系的看法不同,因此教养动机各异。

父母与子女之间的关系,既是基于亲情的长辈与晚辈的关系、教育者与受教育者的关系,也是亲密朋友的关系。大量调查结果表明,当代孩子对父母最大的希望,是父母能够做他们的朋友。父母对子女的责任是关爱、支持、引导,但又不陷入溺爱的误区。父母对子女教育,要多尊重、多理解、多信任、多鼓励,而不是一味地讲教训、说道理、定规矩,更不是简单地耳提面命。家长应把子女看成是国家的公民、民族的未来,树立为国教子的思想,克服把子女当成私有财产,教育子女只是为了光宗耀祖、传宗接代、养儿防老或实现父母的意愿等错误认识。家长的亲子观还间接影响着家长的教养态度和教养方式:为国教子的家长,一般比较理智,教养态度较为民主;而为己教子的家长,往往容易感情用事,对子女控制过多,要求过高过严,教养态度较为专制。

(3) 家长的儿童观

家长的儿童观指家长对儿童的权利、地位以及对儿童发展规律的看法,它直接影响家长对子女的教养态度、方式。

家长儿童观必须树立三个基本点:

① 孩子是人。孩子是"人"不是"物"。家长应当把"人"当作"人"来对待与培养,尊重孩子的人格,重视孩子的愿望、需要,平等地与孩子沟通。

② 孩子是未成年人。孩子处在成长过程中,各方面还不成熟,其心理状态、思维方式和成年人都不一样。家长要理解孩子,允许孩子犯错误并使孩子对错误有一个逐步认识的过程。将成年人的想法强加给孩子,代替孩子下决心,逼迫他们按大人的意志去做,其结果往往与愿望相反。

③ 孩子终将成为独立生活的人。孩子是独立的人,拥有独立的人格和尊严,并且将独立投身社会去创造自己的事业。这是任何人都无法替代的过程。童年生活不仅是未来生活的准备,而且是具有独立价值的生活,成人应该尊重他们的生活。

(4) 家长的教育观

家长的教育观(也有称亲职观)主要表现为家长对教育在儿童发展中的作用和家长角色与职能的看法。它往往和儿童观相联系,并影响家长的教养态

度方式和家长在家庭教育中作用的发挥。有的家长否认教育在儿童发展中的作用,认为"树大自然直",对子女持放任的态度,把自己的职能局限于只养不教;有的家长过分强调教育的作用,忽视儿童发展的规律、水平以致拔苗助长,把家庭当作第二课堂。家长要正确认识教育与儿童发展的关系,科学地实施教育,并充分认识到自身在家庭教育中不可替代的作用和责任,自觉地承担起教育子女的任务。

总之,家长的教育观念影响着家长的教养行为,是决定教育质量的关键。目前,家长往往普遍重视寻求好的教育方法,忽视端正自身的教育观念,这种治标不治本、简单照搬的做法效果并不理想。因此,对家长来讲,掌握正确的教育方法固然重要,但更重要的是端正教育观念,这样才能正确、灵活地把教育方法运用到实践当中。因此为了提高家庭教育的质量,端正家长的教育观念势在必行。

2. 家长教养态度及其对子女发展的影响

教养态度是教育观点和教养行为方式的综合体现。一般来说,教养方式是教养态度的外在表现,教养态度是教养方式的内在动机,它们都受教育观念的制约。

大量的研究表明,家长的教养态度、方式是影响孩子发展的重要因素。如中国台湾钟思嘉教授综合台湾20年来对于家庭因素与青少年犯罪关系的研究,发现"家庭气氛和父母管教态度为关键。家庭气氛不温暖、不和谐,父母管教态度严厉、拒绝、前后矛盾、分歧不一致、溺爱纵容或期望不合理者,均使子女犯罪的行为机率增加"。教养态度、方式对儿童性格的形成也有深刻的影响。如果父母采取合理的态度和正确的教育方式,孩子便容易形成较强的独立性、积极性,表现出友好的态度和稳定的情绪(表7-1)。因此,父母的教养态度、方式不仅是决定儿童发展水平的重要因素,也是评价家庭教育水平的重要指标。而了解各种教养态度的特点及对孩子发展的影响,不仅可以为家长提供反省,改进教养态度、方式,提高家庭教育水平的依据,也为教育工作者提供了评价、指导家庭教育的基础。关于教养态度的众多研究表明,教养态度、方式既存在时代、文化和家庭的差异,又存在着某些共同特点,因而在对亲子关系研究的基础上,可以展示出不同的、区别明显的方式,并揭示出各种教养方式与儿童发展的关系。

表 7-1　父母教养态度与孩子性格的关系

父母的教养态度	儿童性格
支配性的	消极、顺从、依赖、缺乏独立性
溺爱的	任性、骄傲、利己、缺乏独立性、情绪不稳定
过于保护的	依赖、被动、胆怯、沉默、亲切、缺乏社会性
过于严厉的	顽固、冷酷、残忍、独立、或者怯懦、不诚实、缺乏自信心和自尊心
忽视的	妒忌、情绪不安、创造力差，甚至厌世、轻生
父母意见分歧	易生气、警惕性高或两面讨好、投机取巧、好说谎
民主的	独立、直爽、亲切、灵活、快乐、大胆、善社交、能与人协作、有安全感、有毅力和创造精神

在众多父母教养态度的研究中，较为著名的研究如下：

(1) 安斯沃斯关于母子依恋的研究

美国的安斯沃斯(Ainsworth, M. D)以独创性的实验技术研究了母子依恋行为。她将婴儿依恋分为三种性质不同的类型，即安全依恋、反抗的依恋、回避的依恋。她发现，在三种依恋关系中，母亲对孩子的态度、行为与孩子对母亲的反应各有不同。母亲对孩子的态度及相应的行为方式影响着婴儿对母亲的认识、感受及自身的发展。安斯沃斯从敏感性—不敏感性、接受—拒绝、合作—干扰、易接近—不理会这四个方面评定母亲教养婴儿的行为特征。结果发现，安全依恋婴儿的母亲，在这四个方面的得分都高于中点，也就是说，这些母亲都是敏感的、接受的、合作的，也是婴儿易接近的。而另两种依恋类型婴儿的母亲，这四方面的分数都比较低。所不同的是，回避型的母亲拒绝、不敏感方面表现得更多些，而反抗型的母亲则在干扰与不理会方面表现更多些。克拉克-斯坦怀特(Clarke-Stewat, A. K, 1973 年)的研究进一步证实了安斯沃斯的看法，他用三个维度来衡量母亲的教养行为：反应性——对婴儿的哭、叫唤、语言要求等反应的比例；积极的情绪表达——充满感情的接触，加上微笑、表扬、说话等；社会性的刺激——母亲接近婴儿、对婴儿微笑、谈话或模仿婴儿的频率。结果表明安全依恋婴儿的母亲三个维度的分数都很高。回避的、反抗的依恋婴儿的母亲三个维度的分数都较低。由于母亲教养方式的不同，安全依恋的婴儿认为母亲是可信赖的，是进行探索的安全基地。与其他依恋类型的婴儿相比，这类婴儿的探索性、主动性与积极性最强。上述研究表明，要使儿童获得安全依恋的条件是：母亲或其他照顾者必须经常关心儿童正在做什么;对婴儿的理解及对婴儿发出的各种社会信号迅速恰当地给予反应;母亲适度的控制能使儿童在活动中产生控制感和胜任感;主动调节自己的行为以适应儿童的行为节律,而不是把自己的行为习惯强加于儿童;由母亲主动进行的、亲子间经常持久的身体接触等。同时也证实,母亲的教养方式决定着依恋的性质,并进而影响婴儿个性的发展。

(2) 鲍姆令特的研究

鲍姆令特(D. Baumrind)在1967年曾专门对父母的教养方式与儿童个性特点的关系作了系统的研究。她通过调查与访问,把被试者分为三个组。第一组儿童是最成熟的。他们有能力,有独立性、自信、知足、爱探索、控制自己,喜欢交往。第二组儿童有中等程度的能力、自信和自我控制力,相对说来,不太知足、忧虑、退缩、不喜欢与同伴交流。第三组儿童是最不成熟的,有高度的依赖性,自我控制比前两组儿童差,遇到新奇事物或紧张的事情会退缩。鲍姆令特又通过家访,与父母谈话,在特定情境下观察父母与儿童在一起活动的方式,她把控制(指父母为影响儿童行为所使用的各种方式,包括奖励和强化)、父母与儿童交往的透明度(如通过说理使孩子服从,征求孩子的意见等)、成熟的要求(要求儿童按照他们的智力水平、社会性水平和情绪水平来行动)、父母的教养(不只是爱儿童、同情儿童,还对儿童成长表示高兴、赞扬)四个维度作为了解与评价父母教养行为的主要因素。鲍姆令特发现,儿童个性的形成并非由父母的单一行为维度所决定,而要受到父母整个行为模式的影响。儿童的父母在四个维度上的不同得分,形成三种主要的父母教养方式,即权威(第一组儿童父母)的、专制(第二组儿童父母)的、不负责任(第三组儿童父母)的教养方式(表7-2)。

表7-2 鲍姆令特的研究父母教养模式

父母教养模式	控制		交往透明度		成熟的要求		父母的教养	
	高	低	高	低	高	低	高	低
专制	√			√	√			√
权威	√		√		√		√	
不负责任		√		√		√		√

(3) 萨蒙兹的研究

美国心理学家萨蒙兹(Symonds)对亲子关系的研究做出了创造性的贡献。他的研究明确提出亲子关系有两个基本要素,一是接受—拒绝(不是给孩子以爱,就是拒绝孩子的爱),二是支配—服从(不是随心所欲地去支配孩子,就是服从孩子的要求)。这两种要素是基本要素,两者都不同程度地存在于父母的行动之中。萨蒙兹以坐标轴来表示两种要素的组合(图7-1),两轴相交的O点表示最理想的亲子关系,即这样的父母既不特别娇惯孩子(接受)也不过于严厉(拒绝),同时也是既不随心所欲地去支配孩子(支配),也不完全任凭孩子的支配(服从),而是向孩子倾注非常适中的爱,给予适度的控制。而偏于任何一个极端的教养行为则不利于儿童的发展。

图7-1 亲子关系的图式(萨蒙兹)

(4) 彼得罗夫斯基的研究

前苏联著名心理学家彼得罗夫斯基,把家庭教养方式概括为四种家庭关系,即"专制式"的家庭关系,"监护式"的家庭关系,"和平共处式"的家庭关系和"合作"的家庭关系。"专制式"的父母对孩子采用强制、命令的手段,漠视孩子的兴趣和意见,不准孩子对自己的切身问题有半点发言权。这种家庭中的孩子表现为对抗,缺乏自尊、自信、独创精神和正确认识自己的能力。"监护式"的父母对孩子过分牵挂、充满柔情,生怕孩子吃苦。这种家庭中,孩子有较强的依赖性,缺乏独立自主的精神。"和平共处式"关系的家长与孩子各有自己的活动范围及方向,彼此"井水不犯河水"地生活,表面上看是让孩子独立、不受约束地自由成长,实际上家庭不能成为吸引儿童情感的中心。父母与孩子互不关心,缺乏交流与了解,家庭关系趋向解体。"合作"的家庭关系中,各个家庭成员追求共同的目标,信奉共同的价值观,遵守社会的行为标准与道德标准,家长与子女表现为互相关心、帮助,达到真正的互助合作。

(5) 品川不二郎的研究

日本东京学艺大学教授品川不二郎编制、中国台湾心理学家赖保桢修订的《父母管教态度》测验,将父母的教养态度分为六类。① 拒绝型:父母对子女的感情有拒绝的倾向,如对子女缺乏爱心,拒绝帮助,对子女所说的话不理不睬,忽视、不关心、不信任,甚至虐待、威吓、苛求子女;② 严厉型:父母对子女虽有爱意,但常以严厉、强迫的态度或禁止、命令的方式来监督子女;③ 溺爱型:对子女的主张、要求、意见都是无条件地接受,不仅给予过分的情爱,而且绝对顺从地侍候他们,只要能迎合子女的意愿,父母愿意付出任何代价;④ 期待型:父母把自己的野心或希望全投射在子女身上,而忽视子女的天赋能力与兴趣爱好,希望子女会遵从父母的标准或要求;⑤ 矛盾型:对于子女的同一行为,有时叱责,有时宽恕,有时甚至鼓励,前后不一致;⑥ 分歧型:父母对子女的管教态度不一致,如父亲严厉,母亲放纵;父亲要训斥子女,母亲袒护子女。

教养态度的众多研究启示人们:

教养态度、方式因其复杂性、多样性,研究者的解释、归类各不相同,但研究者运用直接的观察、调查与访问等多种手段进行研究,发现父母在教养模式上有两个重要的行为维度,即感情(接受—拒绝)与控制(限制—允许)。这两个维度以不同的方式结合而呈现不同的教养态度、方式。在多种教养态度、方式中,适度的控制与适度的爱是最理想的,其他类型弊多利少。

家长的教养态度、方式具有非恒常性、不一致性,有的家长可能兼具几种模式的特点。因此,对家长教养态度、方式的区分只是一种理想的分类,只可以辨别出父母典型的、优势的教养态度、方式,故在评价、指导家长教养态度、方式时要慎重。

家长的教养态度与其教育观念密切相关,同时也与家长的文化程度、所受的家庭教育、生育意愿、婚姻状况等有直接、间接的联系。

总之,家长的教养态度、方式是直接影响孩子发展和家庭教育质量的重要因素。教育家长反省、改进、端正自身的教养态度和方式是提高家长素质的重要条件。

五、家长应具有一定的教育能力

教育子女的能力,就是指运用教育子女的知识去解决、处理家庭教育实践中所遇到的种种问题的技能、技巧。不具备教育子女的知识固然不行,但只懂理论知识而缺乏教育能力,教育也不会取得理想的效果,仍不能成为一个合格的家长。家长的教育能力主要包括:了解子女、分析情境、选择和运用教育方法以及自我调控等方面的能力。

1. 了解子女的能力

对子女的情况有全面、客观、清楚的了解,才会提出适当的教育要求,教育方式方法的选择运用才恰当,教育才具有针对性。家长和子女生活在一起,加之孩子在家长面前一般能真实地表现自己,家长有条件更清楚地了解子女,但事实上并不是所有的家长都了解自己的孩子,从而使教育工作陷入盲目和被动。

家长要全面、客观、真实地了解子女必须做到如下几点:

(1) 要注意观察孩子的言谈举止,洞察孩子的情绪

观察是了解儿童最广泛采用的方法,因为孩子在家庭生活中、在父母面前,一般能够以真实的思想面貌反映自己,加之父母有较多的时间和机会观察孩子,所以对父母来说,观察是一种较为方便的了解孩子的方法。家长观察子女要做到全面、系统,既要注意观察孩子身体方面的变化,又要通过观察孩子的行为表现、情绪状况来了解其心理状态。目前家长往往对孩子身体方面的变化较为敏感,却对孩子的心理状态了解不足;对孩子的学习较为关注,而对孩子品德、情绪的变化关心不够,这都影响家长对孩子的真正了解。家长对孩子要进行长期的、系统的观察,才能了解孩子行为形成、发展的前因后果,做出正确的判断。家长仅凭一时一事的观察,往往会以偏概全,无法真实、客观地了解孩子。

(2) 家长要和孩子进行有效的谈话

和孩子谈话,是一门独特的艺术,也是了解孩子的重要途径。为了进行有效的谈话,要注意:① 父母选择和孩子共同感兴趣的话题,这样可以激发孩子谈话的积极性,充分发表自己的看法,家长从中了解孩子;② 谈话时少讲多听。家长在同孩子谈话中,往往不厌其烦地对孩子进行过多的正面说教或是无休止地唠叨、指责、训斥,久而久之其结果必然是孩子厌之倦之,不予理睬,而家长自然无法了解孩子;③ 给孩子一个平等的发言权,让孩子讲完再说话,不要随意打断孩子的话,更不能一味地发号施令而不听孩子的话或不让孩子说;④ 避免讲伤心话。孩子的行为往往左右家长的情绪,孩子惹家长生气时,家长由于冲动可能会讲出原来不希望讲的话,伤了孩子的自尊心,故家长要努力克制自己的情绪;⑤ 重视孩子的见解,允许孩子就家庭的问题、自己的问题发表不同的意见,至少让他意识到自己是家庭中重要的一员,这样他也愿意和

家长谈自己的想法;⑥用充满慈爱的话语打动孩子。无论在什么情况下,家长都要心平气和、用充满爱意的话语打动他,使孩子体会到父母的爱意,有话愿意和父母讲。总之,与孩子谈话并不易,父母要倾听他们的见解,尊重孩子的见解。充满爱意地关心孩子,这是和孩子进行有效谈话、了解孩子的重要条件。

(3) 要创造一种和谐、宽松的家庭生活气氛

家长以民主、平等的态度对待子女,不随便训斥孩子,以朋友的身份和孩子相处,尊重关心孩子,注意孩子的情绪,分享他们的快乐,分担他们的忧愁,这样易于和子女建立平等、民主的朋友关系,使孩子有话愿意跟父母讲,为家长了解子女提供了有利条件。如果家长过于严厉、专制,不尊重子女,教育方法简单粗暴,会使孩子对家长产生畏惧和敌对情绪,对家长存有戒心,不讲真话或有意疏远家长,家长自然无法真正地了解孩子。

(4) 全面看待孩子

家长必须从实际出发,全面了解孩子,认真听取别人对孩子的看法,不抱偏见、成见,不能凭以往的印象、主观的想法、愿望来看待孩子,不能因为孩子过去表现好或喜欢孩子就看不到孩子身上的缺点,也不能因为孩子过去的错误而看不到现在的优点。为了全面了解孩子,家长还要认真听取别人对孩子的看法。因为随着年龄的增长,孩子会有很多时间是在家庭以外度过的,会和许多人建立关系,教师、邻居、孩子的同学和伙伴可以了解许多父母不了解的情况,尤其是教师了解得更为全面、深入,所以家长要主动了解这些人对孩子的看法。当然家长要正确对待别人的看法,既不漠视别人的看法,袒护孩子,也不偏听偏信,听到别人反映孩子不好就不分青红皂白打骂孩子。家长应在综合分析的基础上,对孩子做出正确、全面的了解。

2. 分析问题能力

教育子女是一项复杂的工作。在教育子女的过程中,家长会遇到不同情境、各种问题,只有进行正确地分析、做出恰当地判断,才能为问题有效解决提供保障。科学分析问题的能力是合格家长所应具备的基本能力。

家庭教育中每一问题都产生于具体情境,情境不同则问题的性质就不一样,解决的方法也不相同。家长的教育机制,在很大程度上取决于对情境的分析,包括对家庭生活情境、孩子行为情境、自己与子女互动情境、家庭成员活动与交往情境等的分析。年幼的孩子说谎,可能是由于无法区分想象和现实,把自己的愿望当成事实说出;也可能是家长过于严厉、粗暴,孩子为了逃避惩罚而说谎;也许是孩子为了不想做的事而说谎,如为了不上幼儿园而说自己

生病；也可能是为了炫耀自己，如说自己有很多玩具，而事实上没有那么多；也有可能是为了得到好评而说谎，如从家里拿钱交给老师，说是自己捡的等。家长遇到这种情况，只有进行全面的分析，才可能做出正确的判断；若只进行片面的分析，就急于处理，必然导致教育的失败。分析问题必须从实际出发坚持辩证的观点，一分为二，克服主观主义。有的家长往往把自己喜欢的孩子或表现一贯很好的孩子身上出现的问题、缺点归因于客观因素或偶然，而把自己不喜欢或是经常惹麻烦、缺点较多的孩子身上出现的问题归因于主观因素或必然。这样往往会使家长的分析、判断失当，导致处理问题的偏差。

3. 选择和运用教育方法能力

有了正确的分析、判断，只为解决问题提供了条件，更重要的是运用正确的方法加以解决。家庭教育的方法很多，在什么情境下采用什么教育方法，在哪一个年龄阶段变换教育方式，如何针对孩子的不同表现具体运用某一种方法方式，关键在于根据孩子、家长的特点及当时的情况灵活运用，而没有统一的模式。当然，家长在处理、解决问题中也可能会出现失误，在这种情况下，家长要向子女讲明情况，勇于承认错误，不能为了自己的面子而文过饰非或将错就错。勇于承认错误，不仅有助于问题的解决，树立家长的威信，而且也为孩子树立了诚实的榜样。总之，分析、解决家庭教育中的各种问题，关键在于冷静、慎重、客观、全面的分析和解决，切忌急躁、片面、简单粗暴。

4. 自我调控能力

家长在日常的生活、工作和教养子女活动中，成功与失败、顺利与挫折、欢乐与忧愁相互交织，如何积极地去面对和调节，需要有较强的自我认识、自我评价和自己调控的能力。特别是在自己身处逆境、经历挫折与失败、承受痛苦乃至绝望，遇到子女不敬不孝或出现过错时，家长都不能忘记自己是教育者。因此，自我调控能力尤其重要。

六、家长应具有健全的心理素质

心理素质既包括注意、记忆、思维、想象等智力品质，还包括情感、意志、气质、性格等非智力的品质。对家长来说，非智力的品质往往比智力的品质更为重要。当今，社会变迁异常迅速，生活中的每一天都具有挑战性，为了培养子女良好的心理品质，使其具有健康的心理和健全的人格，为了营造一个和睦温馨的家庭心理环境，促进子女德智体诸方面和谐的发展，家长应该重视心态的自我调整，保持自身的心理健康，尤其要注意保持良好的心境，培养广泛的兴趣和积极进取的性格。

1. 保持良好的心境

心境是指在一段期间内影响着一个人的全部行为和全部生活的比较微弱而持久的情感体验。家长轻松、愉快的心境，不但可以令自己精力充沛、豁达开朗，还可以使家庭充满欢乐气氛，使教育行为表现出理智、幽默，更容易为子女所接受；而忧郁、沮丧甚至恐惧，却往往会给自己、子女、家庭生活投下后果难以估量的阴影。心境总是与一定的情境相联系，随着情境的变化而所变化，但人可以用主观意识来进行调节，使自己保持良好的心境。

2. 拓展广泛的兴趣

兴趣是积极探究某种事物的认识倾向。兴趣可以推动人们去获取丰富的知识，开发人的智力，还可以使人的精神生活更为充实。家长具有健康的兴趣，不仅有助于提高自身生活的情趣和质量，而且也有助于培养孩子的兴趣，促进其发展。如果孩子没有什么兴趣可言，其生活和学习将是黯淡无光的。正如俄国教育家乌申斯基所说："没有丝毫兴趣的强制性学习，将会扼杀学生探求真理的欲望。"家长必须适应孩子成长的需要，培养其广泛的兴趣，并用满腔热情和积极态度去培养孩子积极的兴趣倾向，拓宽孩子兴趣的广泛性，以促进孩子兴趣、爱好和智力、能力的发展，为以后取得成就打下良好的基础。

3. 培养良好的性格

性格是指表现在人对现实的态度和行为方式中比较稳定的、独特的心理特征的总和。对家长来说，积极进取的性格特别重要。它一方面可以使家长以积极主动态度对待子女教育问题，不断提高家庭教育水平；另一方面还能给子女的性格以潜移默化的影响，使其在学习上、事业上不断开拓进取。

家长各方面的素质存在着有机的联系，它们之间互为因果、互为条件、相互制约。家长要全方位提高素质，力求综合素质的自我完善。家长的基本素质又是多层次的，各人的素质可能处于不同的水平。因而家长素质的提高，应该是家长综合素质在不同水平上的自我完善。

知识链接：理想家长的形象

在现代社会，人们心目中理想父母的形象如何？子女一般钦佩什么样的父母？不少学者曾对这一类问题进行过研究，这些研究为当代家长完善自身素质提供了借鉴。

台湾地区学者王连生通过研究，把理想父母的人格特质、思想观念、待人态度、生活境地及亲子关系归纳为以下几点：

1. 他们为家庭为生活奔波，乐此不疲，即使工作再辛苦，也无怨言，视之为人生的享受。

2. 他们的言谈举止,无论在家或在社会,都小心谨慎,足以为子女的表率。

3. 他们待人诚恳和蔼,无论对家人或对别人,都表现一片祥和,少与人争吵。

4. 他们体察别人内心的感受,留意子女的心声,本着民主的态度,尊重子女独立的个体,指引子女发展独立自主的人格。

5. 他们心地善良,处世光明磊落,做人清白,心安理得,做事踏实,认真负责。

6. 他们生活清淡、清幽、清闲。他们在清淡生活上,顾及营养卫生,格调高雅;在清幽生活上,注重美好感受,幽静性情;在清闲生活上,力求从容轻松,安排得宜。

7. 他们在家族关系上,亲情浓郁,夫妇之间相爱互敬,对待子女或其他亲人亲切和气、慈祥温馨。

8. 他们思想高尚,不做非分妄想,安分守己,保持心灵的宁静。

大陆学者林仙健的研究指出,现在孩子敬佩的父母应做到如下几点:

1. 非"家庭妇女"式的妈妈,是既具有中国妇女传统美德——贤淑、勤劳、敬老、爱幼,又具现代文化修养、思想开放的妈妈。

2. 勤奋好学,在自己的工作和专业上有所成就的父母。

3. 懂得子女内心世界,性格开朗豁达,和子女有共同语言,能在某方面给子女以启发和帮助的父母。

4. 文化程度虽低,但不甘落后,坚持业余自学,不断提高自己文化水平和工作能力的父母。

5. 在思想上能帮助子女树立理想,并积极创造条件,激励子女为之奋斗的父母。

6. 以身作则,作风民主,赏罚分明,以理服人,不打不骂,不以家长权威压制子女的父母。

7. 在支配业余时间、安排业余爱好、交友和参加社交活动等方面,尊重子女独立性和自主精神,并给予帮助指导的父母。

8. 作风正派,廉洁奉公,乐于助人,在单位受到同事和领导好评、表扬、奖励的父母。

9. 对子女的合理要求(包括物质方面的要求)能给予适当满足的父母。

10. 父母关系和谐,业余爱好高尚,不粗俗,不酗酒,举止文明的父母。

第三节 家长教育

家长素质的提高,是一个长期的过程,需要多方面的努力。一方面,家长需要进行多方面的自我修养,努力提高教育素质。家长的自我修养,是一个长期的过程,从没有做父母的时期开始,到做了父母以后,要不断加强、提高,特别是在教育子女的实践中,要不断地总结经验教训,根据教育工作的需要,逐步提高对自己的要求,以便切实承担起社会所赋予的教育子女的职责。另一方面家长通过各种途径加强教育、指导,以提高自身的素质。家长素质的提高仅靠自我修养是不够的,只有当家长意识到自己的不足,愿意改进时,自我修养才能发挥作用。对于不能自觉完善自我的家长来说,更重要的是开展家长教育,提高家长素质,培养合格父母。随着社会的发展,传统的好父母的典型已发生变化,年轻的父母也无从学习如何做父母,开展家长教育就更为重要。

一、家长教育及意义

家长教育指的是为使家长掌握保育、教育儿童的知识、技能,以提高家庭教育水平而进行的教育活动。家长教育与家庭教育有联系,也有区别。其联系在于:两者的目的,都是为了促进下一代的社会化和德智体全面发展。其主要区别在于:家庭教育的对象是未成年的子女或其他年幼者,而家长教育则以家长或将要成为家长的成年人为主要对象。对象不同,教育的目标、内容、方法、途径也不同。台湾等地有"亲职教育"的提法。所谓亲职教育,就是对亲代提供生育、养育与教育子女的知识技能,以期能善尽亲代职责,它的目的就是要促进和谐美满的家庭生活与培养身心健全的下一代。狭义来说,"亲职教育"与"家长教育"是同义的。

家长教育有无必要?这个问题,长期以来,没有引起人们应有的重视。《礼记·大学》篇中有过这样的说法:"未有学养子而后嫁者也。"时至今日,仍然持这种观点就大错特错了。早在一百多年前,英国思想家、教育家斯宾塞就对这种落后、愚昧的观念进行了尖锐的批评,并且明确指出:"无论是从父母本身的幸福看,或是从对子女和后代的性格和生活的影响上看,我们都必须承认懂得对儿童进行体育、智育、德育的正确方法是非常重要的知识。这应该是每个男女所受教育中的最后课题。如果说能够生儿育女是身体上成熟的标志的话,那么能够教养这些儿女就是心智上成熟的标志。"

目前许多家长教育子女的观念态度、方式等,实际上都是通过潜移默化,从父辈、祖辈那里因袭下来的。我国传统的家庭教育,有丰富的值得继承的好经验,但也不乏陈旧、保守、落后与现代生活不相适应的东西。在新的社会历史条件下,新旧交替过程中出现的种种新情况、新问题,孩子价值观念、行为方式发生的各种变化,难免导致家庭生活的诸多冲突,给家长们带来这样或那样的困惑,甚至酿成家庭的悲剧。1999年,我国上海的一项抽样调查显示,近8成家长喂养和教育孩子的方法是从父母或亲戚朋友处学来的;幼儿家长对孩子0~6岁的成长有明确计划的不到一成半。全国妇女联合会组织的一次大型调查表明,90%以上的家长反映自己在教育孩子方面不成功;95%的家长表示,对如何教育孩子苦无良策,十分被动。由此可见,家长教育的必要性、迫切性已经越来越突出。

随着社会的进步,家长教育正在为越来越多的家长、教师、社会人士所认同、接受,在一些国家、地区,还成了国民教育或社会公共事业的一部分。20世纪30年代初,前苏联最高领导层就已认识到授予家长以教育知识这一工作的重要性。前苏共中央通过的《关于中小学教学大纲和教学制度的决定》中提出:"建议教育人民委员部拟定各项有系统地进行教育宣传的措施,立刻着手编著和出版给家长看的通俗教育书籍。"接着,一批指导家庭教育的书籍出版了,家长学校也应运而生,并且积累了丰富的经验。著名教育家苏霍姆林斯基领导的帕甫雷什中学的家长学校有三种类型:一种是为尚未做父母的夫妇办的;一种是为孩子即将上学的父母办的;还有一种是为各年级的学生家长办的。由于这种学习形式行之有效,深受家长欢迎,因此具有强大的生命力。

在美国,威斯康星州公共教育部在1987年发起了一项全国性的运动:"家庭教育年"。该计划的目标是:① 对老师进行如何推动家长更深入参与学生教育的培训;② 各个学校之间交流如何改善家庭与学校联系的信息;③ 直接向家长提供如何教育他们的孩子的知识。在密苏里州,初等和中等教育部组织了一个"家长为师计划",通过向家长提供支持,让他们在孩子极为关键的早期阶段(从0岁到3岁)成为孩子的最重要的老师,从而使得孩子尽可能有一个最好的开始。

在台湾,亲职教育已成了教育界研究的一个重要课题,发表了不少研究成果。教育界对亲职教育的范围、实施方式、实施原则,也逐步达成共识。

实践证明,家长教育可以使家长增强教育子女的义务感,形成科学的教育观念,掌握有关的知识、技能,从而有助于家庭教育有效地运作,有助于充分发挥家庭的教育功能和提高家庭的生活质量。

二、家长教育的途径

1. 大众传播媒介的宣传

大众传播媒介包括广播、电影、电视、录像、报刊、书籍等。利用大众传播媒介对家长进行各种形式的指导,如广播、电视中专门的家庭生活节目、少儿教育节目,专门介绍家教、家政知识的书籍,以家长为重要阅读对象的报刊、杂志和一般报刊、杂志中开设的有关专栏,以家庭生活、家庭教育为主题的影视作品及录像,等等,都能收到良好的效果。

大众传播媒介中电影、电视、录像等的宣传一般都具有直观、生动、具体、形象等特点。通过它们既可以给家长们传递各种显性的、隐性的教育信息,还可以使广大家长在讨论甚至娱乐中受到启发和教育,引发家长对某些热点问题的思考。

国内有些地区利用广播电台系统地向家长讲授家庭教育知识,覆盖面广,受益者众,深受广大家长欢迎,被誉为"空中家长学校"。

2. 社区的服务

社区在家长教育方面具有重要作用。美国有研究者总结了他们的经验,主张社区可利用既有的校园设施来提供三种急需的服务:一是为儿童提供照管服务;二是组织即将成为或者刚成为父母的人开交流会,并派人访问这样的家庭;三是自怀孕期开始,就向父母提供信息和指导服务。

在国内,社区的教育功能正在越来越受到人们的重视。社区可以从以下几方面开展家长教育的服务:

(1) 组织家长交流家庭教育经验;

(2) 组织力量帮助在教育子女方面有困难的家长;

(3) 举办各种类型的家长学校;

(4) 开展家庭教育咨询;

(5) 开展各种形式的亲子活动。

3. 学校(幼儿园)对家长的指导

在教育下一代的过程中,家庭、学校(幼儿园)、社会各有其特点、作用和不足之处,必须密切联系与配合,才能形成教育合力,发挥整体教育效应。其中,学校是专门的教育机构,在三者的联系和配合中起主导作用。学校在家长教育中的主导作用,主要通过家长访问、家长会、家长委员会和家长学校等来实现。

(1) 家庭访问

家庭访问是学校(幼儿园)对家长进行个别联系、帮助、指导的一种常用方式。通过与家长接触,相互了解孩子在家庭、学校的表现,商讨教育孩子的态度、方法,既可以改进学校、教师工作,又有助于家长素质、家庭教育水平的提高。

家访通常由班主任进行,有时也由科任教师和学校领导参加。就目的、内容而言,一般可分为了解性家访、通报性家访、宣传性家访、商讨性家访、警告性家访等几类。了解性家访着重于了解学生家庭的结构、成员、经济状况、生活条件,家长的职业、文化素质、教育态度、教育能力,学生在家庭中的表现及其与家庭成员的关系等;通报性家访着重于向家长通报学生的品行、学业及其在学校的活动、交往情况等;宣传性家访着重于向家长介绍同儿童、青少年教育有关的法律、政策和知识、经验;商讨性家访主要是有针对性地共同分析情况或及时解决孩子的某些问题;警告性家访则是在儿童、青少年出现过失或罪错行为后,向家长通报具体情况,指出其危害,分析其原因与后果,以引起家长高度重视,采取有力措施。以上分类并不是绝对的,在实践中往往是一次家访同时完成几项任务。

为了充分发挥家访的作用,教师家访时,一般都注意:家访前,除非情况特殊,教师必须与家长取得联系,共同确定具体的访问时间。家访时,教师尊重家长,尊重学生,如实通报情况,并争取家长也如实通报家庭状况和学生的表现;讲究方式、方法,尤其是当学生出现不良品行或罪错行为时,坦诚相见,以造成和谐友好气氛,便于家长冷静、理智地处理问题;对家长提出建议、要求,要科学、具体,切合学生实际。访谈时,学生本人是否在场,视具体情况而定,一般来说,警告性家访以学生不在场为宜。

在家访中,教师会防止几种不良倾向:一是告状式家访,只讲学生的缺点、错误,对学生及其家长缺乏尊重,态度不友善;二是讨好式家访,只讲学生的优点、进步,以此讨好学生或家长;三是交易式家访,利用家长对学校、对教师的尊重、信任,试图从家长那里得到某些好处;四是例行公事式家访,访谈内容漫无边际,对家长提供不了有关学生的任何信息或给予某种帮助。

教师对家长进行个别联系、帮助、指导,除家庭访问外,还有书面或电话、电脑联系。书面联系有定期联系和不定期联系两种。定期联系,就是每个学期结束时,将学生手册或成绩单寄去或让学生带回家,请家长签署意见,开学后带回学校;也可以与家庭设立联系卡,一周或一个月与家长联系一次。不定

期联系,就是当学校、班级准备开展重大教育活动,或学生做出了某些突出成绩或出现较大问题时,采用书面方式向家长报告或提出建议;若条件许可,则采用电话、电脑方式。书面或电话、电脑联系灵活、及时,可弥补家访的不足。

(2) 家长会

家长会是对家长群体进行指导的一种方式。这种方式在幼儿园、中小学普遍采用。学校的家长会以校、年级、班为单位,参加会议的成员包括家长(或学生的监护人)、学校领导和教师,必要时还邀请社区有关人员参加。

家长会的目的、内容,一般是根据学校工作的要求确定的。如开学初举行的家长会,主要是学校向家长介绍本学期学校、班级教育工作的计划要点,征求家长意见,向家长提出要求;期中的家长会,多数是交流家庭教育经验,研究学生中的问题及教育对策,使各类家长从中受到启发,有所提高;期末的家长会,主要是向家长汇报学校、班级教育工作计划的实施情况,学生的德、智、体诸方面的发展情况及存在问题,要求家长针对子女情况密切配合进行教育,并对学生的假期生活作好安排。

家长会除全体学生家长出席的会议外,还有按教育对象,举行男生或女生家长会、优等生家长会、特长生家长会等。后进生教育问题很值得研究,但召开专门的家长会,无论对于学生,还是对其家长,都不是一件令人高兴的事,弄得不好,不但于事无补,还可能伤害这部分学生及其家长的自尊心,损害学校与教师的形象,造成学生和家长与学校、教师对立的局面。因此,后进生家长教育,除在全体家长会上给予一般的指导外,具体的还是因人而异,以个别指导方式为主。

为了充分发挥家长会的教育功能,会前,学校、教师把开会时间、地点、内容通知家长,还要适当布置会场,以营造良好的气氛;开会时,学校、教师做好接待工作,讲清会议的目的、要求,表扬先进并介绍其具体事迹与经验,指出问题一般不会指名道姓地批评,还会让家长有提问题、提建议的机会,这些都是为了有利于学校、教师与家长建立起良好的关系。

(3) 家长委员会

家长委员会是中小学或幼儿园、托儿所组织的由学校领导、教师代表、家长代表参加的群众性组织。其主要任务是密切学校与家庭之间、家长与班级之间的联系,及时反映家长对学校工作的意见、建议,通报学校、班级情况,传达学校对家长的要求,共同研究学校和家庭对学生的教育工作,组织家长参与学校管理和教育工作。家长委员会正常地召开会议,开展工作,将为学校、教师,尤其是为家长提供帮助,成为学校和家庭联系的纽带,成为学校教育与家庭教育相结合的组织保证。

(4) 家长学校

中小学、幼儿园也通过家长学校这种形式推行家长教育。学校举办的家长学校,在管理体制上不同于社会举办的家长学校,但其教学内容、教学形式、教学方式等,有许多共同点。

资料链接:家长教育行为规范

2008年12月22日,为贯彻落实中央关于进一步加强和改进未成年人思想道德建设精神,指导和推进家庭教育,全国妇联、教育部对原《家长教育行为规范》进行了修改、补充、完善,颁布了新的《家长教育行为规范》,内容为:

一、树立为国教子、以德育人的思想,自觉履行抚养和教育子女的法律责任和道德义务。

二、培养子女增强爱国情感,从小树立民族自尊心、自信心和自豪感。

三、教育子女树立正确的理想信念,为担负起建设祖国、振兴中华的光荣使命做好准备。

四、培养子女良好的道德品质和文明行为,学会处理人与人、人与社会、人与自然等基本关系。

五、培育子女的劳动意识、科学精神和法制观念,帮助子女增强自学、自理、自护、自强、自律能力。

六、确保子女接受义务教育,鼓励子女参加健康有益的文化体育活动,促进子女身心健康全面发展。

七、树立正确的家庭教育观念,掌握科学的教育知识与方法,针对子女年龄、个性特征实施教育,与子女互动互学,共同提高。

八、举止文明,情趣健康,敬业进取,言行一致,以良好的品行修养为子女作表率。

九、建立民主、平等、和睦的家庭关系,形成有助于子女健康成长的良好家庭环境。

十、主动配合学校教育、社会教育,支持子女参加学校活动和社会实践,保持教育的一致性。

第八章 家庭教育、学校教育与社会教育的协调与整合

现代社会的特点是开放性和联系性,对于人的教育来说,家庭、学校和社会任何单一的力量都无法把人的全部教育任务承担起来,人的教育与发展必须建立在"大教育观"基础上。所谓大教育观是指现代教育是立体的教育,是全方位的教育,从时间上看是终身教育,从空间上看家庭教育、学校教育、社会教育有机配合的教育。任何一个孩子都不是生活在真空中,教育具有相当大的开放性,他们必然要接受各种各样的影响,这是不以人的意志为转移的。马卡连柯说:"一个人不能够一部分一部分地来教育,而是由人所经受的种种影响的全部总和综合地教育出来的。"这就要求家庭、学校、社会各方面统一认识、统一步调、分工合作、密切配合,形成一个合力。如果"各吹各的调",互相矛盾,教育力量就会抵消,甚至造成学生思想混乱,无所适从。

第一节 家庭教育与学校教育、社会教育结合的必要性

家庭教育与学校教育、社会教育的协调配合,既有社会发展的时代背景,也是家庭教育、学校教育和社会教育各自特点的要求。

一、家庭教育与学校教育、社会教育的结合是社会政治和经济对教育的要求

一个人从婴幼到少年,到青年,到壮年,乃至老年,都是一个不断接受教育的过程。因此,在各个不同的阶级社会中,统治阶级制定的教育政策都贯穿着家庭、学校、社会三方面教育并举的精神,都希望家庭、学校、社会三方面的教育协调一致、互相配合,按一定的社会政治与经济的要求,培养他们所需要的

人才。

在我国封建社会,为维护统治阶级的利益,确立了最能代表统治阶级利益的儒家思想为制定教育政策的指导思想,强调教育与政治、经济密切联系,极力宣扬"学而优则仕"的思想。儿童还没有入学就在家庭中受到"扬名显亲"、"光宗耀祖"的家庭教育。进入"官学"、"私学"、"书院"等学校教育机构以后,接受的是"三纲五常"的伦理道德教育和经学儒术教育,并规定了"察举选士"、"九品正中"、"科举"等制度,来调动学生读书做官的积极性。社会上许多文化教育场所的活动也都是灌输伦常道德、礼节习俗和策励学生争取功名利禄的内容。

社会主义社会的本质特点是生产资料公有制,社会主义教育的本质是促进生产力的发展。我们党的教育方针明确表达了社会主义教育为社会主义政治、经济服务的指导思想。特别是中共中央关于教育体制改革的决定又明确指出,教育必须为社会主义建设服务,社会主义建设必须依靠教育。为我国经济和社会的发展,大规模地培养新的能够坚持社会主义方向的各级各类合格人才,是社会主义的家庭教育、学校教育和社会教育的共同任务。今天的儿童少年是国家未来的栋梁、现代化建设的骨干。他们既是父母的后代,更是国家和民族的后代,父母教养子女不只是为了个人家庭的幸福,更是为了增进社会的进步和国家的富强。培养全面发展的一代新人,是社会主义各级各类学校的共同目标,同时也是所有社会教育机构的共同目标。在社会主义国家里,施于一个人身上的家庭、学校、社会三方面的教育也必须相互配合、协调一致,这是社会主义教育本质的要求。

家庭是孩子成长的摇篮,父母是子女的第一任教师;培养全面发展的合格人才,家庭教育是基础。学校是专门的教育机构,孩子们在这种特设的教育环境中受到系统的教育,是儿童少年健康成长的关键。社会是个大课堂,任何人都无法摆脱社会的影响和教育,对于儿童少年的影响和教育更大。培养全面发展的合格人才,家庭、学校、社会三方面的施教作用应一致配合,互相促进,互相影响,相得益彰,构成一个育人的整体。

二、家庭教育、学校教育、社会教育的结合,是当代教育体制改革需要

首先,我国的教育制度是一个有机的整体,必须完整地、和谐地加以实施。但是,我国目前的教育体制还不能完全适应这种要求,主要表现为忽视家庭教育和社会教育,只靠幼儿园和学校教育,忽视课外教育,只靠课内教育。这种

传统式的、封闭式的教育,违背了儿童少年的思想品德、智力乃至身体的发育规律。儿童青少年的思想品德、智力、身体的发育是在社会的交往和活动中形成的。他们的活动场所,既在家庭又在幼儿园和学校,既在课堂内也在课堂外,既在校内、园内也在校外、园外;他们交往的对象,既有家庭成员也有老师、小朋友、同学和其他社会成员;他们接受的信息,既有课堂也有广播、电视、电影、网络、课外书刊、杂志,特别是在信息日益发达的时代,儿童少年在社会上接受的信息量越来越多。因此,传统的、封闭式的教育体制已经越来越不适应形势发展的要求,必须进行改革,使我们的教育从单一转向多元,从封闭转向开放,从平面型转向立体型,形成家庭、学校、社会三结合的教育网络,对儿童和青少年同步协调施教,以取得最佳的教育效果。

其次,必须看到,当前幼儿园和学校教育存在着许多问题,光靠幼儿园和学校是难以解决的。例如,娇生惯养、脱离劳动、社会上的精神污染等,致使不少儿童和青少年沾染了很多不良习惯,如撒谎、逃学、犯罪、厌世,有的单位和家长不恪守《义务教育法》,随意招收正在接受义务教育的学生从业,等等。学校教育的繁难性,从反面迫使我们必须实行家庭、学校、社会的整体教育改革。

第三,教育本身就是培养人的社会活动,人的思想道德品质、智力和身体的发展,正是在人们相互间经济的、思想的、政治的、文化的关系和相互交往中,在家庭、学校、社会各方面的教育和影响下形成和发展的。因此必须研究和改革对于儿童和青少年成长发展发生作用的各种外部条件和影响,研究和改革进行调节和控制的办法。正如教育家马卡连柯所说:"应该这样来建设总体的教育影响体系,生气勃勃的教育活动的影响不是简单直接地施于孩子们,而仅仅用以建立稳定的教育影响源泉,这样一来,就会自发形成整体的教育力量,即必须建立一个间接影响受教育者的教育体系。"家庭、学校、社会三结合的教育体系,就是一个既直接又间接,多方面教育影响儿童和青少年的"源泉",它会形成"整体教育的力量"。

三、家庭教育、学校教育和社会教育互相配合,有利于发挥教育的整体作用

青少年每天活动的场所不外是家庭、学校和社会,这三个地方占满了他们的全部时空。他们每天都要在家庭、社会和学校中接受教育和影响,三者构成教育的统一整体。因此,三种形态的教育对儿童的健康成长来说缺一不可。任何一个环节出现问题,都会影响儿童的发展。一个孩子虽然受到良好的学校教育,但走出校门如果没有良好的社会教育与学校教育相配合,就会受到社

会上不良风气的影响,学校教育就会在某种程度上被消解。一些青少年走上犯罪道路,许多都是由于受不良社会风气的影响造成的。

此外,家庭的缺陷和教育的失当也往往对儿童的成长产生不良影响,也同样会抵消学校教育的正确引导。父母离异或家庭成员行为不端,放弃对儿童的教育,也是导致一些青少年行为失控的原因。

因此,对儿童和青少年的教育,必须注意时空上的全方位,不使教育在时空上中断,以免不健康的因素乘虚而入。同时,加强家庭、社会和学校在教育上的密切配合,注意教育的整体性,以确保青少年的健康成长。当然,也要利用一切条件培养青少年的自我免疫力,提高他们自我教育的能力。

四、家庭教育、学校教育和社会教育密切配合,有利于教育方向的统一

青少年的成长是接受来自家庭、社会和学校多方面的教育和影响。这些多方面的教育只有方向一致、要求统一,才能充分发挥教育的作用。重视家庭、社会和学校教育的统一协调、要求一致,是提高教育效益的重要手段。事实上,有些青少年行为失当,甚至走上犯罪道路,其中一个重要原因是教育要求不一致的结果。有些家庭对孩子的教育只重视智育,忽视德育,使得社会上许多不健康的东西对青少年的心灵造成坏的影响,这就必然为学校教育带来困难。因此,家庭、社会和学校在教育方向上不能保持一致,它们之间的教育作用不仅相互抵消,还会引起青少年和儿童认识上的混乱,影响教育的有效性。

五、家庭教育、学校教育和社会教育协调配合,有利于教育互补作用的发挥

家庭教育、社会教育和学校教育各有特点并有各自的作用。家庭教育注重情感的作用,富于情感感染力;社会教育丰富多彩,灵活多样,富于吸引力;学校教育全面系统,能发挥集体的教育作用,方向明确。同时它们都有各自不同的影响时间和不同的教育场所,各自有独特的教育作用。它们之间只能互补,不能代替。因此我们必须重视家庭教育、学校教育和社会教育的互相补充作用,以提高教育的总体效率。

第二节 家庭教育与学校教育的协调合作

家庭教育是学校教育的基础。在学校教育过程中,家庭教育还继续在影响着儿童和青少年的成长。良好的家庭教育可以协助学校教育,补充学校教育,促进儿童和青少年的健康成长。学校和教师要关心家庭教育,要指导家庭教育,把家庭教育纳入学校教育要求的轨道。家长人数众多,号召力大,推动力强,如果家长都和学校配合教育孩子,家、校结合地贯彻党的教育方针,就会形成巨大的教育力量和尊师重教的社会风气,进而推动全社会共同办好教育。

一、家庭教育和学校教育的比较

1. 教育者的区别

学校教育中教育者是教师,而家庭教育中的教育者是家长。他们之间有许多共同之处,首先身份都是教育者,其次教育目的是一样的,都是为了下一代成才,但是他们也有如下许多不同之处:

(1) 职务不同

教师是专职的,教师的全部工作就是教育学生,他们的职务就是教育工作者,必须把全部时间、全部精力用于教育。而家长的职业是工人、农民、军人、医生、文艺工作者等,他们的本职工作不是教育,教育工作是下班以后搞,是业余的,他们不可能把全部精力和时间用于教育孩子。

(2) 任职期限不同

教师的任职期限是有限的,对一个孩子来说,一个教师可以教他一二年,最多六年;但学生一生中受过很多教师的教育,有时学校调换老师非常频繁。校长发现教师不合格可以给他调换工作,孩子虽然不可以随意选择教师,但孩子家长对教师实在不满意也可以转学。从时间上来说,一个教师对某个孩子教育的任职期是有限的。正所谓铁打的学校,流水的教师。而家长则不同,家长的任期是终身的,甚至离婚的家长对孩子的教育也要起作用。家长是孩子的第一任教师,又是终身的教师,不能调换,不管合格不合格,孩子都要受其教育,无权选择。在一定程度上孩子可以选择学校,选择教师,却不能选择家长。

(3) 领导不同

教师教育学生是有领导的,教师的教育是在校长、主任的领导下进行的,受到严格的督导。校长对教师的教育还要定期考核。而家长教育孩子是没有领导的,对教育孩子来说"无主管部门",基本上是无人考核、无人督导、独立作战,称职不称职也得"任用"。

(4) 与孩子的关系不同

教师与学生的关系是工作关系、师生关系,而家长与孩子的关系是亲属关系、血缘关系。这种不同的关系是导致家庭教育与学校教育区别的根本原因。

(5) 水平不同

教师是受过专门训练的,学过教育学、心理学和学科专业知识,是经过国家专门培养,有过资格认定的一类人群。虽然教师的水平有差别,但总体上看是有教育素养的,有教育理论,有科学的教育方法,有丰富的教育经验,他们教育的孩子成百上千,积累了丰富的经验,从总体上看,他们的教育素质比干其他行业的家长高。而家长多数没有受过专业训练,没有资格审查,也不需要资格审查,只要是父母,都有权教育孩子,教育水平参差不齐。因为没有受过系统的训练,所以多数家长不太熟悉教育工作,况且每个家庭只有一个孩子,不可能积累丰富的经验。家长的教育是不能搞实验的,失败了就是百分之百,等积累了经验也晚了。因此从总体上看,家长的教育基本功不如教师。

2. 教育内容的区别

从总体来说学校的教育内容与家庭的教育内容是一致的,方向都是培养社会主义建设者和接班人,培养孩子成才。一般的家长对孩子的教育内容与学校的观点是一致的,都是正面的内容,很少有家长成心教孩子学坏的,但是具体内容及选择内容的依据、体系和中心是不同的。

(1) 教育内容的稳定程度不同

学校的教育内容是由国家制订的,是书面的,是系统的,不允许随意选择。教科书是由国家审定的,谁当教师都得教这本书,不得随意删改、变动,具有相对的稳定性,即使随着社会的进步有所发展、调换也不是教师说了算,而是由上级主管部门审定,教师只有教的权力,没有改的权力。而家庭教育的内容却不是固定的,没有法规,没有人强迫你必须对孩子进行哪方面的教育。教育内容往往随家长的意志而变化,具有不稳定性,较零乱。

(2) 选择教育内容的依据不同

学校教育的内容是稳定的,主要是指文化课的学习;而其他教育内容却是可变的,如思想品德教育可以随着国家的政治、经济形势的变化而有所变化。学校可以开选修课,但是这些教材的选择依据是很严格的,一个依据是国家的教育方针,依据国家教育的性质、目的、任务,国家对新一代人才的培养目标和人才规格;另一个依据是青少年、儿童的心理特点和认识能力。而家庭教育内容的选择往往是由家长主观愿望来定,特别是与家长本人的素质有关,与家长的兴趣、爱好,家长的理想、信念,与家长的职业、性格、文化层次有关。虽然有些家长也考虑国家的方针、政策,但多数时候是家长根据自己的主观意志决定教育的内容。总之,学校的教育内容受社会制约较强,家庭教育内容受主体制约成分大。

(3) 对教育内容的安排不同

学校教育内容的安排是科学的、有序的、有体系的。一个学科的教学内容都有一个总体框架,有系统,一年级教什么内容,二年级教什么内容是有序列的、有层次的。它是根据各学科知识的逻辑体系和难易程度按循序渐进的程序安排的。而家庭教育的内容则不同,家庭教育的内容安排往往是无序的,没有体系的,盲目性很大,今天发现孩子打架了就进行文明礼貌教育,明天发现孩子不劳动了又进行劳动教育。教育内容往往是零乱的、无层次的、忙乱的,"堵漏洞式"的教育较为普遍,当然也更灵活机动。

(4) 教育内容的中心不同

学校的教育内容是以教学为中心,学生在学校学习的大部分时间是学习文化科学知识,教师大部分时间是教学生学知识,这一点有考试制约。而家庭教育的中心是品德教育,家长不可能重复老师的劳动给孩子重新上课,家庭教育没有必要这样做也不可能长期这样做,因为学校教师分科教学,每科教师都由有专长的教师任教,家长很难代替所有教师对孩子进行教学。家长在家庭中经常教育的内容应该是也必须是品德教育,如培养学生良好的行为习惯,教孩子处理人际关系学会做人,培养孩子良好的性格和意志,即使是在学习方面也是进行学习目的、学习态度、学习兴趣、学习习惯的培养,指导孩子掌握科学的学习方法,等等。

3. 教育方法的区别

从总体上看学校教育与家庭教育的方法上是一致的,都是选取恰当的方式方法把孩子培养成人。许多具体方法也基本一致,如说服教育法、行为训练法、榜样示范法、实际锻炼法等。但是细看的话还是有许多区别的。

(1) 教育方式不同

学校教育的方式是以集体教育为主,虽然也要进行个别教育,但往往是把个别教育放在集体之中进行,个别教育与集体教育相结合,也就是马卡连柯反复强调的通过集体,在集体中进行。而家庭教育则基本上是采取个别教育的方式,特别是现在的独生子女,很难在家庭中通过集体的方式进行教育。一般来说家庭教育都是面对面地个别指导、个别训练、个别教育,这种教育与学校的集体教育相比既有有利因素,又有不利因素。

(2) 主要教育方法不同

学校教育的主要方法是讲授法和活动法,多是在课堂上讲授或组织有教育意义的活动对学生进行教育。而家庭则是以谈话法和榜样法为主进行教育,多数情况下是家长与孩子个别谈话,同时以日常生活中的榜样影响孩子,使孩子在耳濡目染中受教育。可见虽然许多方法学校与家长是一致的、相通的,但选用教育方法的侧重点不同,主要的教育方法不同。

(3) 灵活性程度不同

学校教育计划性较强,进行教育前多是事先设计好、备好课的,选用什么方法是有准备的,虽然也可根据情况有所改变,但多数时候是按计划进行,灵活性不强。家庭教育则不同,家庭教育多数是随机的,灵活性很强,发现什么问题进行什么教育,"遇事而诲"、"遇物而诲",方式方法灵活机动。

(4) 科学性程度不同

学校教育方法多是经过精心设计的,往往比较科学。而家庭教育的方法则是随机的,往往未加以深思熟虑,出现了问题就开始教育。多数时候来不及加以筛选,张嘴就来,往往失之偏颇。学校教育有教育原则制约,有上级检查,往往在选择方法时就考虑后果,能够注意以正面教育为主,多采用说服、表扬、鼓励、贴小红花、发奖状等正面教育为主。家庭教育则不然,家长发现孩子的问题,顾不上后果,急了就训斥、讽刺、挖苦,甚至也经常出现打骂,科学性较差。当然不少家长能做到教育方法的科学性,有些比教师的教育还巧妙,但从总体上看科学性不如学校,这与工作性质有关。

4. 教育环境的区别

(1) 物质环境的功能不同

学校环境的功能是教育,学校物质环境的布置都是从教育考虑安排的,如国旗、板报、橱窗、教室墙上的标语、黑板报、楼道的条幅、画像甚至一棵树、一盆花都考虑怎样对教育学生有利。学校的指标是绿化、美化、净化,让学校的一砖一瓦、一草一木都要说教育的话。而家庭环境的功能是生活,家庭物质环境的布置主要从生活考虑,而不是从教育考虑。家庭中的冰箱、彩电、沙发、橱柜等基本上从生活上考虑布置,怎样方便、怎样舒适就怎样布置。

(2) 精神环境的影响不同

学校的精神环境是重要的教育因素,教师们花大力气净化精神环境,以使孩子能受到正面影响。他们的许多工作都是在培养正确的舆论,如校风、学风、班风等。另外学校利用一切可能,使精神环境对学生产生积极影响,如校歌、校训、校服、校园文化等。可见学校的精神环境基本上都是有利于孩子成长,是一个教育的大熔炉。而家庭环境则不同,家庭的精神环境主要不是教育环境而是一种生活情调,尽管也有教育作用,但主要不是为教育而专门设置的,是在生活中逐步形成的。它是由家庭的文化背景决定的,有的和睦、有的紧张、有的温馨、有的火药味较浓、有的情调健康、有的情调灰暗、有的层次高、有的层次低,对孩子的影响差异很大。有的能起到教育熔炉的作用,有的就可能是精神污染的大染缸。这种生活上的氛围是以家风的形式表现出来的,难以控制。再有,家庭环境受社会影响,尤其是不良影响大,有时未加过滤就带回家庭,变成家庭精神环境的一部分。而学校对社会的影响都有过滤,对不良影响坚决抵制,不会让它影响学校的精神环境。因此,从总体上说家庭精神环境的正面影响力不及学校。

5. 教育途径的区别

学校的教育途径是以课堂教学为主,以团队活动配合,这些途径是畅通的、有保证的,可以达到预定的教育目的。而家庭教育的主要途径是日常生活,如不是有意识地进行教育,正面教育的途径就要受阻。

从以上比较中可以发现,家庭教育和学校各有特点,既有教育孩子的优势,也存在不足。因此,从儿童青少年健康成长来说,家庭和学校应该发挥各自的教育优势,密切合作,共同促进儿童青少年的全面发展。

二、家庭教育与学校教育结合的途径和方法

1. 在家校教育的结合上,对家长的主要要求

(1) 要进一步明确教育子女是家长的神圣社会职责,以极大的爱心与热情关心热爱子女,培养教育子女,充分认识到子女不仅是自己的后代,更是国家和民族的未来,教育子女不仅是自己的幸福所系,更是国家和民族的幸福所系。

(2) 要认真学习党的教育方针,按照教育科学的规律办事。家庭处在教育子女的第一线,必须了解教育是科学,家庭教育也是一门科学。家长只有教育好子女的愿望和责任心是不够的,还必须按教育规律办事。因此,每个家长除学习政治、文化知识外,还必须学习教育科学,明确教育的本质,树立正确的家庭教育指导思想,理解党的教育方针的精神实质,懂得德、智、体、美、劳各方面教育的任务、内容、原则、方法,以及家庭教育贯彻教育方针的特点,从而提

高家庭教育的效率。

(3) 要经常了解子女所在学校情况和子女在校的表现。家长应多抽时间到校了解学校的教育、教学情况,了解学校在教育、教学方面的重大改革措施和具体做法;了解教师怎样教,孩子怎样学,全面掌握子女在学校各项活动中的表现。

(4) 要注意总结和交流家、校结合的经验。我国家庭教育历史悠久,经验丰富,新中国成立以来的家庭教育实践是现实的家、校结合经验的主要部分,是在党的领导下,千千万万家长心血的结晶。特别是党的十一届三中全会以来的家庭教育实践,是千千万万的家长在家、校教育的结合上所做出的巨大贡献,广大家长当前和今后的主要任务就在于总结和交流家庭教育如何配合学校教育的经验,进一步促进家长们在家、校教育的结合上继续做出共同的努力。

2. "家访"、"校访"、"师访"是家、校教育结合的基本途径

"家访",通常是学校和幼儿园教师对孩子家长分别进行的访问。这种"家访",一般是分班进行,由班主任利用课余时间有计划地访问学生的家庭,了解学生的家庭条件和他在家里的表现,与家长交换教育学生的意见。家庭访问应该有计划有目的地进行。教师向家长反映学生的情况要全面,谈话时,一般应让学生在场,当着学生的面向家长介绍他在学校的进步,他的优点缺点,指出努力的方向。这样的家访一般能收到较好的效果。即使对犯了错误的学生进行家访,教师也要和家长一起分析学生犯错误的原因,研究教育的办法,叮嘱家长不能用不正确的教育方法。通过家访,教师和家长共同工作,使得学生感到教师和父母都是很爱护他的,因而易于接受教育。教师家访时,家长要细心倾听教师的询问和对学生优缺点的介绍、分析,对孩子在家中的表现,也要如实告诉老师。家长对教师的来访,要热情接待,无论职务多大、地位多高,都要抽出时间,热情接待教师的来访。

从家长角度来说,要主动进行"校访"、"师访",即家长访问学校、访问老师,主动配合学校共同教育孩子。常用的方法大致如下:

(1) 书信往来。定期或不定期的由孩子带信给老师,让孩子体会到这是正常现象,是对他的关心和信任。

(2) 登门拜访。可去学校或老师家里面谈,一般以携带子女同往为宜。在交换具体意见时,可适当让孩子参加,这样,不仅有助于孩子家长和学校教育的配合,同时也益于孩子的社交成熟。

(3) 有准备地参加家长会。

(4) 特殊联系。家长针对特殊的具体问题和老师直接取得联系,以期谋求妥善解决的办法,达到共同教育孩子的目的。需特殊联系的情况包括:① 开学初或期末,为了帮助孩子认真总结、明确下阶段目标;② 家长较长时间出差前后;③ 孩子在家里有异常表现;④ 学习不努力,好习惯被破坏,成绩骤降;⑤ 孩子入队、入团前后;⑥ 家庭内部发生意外事故,等等。此外,还可能有一些情况,常常给孩子的成长带来波折,家长要处处留意,抓住孩子在事态变化中的思想态势和情感波动,及时和老师联系,才有助于做好孩子的工作,收到较好的教育效果。

3. 召集家长会议是家、校结合的基本方式

学校组织的家长会议一般有两种,一种是全校、全年级或全班的学生家长参加的,通常是在学期的开始或期中、期末进行,主要是向家长汇报学校教育教学的一般情况,介绍学校在贯彻全面发展教育方针上的具体措施和要求,以及听取家长对办学的意见,从而协调好家庭教育与学校教育的关系。另一种是学校从具体问题出发,召开部分家长参加的小型家长会,用以研究具有局部共性的问题,从而及时解决某些具体问题,达到教育的目的。

家长会议是一个围绕家、校结合,共同教育子女的集体活动,家长们要把它看成贯彻教育方针、教育后代的大事积极参加。家长会议开得好,可以促使广大家长关心学校、协助学校教育孩子,可以使整个社会重视教育。家长会后,家长应尽可能和教师进行个别交谈,主动向教师反映孩子的情况,征求教师的意见和建议,把疑虑、忧虑的问题提出来与教师共同研讨。

4. 书面联系是家、校结合经常采用的方法

书面联系的形式有《学生手册》、《家校联系册》或通信。《学生手册》记载着学生的成绩、操行评语,但一学期发一次;要建立经常的书面联系,最好采用《家校联系册》,教师有什么意见和要求写在上面,由学生带给家长,家长签阅意见后再带回班主任,平时存放在班主任那里。这种联系册实际上起着通信的作用,但它比通信制度化,可保存起来,供以后系统地进行研究。家长按照教师的要求在联系册上签字或在作业上签字,可以及时地了解孩子在校学习和表现情况并进行督促。《家校联系册》上写的内容要反映孩子的全面情况,要使学生乐意把《家校联系册》交给家长看。

5. 建立家长委员会是加强家、校结合教育的新形式

家长委员会由家长代表推选,是常设机构,起着家校协作和咨询的作用。家长委员会的主要任务如下:

(1) 指导家长配合学校积极贯彻全面发展的教育方针,强调重视对孩子的非智力因素培养；

（2）号召家长积极支持学校的各项工作，并给予必要和可能的资助；

（3）动员家长帮助学校发动和利用社会力量，组织有意义的课外活动；

（4）组织有经验的家长交流教育子女的经验；

（5）动员和组织社会各方面的力量，做好校内外儿童和青少年的思想教育工作；

（6）不定期地组织家长来校听课，了解学校教育、教学情况，代表家长参加校务会议，提出改进学校工作的合理化建议。

6. 举办家长学校，是家、校结合的重要环节

由于年轻的父母们普遍没有接受过怎样教育子女的训练，他们对子女的教育不得要领，因此培训家长已是刻不容缓的工作。当前一些中小学、幼儿园举办的家长学校，是适应形势发展的有效举措。每一所中、小学、幼儿园都要举办家长学校，使家长通过学习，掌握家庭教育的规律，提高教育子女的艺术。家长学校的形式、层次、内容，可根据家长工作的性质和儿童年龄特点以及实际需要灵活掌握，提倡多形式、多层次地办学。可按不同对象的家长，如祖父母、父母，也可按儿童成长发育的各个不同阶段，分别举办一些家庭育儿知识、家庭教育讲座。

7. 评选"好家长"，是密切学校与家庭联系、提高家庭教育质量的激励措施

学校可通过各种评选方式来定期评选家庭教育的"好家长"，如在学校评选、组织家长评选或对家长如何配合学校和街道共同搞好教育工作进行测定和评选，等等。学校对"好家长"要公开表扬并大力宣传，以充分调动家长进行家庭教育的积极性。

三、家庭教育和学校教育协作中的问题与误区

1. 家庭教育与学校教育的界限过分僵化

作为孩子成长的两个子系统——家庭教育和学校教育——都应该具备自身发展的界限，有效的协作是建立在清晰的界限基础之上的。现代学校自诞生之日起就主要承担着人类知识的传播的职能，而家庭教育的功能是对个体生命的保全和延续以及爱的能力的习得和发展，并在此基础上形成道德的萌芽和根基。当然，目前的教育实践和理论都不简单地满足已有的角色规定性，而是在各自的"职责"以外相互融合、相互协作，如学校除了传播文明以外还越来越多地承担着家庭的保全、监护以及社会的规则、意识形态教化等功能；家

庭也愈来愈积极地介入到个体的知识、技能发展和训练中来。

第一大类的家庭教育和学校教育的协作问题是界限和关系的僵化。这一类的问题主要表现在对孩子教育责任的推卸上。不少家长把孩子送到保育院、幼儿园或学校后，就有种释放的感觉，觉得孩子的教育问题从此有了着落和责任主体。这是一种错觉，家庭试图把孩子的教育责任一股脑儿地推给学校，这是一种界限僵化的意识和做法，主要还是因为不明确家庭和学校在孩子成长过程中各自承担的角色和使命。

以学校为代表的集体教育将和以家庭为代表的个别教育从不同的角度促进孩子的成长。学校教育对家庭教育确实存在着弥补的功能，特别是在今天的中国，在以独生子女为主的家庭里，子女数越来越少成为一个不争的事实，这使得在原有家庭内部的兄弟姊妹系统无法形成。这一子系统缺失所带来的问题也是显而易见的。父母在这样的家庭里承担了双重的职责——既要承担作为父母的成人角色又要承担作为兄弟姊妹和朋友的同辈角色。双重角色的扮演需要父母有良好的关系把握能力和转换弹性，其中度的把握是关键，否则，在转换的过程中会出现规则意识的丧失或者同辈群体经验的丧失两种极端。

解决这两种极端比较妥当的方法就是把孩子送到学校这样制度化的集体中，在这样的集体中，孩子能体会到一以贯之的刚性的规则感，形成尊崇权威和规则的意识；同时，孩子也能在其中获得更多的同辈群体交往的体验，并在群体中渐渐懂得社会生活不可或缺的秩序，培养孩子的基本性格，使其成为身心健康、情感丰富的人。

当然，作为学校也不可能将培养孩子的工作全部包揽下来。特别是在孩子幼年和童年阶段，培养孩子的中心仍然是在孩子的身心发源地——父母和家庭，因为这个阶段对孩子精神世界影响最深的是孩子最依恋的父母和家庭成员。随着孩子年龄的增长、心理的发展以及社会性的提高，对孩子的影响源将进一步拓展，但无论如何家庭对孩子的教育和影响都是不可忽视的。家庭教育对孩子的影响是终身的，家庭的影响是十分深刻和持久的。

家庭教育和学校教育关系的僵化还表现在彼此不了解和关系隔绝上。这主要是推卸责任问题的延续，推卸责任的意识致使教育主体在面对作为一个整体发展个体的时候采取各自为政的做法。学校和家庭在孩子的教育过程中互相不了解对方的教育优势、教育功能以及教育内容。由于彼此的不了解和相互关系的隔绝致使教育无法形成合力，削弱了教育应有的整合力量。家庭由于对教育认识的局限性——教育孩子是学校的事情而很少了解学校的教育内容和教育要求,这样家庭就无法在知识传承和创造上主动配合学校教育,更谈不到拓展学校教育。在当代的中国教育实践过程中,学校教育出现了偏重于智力的开发或者说是纯粹知识的获取的倾向,更有甚者是应试知识的获取,而不能充分激发家庭教育的个性化的能量,或者就是要求家庭简单地配合学校教育完成在学校中的任务。

当然也有部分教育主体自以为是地唯我独尊,对其他的教育主体的功能和作用认识不够而采取保守的教育态度。这种状态在当代中国主要出现在学校教育中。学校特别是近现代的学校是知识和文明的集中地,学校在传承文明和传播文化中居于权威地位。家庭作为人社会生产生活的组织在知识传承和文化传播中呈现出不平衡性和片面性,特别在知识信息快速发展的时代,家庭的知识传播和文化传承功能越来越显得薄弱,学校就成了系统地、高效地传承与创造文明的准垄断组织。这样一个准垄断组织在心态和行为方式上都显示出一定的自以为是的唯我独尊。在家庭和学校的关系中,学校普遍认为家庭在知识储备以及在教育观念、教育知识和教育能力等方面整体水平不高,在心态上就会不自觉地对家庭的教育功能和作用采取保守、居高临下的态度。

2. 家庭教育与学校教育的界限过分模糊

家庭教育和学校教育界限模糊现象主要集中在那些对教育比较重视的家庭、学校和地区。从表面上看,这里的教育办得红红火火、蒸蒸日上,家长十分关心教育,学校也渴望家长的配合和支持。细究起来,目前很多教育的热闹场面暴露了两者的界限比较模糊。

首先,以学校为代表的教育专业机构的专业性丧失导致家庭教育与学校教育界限的模糊。学校教育本应保留着教育的独立性并对家庭教育和社会教育承担起一定的指导职能。但目前的学校在很多的情况下并没有体现出基本的专业性,而是在服从"民意"的名义下,将教育应有的专业话语权交给了以家长为代表的教育需求市场。如很多幼儿园园长抱怨不是自己在办教育而是作为"上帝"的家长在办教育,他们承受了很多来自家长的压力。有很多的家长要求幼儿园提前教授拼音、英语、算术,不要总是带着孩子玩游戏浪费时间,这样孩子就不会输在起跑线上了,否则,他们就会把孩子转送到其他幼儿园。迫于压力,很多的幼儿园就会开设迎合家长需要的课程和兴趣班,这是在市场的压力下的无奈之举。还有的情况是以学校和教育主管部门为代表的教育专业机构在面对民意时不能体现足够的专业性。如 2008 年国家体育总局和教育部推行了一套中学生交谊舞作为课间操,在听取民意的过程中受到了来自家长的质疑。质疑最多的就是中学生本身就处于男女情感的朦胧时期,为了防

止中学生早恋,家长避之唯恐不及,怎么能让他们有机会手拉着手跳舞呢!面对这样的质疑,有的学校竟然不能对家长进行应有的专业解释,而是在跳舞的时候让中学生们隔着一层面纸手拉着手跳舞,甚至有些干脆就停止新式的课间操。这些都表明了学校在教育过程中没能争取家长方的理解、配合和支持,而是把教育的话语权拱手让给了家长,还美其名曰:尊重民意。

其次,家庭教育和学校教育协作内容的片面和形式的单向导致了他们之间关系的模糊性。正像下面的案例所描述的:

> 一位小学生回家让父母为他的作业签字,因为老师有要求,作业不签字就说明父母没有参与教育,也说明孩子的父母是个对孩子教育不负责的家长。家长觉得对孩子的作业应该关注,但是不一定需要签字,而且签字会把孩子作业的责任意识推给家长,不利于孩子自主性的发展。出于以上考虑,这位家长就没有签字。不料,第二天下午孩子回家说:"老师说你们是最不负责任的家长,因为你们没有签字,我的名字在黑板上挂了一天,全班就我一个人。"
>
> 这位父亲担心孩子年龄小理解不了他的用心,只好退一步签了名,但是,他和孩子说明作业是自己的事情,不要依赖父母,父母可以签字,但是对错也是自己的事情,自己要认真检查。就这样他没有认真检查孩子作业的对错就签上了大名。第二天下午孩子回到家还是冲着父母嚷着:"老师说了,你们还是最不负责任的家长,连错题都没有认真看出来就签字了,我的名字又在黑板上挂了一天。"孩子伤心得哭了起来。看着孩子的愤怒和委屈,无奈的父亲只能苦笑着搂着自己的孩子答应下次一定认真检查,争取做个合格的有责任心的父母。

从以上的例子可以看出,在各种压力之下,学校为了提高教学效率以及消解学校作为集体教育所带来的弊端,便千方百计地把家长纳入学校教育的轨道中来,试图让家长成为学校教学的帮手。因此,家庭教育放弃了本来的职能而成了学校教育的承包机构,儿童因而受到挫伤,形成变态,被剥夺了多样发展的可能性。当家庭教育的触角开始伸入学校教育的过程中,家庭开始逐步演变成准学校的同时,学校也在不同程度上侵占了应由家庭来完成的某些职责。这样学校不仅要承担其固有的职责,还要代替家庭承担起照管其他私德培育的职能。从一般意义上来说,学校教育主要承担的是知识传递和集体环境中的公德教化;家庭主要承担的是生活习惯、健康保健、生活规范等道德教化中的私德成分。美国教育家范斯科德在《美国教育基础——社会展望》中指出,"今天美国从幼儿园直到大学的各级学校都提供了广泛的而且是高价的照管",这就意味着"使童年从12岁延长到25岁"。瑞典当代教育家托斯顿·胡森在《教育的目前趋势》中也指出:"青年人在校学年数的增加已开始扩大了学校需要承担的职责范围。学校不再是获得某些认知技能的地方,学校的责任已扩大到社会的和管理的方面。在十年以前就有迹象表明,学校将承担越来越多的原由家庭承担的责任,学校作为一种组织机构需要负起培养学生个性的责任。"

3. 家庭与学校的不信任感和对立感越来越强烈

家庭与学校既是促进学生成长发展的教育组织,同时又是拥有自身独立利益和目标的社会组织。既然学校与家庭各有其组织目标就避免不了按照自己的实际需要行事,也就免不了会出现各行其是的现象,进而彼此容易产生不信任感和对立感。

由于对教育和学校的评价制度被市场化和行政化,因此现代的学校教育存在着一些非教育的现象。如为了落实学校属区行政领导的指示而采取简单化、数字化的学校评价策略,导致学校主要围绕着行政领导的需要开展教育活动,比方说名目繁多的优秀率、升学率、一本率、高分段、名牌大学录取率等。学校在完成任务的过程中,不能说对学生绝对没有所谓的益处,但是这些益处却是建立在大多数的学生失败的基础上的。学校管理者为了经营好学校千方百计地争取更多的政府支持和社会美誉度,在某些方面甚至不惜牺牲学生的利益。如为了提高高分率,一些学校不惜动员学生测定智商,把部分学生归入弱智的范围,以降低评价时的分母。在市场经济的冲击下,一些地方政府不能清晰地认识学校教育的公益性,加之教育经费投入不足,而把教育推向市场,致使家长成为客户,学校成为服务机构。由于目前我们的市场经济体制还处于不断完善之中,在市场经济活动中也存在很多的缺乏诚信的现象,因此在这样的情况下,家庭对学校教育的公益性产生了怀疑,教育关系中掺杂了太多的商业利益和利害关系。

从家长方面说,因为家庭与学校之间存在着消费关系,有时候教师工作中出现的失误会成为家长手中的辫子,甚至会引发家庭和学校之间的冲突。

从学校方面说,一些老师常常把学生的缺点或者发展过程中的不足作为"召见"家长的把柄,个别教师会打着合作的旗号对家长进行训话,更有甚者用迫使学生转学、退学等问题向家长施加压力。在老师面前,家长总是担心过多

的辩解会对自己的孩子不利,只好委曲求全代子受过,但是教育并没有向着良好的方向发展,被老师批评训斥过后的家长会迁怒于子女,难免对孩子情绪激动甚至辱骂殴打,这样不仅伤害了子女的身心健康,更滋生并蔓延了孩子的厌学情绪。如此只能导致亲师关系不和谐、家校关系紧张、孩子学习倒退等恶性循环。

第三节 家庭教育与社会教育的协调合作

现代社会发展,使人的社会化环境走向开放和多元。社会教育是个体社会化过程中除家庭教育、学校教育外重要的社会化力量。自20世纪中叶起,随着科学技术发展对社会生活影响的日益广泛与深入,教育社会化和社会教育化的趋势悄然而起。它越来越引起人们的注意和研究,并以一种现实的力量作用于现有的学校教育系统。

一、社会教育的起源与内涵

社会和教育的连用,最早出现在德国。据现有文献记载,1835年德国的教育学者狄斯特威格在其《德国教师陶冶的引路者》一书中最早使用"社会教育"一词。他认为传统的教育应扩大到国民的各个阶层,并注重社会生活的革新。因此,那时的社会教育,仅是指是为改善社会各阶层的社会生活提供教育之意。

我国"社会教育"概念的使用,从官方来看,最早使用"社会教育"应该是在1912年。当时,蔡元培出任教育部长,由于他曾留学德国,德国是社会教育的发源地,他深知社会教育在德国的发展和影响,大力主张设立社会教育司。因此,临时政府教育部1912年正式设立社会教育司。这是在官方文件中第一次正式使用"社会教育"一词。据此,人们一般认为蔡元培最早从德国把社会教育的概念引入了我国。

现代社会教育从19世纪初逐渐发展起来,并被视为与学校教育一样重要的教育事业。但是到目前为止,对社会教育的内涵和外延尚未形成统一的认识。国外学者多用非正规教育、学校外教育、继续教育、回归教育、平民教育、大众教育、推广教育、补习教育、成人教育、终身教育等概念来表达社会教育的含义。

社会教育同学校教育、家庭教育一样,是当代教育的一种基本类型。按其形态可有广义和狭义两种理解。

广义的社会教育是指,除了学校教育和家庭教育之外所有的有目标、有组织、有计划的教育活动以及一切在社会活动中对人的身心产生实际教育结果的影响。广义的社会教育包括了社会生活的一切具有教育意义的活动,实际与广义教育无多大差异。事实上,最早的教育功能就是由社会教育去实现的。在原始社会,家庭尚未形成之前,年轻一代的教育就是在全氏族成员的共同劳动中及日常社会生活中,由氏族公社的成员通过互相的言传身教,或由有经验的年长者向年轻一代传授一些简单的生产和生活的经验的方式进行的。以后随着家庭及家庭教育的出现,直至学校教育的产生,广义的社会教育才开始逐步地分化为学校教育、家庭教育和狭义的社会教育这三种独立的教育形态。

狭义的社会教育是指由政府、公共团体或私人所设立的社会文化教育机构对社会全体成员所进行的有目的、有系统、有组织、独立的教育活动。第一,社会教育实施的主体,即社会文化教育机构,无论它的创办者是政府、团体或私人,只要它是对社会成员实施了有影响的教育活动,就是社会教育的实施者;第二,社会教育实施的客体,是对社会全体成员,而不是针对其中的某个特殊群体;第三,社会教育实施的机构和场所,包括公私立学校和社会文化机构;第四,社会教育是有目的、有系统、有组织的、独立的教育活动。

社会教育与社区教育是两个不同的概念。社区教育的概念是联合国教科文组织首先使用,后来为各国所承认的概念。社区是一定地域空间的人们的生活共同体。社区教育是为了普及社区开发事业同时采取的综合手段。以社区为单位,为开发社区生活,以其居民为对象实施的集体教育活动,常常就被称为社区教育。

对于社区教育,世界各国有不同的理解,如北欧各国把社区教育理解为民众教育;日本把社区教育基本理解为社会教育;美国把社区教育理解为社区提供教育服务的非正规教育;苏格兰把社区教育理解为影响个人学习的过程。在我国,对于社区教育这一概念,近年来基本上形成了这样的认识:由地区住民自发产生的,为追求精神生活的充实及对终身学习的需求,由政府提倡并与地区基层组织共同推动的自下而上的群众性教育活动,其宗旨是提高地区住民的精神与文化素养,满足其自我完善的要求,切实保障地区居民的自主学习权利。社区教育旨在通过社区教育委员会等组织形式的协调管理,促使学校教育与社会教育的结合,以创造一种有利于青少年身心健康发展的宏观教育环境为主要目的的新型教育模式。

社会教育和社区教育密切相联。社会教育和社区教育相同的是，两者都以社区成员为主要对象；社会教育和社区教育相异的是，社会教育不一定以某一区域为限，在全社会进行，有着广泛区域和对象，而社区教育则侧重区域性，其实施范围主要只集中在社区居民的居住地，对象也就是特定的社区居民，社区教育实质上是在特定的区域内针对特定的对象进行的社会教育活动。可见，社区教育实际上包括在社会教育之内，但不等于社会教育的全部。社区教育就是在社区这个特定区域进行的社会教育，是社会教育在社区这个具体空间的实施。

二、社会教育的特点

1. 社会教育主体的多样性

社会教育是以社会全体成员为对象的，这决定了只要是对社会全体成员施以影响的各种活动的主体，都可以看作是社会教育实施的主体。政府、团体或私人（主要是通过他们所设立的文化教育机构来进行）等都是社会教育的主体。社会教育实施主体的多样性，决定了社会教育的实施必须协调好各个主体的关系。这是社会教育实施的关键。

2. 社会教育对象的广泛性

对于社会教育的对象无论是总称为社会各界人士、社会全体、社会成员、社会全民等还是分开提到青少年、儿童或成人，都反映出了社会教育对象的广泛性。可以一言以蔽之，社会教育的对象就是社会的每一个具体的成员。社会教育对象已日益普遍，社会教育服务对象已远远超出青少年，而扩展到了全社会。社会教育的宗旨就在于发展全民教育及终身教育。社会教育对各个年龄阶段，各行各业人员都有重要意义。以往对社会教育的认识仅局限于对青少年的校外教育，已成为陈旧的观念。社会教育的这个特征说明社会教育在现代社会里其意义愈加重要，社会教育是现代社会教育体系中不可忽略的重要组成部分。

3. 社会教育内容的丰富性

社会教育主体的多样性决定了社会教育内容的广泛性。社会教育不像学校教育具有诸多限制。社会教育没有年龄、时间、地点等局限，随时随地都可接受教育。同时社会教育已开始把教育同社会生活、生产劳动、休闲娱乐等沟通起来。社会教育已打破了学校教育那种封闭式的教育体系，具有极大的开放性。这种开放性使社会教育内容纷繁和复杂，虽然带来了社会教育内容的丰富性，但也带来了社会教育内容的难以确定性。

4. 社会教育形式的多样性

社会教育对象的广泛性和社会教育内容的丰富性，促使了社会教育形式的多样性。社会教育与家庭教育和学校教育局限于家庭和学校内、形式单一有所不同，社会教育的开展形式具有极大的灵活性和多样性。社会教育没有制度化教育的严格约束性。它很少受阶级、地位、年龄资历限制，能很好地体现教育的民主性。在以往社会教育的开展中，识字社、影剧院、博物馆、图书馆、公园等都是社会教育进行的重要场所，开展的形式多种多样，有培训班式、讲座式、函授式、媒体传播式（广播、电视、报纸、杂志、影院等）、展馆式（图书馆、博物馆、展览馆等）、自学式等。随着网络技术的发展和应用，社会教育的形式将更加多样化。网络社会教育将成为社会教育发展的新趋向。

5. 社会教育方式的补偿性

由于社会教育在实施形式方面的多样性，以及20世纪后半期终身教育、终身学习、继续教育等观念的逐步出现并深入人心，人们开始意识到现代人的成长已不完全局限于学校，仅仅凭借在"象牙塔"中学到的知识已无法跟上社会发展的脚步，需要不断更新自己的知识。社会教育不仅面对学校，面对青少年，更面对社会的成人劳动者。这不仅可以弥补学校教育的不足，而且可满足成年人继续学习的要求。社会教育作为对学校所接受教育的重要补偿方式，作为终身教育、终身学习、继续教育的实施的重要手段正越来越受到人们的重视。

6. 社会教育领域的广阔性

社会教育是和家庭教育、学校教育并列的教育领域，这已经是共识。现代的社会教育不仅具有独立形式，而且日益渗入社会生活的方方面面，越来越表现出同社会的政治活动、生产劳动、社会生活、娱乐活动的密切结合，融为一体。社会教育领域越来越广阔，社会教育发挥作用的范围越来越广泛。

三、家庭教育和社会教育协调的方法和途径

1. 组织开展家庭、社区共建活动

营造一个有利于儿童和青少年成长的最佳环境，如为中小学生建立"少年之家"、"读书活动站"、"歌咏小组"、"科技发明小组"等；动员各方面的力量，帮助居民委添置必要的教育教学设备、建设和安装社区内儿童活动景点及课外活动设备等。

2. 建立社会教育基地

利用当前社会教育的现成条件,如校外儿童教育机构,包括少年宫、儿童乐园、儿童影院、儿童图书馆、烈士陵园、纪念馆、展览馆、科技馆、动物园、植物园等设施,开展多种形式的儿童教育活动。

3. 整顿文化市场

整顿文化市场,用积极向上的优秀文化产品对儿童和青少年加以正确的引导。

(1) 电影、电视对于儿童和青少年扩大眼界、增进知识、活跃思想、陶冶情操、树立理想,都极易产生潜移默化的教育效果。优秀的影、视对当代青少年仍具有很强的吸引力和深入教育的作用,但也必须看到有些思想内容不健康的影、视,污染了孩子们的心灵,已引起了社会广泛的关注和强烈的不满。因此,广大家长、学校、电影发行和放映部门、电视台必须要一致配合,共同负责,齐心协力地坚决抵制精神鸦片对儿童和青少年的毒害,要始终坚持正面教育的原则,结合思想品德教育,从幼儿园到高中,按照不同年龄的心理状态、知识水平、思想认识水平和接受能力,分层次地选择有教育意义的影、视节目,充分发挥影、视的教育功能和导向作用,真正与学校教育相结合,与培养良好的道德风尚相结合,把影、视教育作为德育工作的重要组成部分,常抓不懈。

(2) 图书、杂志也和电影、电视一样是潜移默化、感人至深的教育手段之一,在配合儿童和青少年教育方面有着重要的作用。但不能忽视,社会上仍有出售淫秽书刊、小报、侠义公案小说,对青少年的危害十分严重。因此,出版发行部门要根据不同年龄阶段的特点,为儿童和青少年多出书、出好书,而且要严格把关,严禁黄色书刊的出版发行。由于孩子模仿性强,而判断是非能力差,家长、学校和居委会必须对孩子的阅读加强指导,要满足孩子的求知欲望,要有选择地让孩子阅读,并对某些作品中消极因素加以耐心地说明和恰如其分地批判,防止受到不健康的影响。

4. 净化互联网空间

净化互联网空间,使网络这一现代媒体真正发挥对儿童青少年社会化成长的正向促进作用。当代社会,互联网已深入人们学习、工作、生活的方方面面,网络对儿童青少年的吸引力也是其他媒体无可比拟的。然而,网络因其开放性和隐蔽性,其内容也庞杂多样,有的健康积极,有的低级庸俗。因此,社会应净化网络空间,提供健康、有益、积极向上的内容,为儿童青少年学习、成长提供有益资源。

四、家庭教育与社会教育协作中的问题与误区

社会教育的范围宽泛、弥散,在合作的时机上具有随机性和不确定性,家庭教育与社会教育的关系不像与学校教育的关系那样有明确的、稳定的合作对象。杨宝忠认为,一个家庭对社会各方面教育影响因素的控制与利用的程度、向社会开放的程度,正是衡量家庭教育自觉性的重要标准。但是在实际教育过程中,社会教育由于主体性不强,家长普遍也缺乏与社会合作的意识、能力和通道,在整合利用社会教育资源的过程中存在不少问题和误区。

1. 家庭对社会教育采取自由放任的态度

社会生活中,有的家庭对积极的社会教育因素不加以整合和利用,对消极的社会因素不加以控制和回避。具有这样问题的家庭在面对社会时通常会抱着顺其自然的心态,他们的信条是:社会大环境谁也改变不了,管好自己的孩子就行了。在面对不利的教育环境时,这样的家庭不但不回避,更不会采取积极的调节措施。如面对社区里、学校周边的违规网吧,很多的市民都是事不关己高高挂起,好像只要自己的孩子不进去就行了;还有些社区和居民把自己的房子出租给商家进行不健康的商业活动,恶化了他们的孩子和小区里的孩子的社会环境。孟母当年为了为孩子营造良好的生活环境和教育环境,三易其家,其教育子女的决心可见一斑,更是值得当代的家长学习的。没有好的社会环境就很难有好的教育环境,面对好的教育环境和差的教育环境,家长不能碰运气似的采取赌博的心态,任由命运的主宰,而应该积极行动起来。家长的行动不仅是为了建设良好的社会环境,更是为孩子营造更为健康的社会教育环境。

2. 面对不良的社会教育环境,不少家庭采取消极、封闭的防御手段

对不良的社会教育环境,不少家庭采取消极式、封闭式的防御,试图将不良的社会影响与孩子彻底地隔绝开来。社会是个丰富的多面体,在其中有阳光地带,亦有黑色地带,还有处于中间的灰色地带。作为家庭教育主导力量的家长不可能只让孩子生活在阳光地带而绝对回避黑色地带和灰色地带,因为孩子面对的社会总是一个完整的全面的社会而不是经过剪辑的社会片段。

随着社会的发展和变迁,信息化、网络化社会的来临,孩子面临的世界和社会发生了根本性的变化。作为教育者的父母和老师常会觉得力不从心,孩子从网络上、媒体上所获得的信息在某些阶段远远超过了传统的知识和经验拥有者——父母与老师。网络社会带来的信息量的涌入,使得信息良莠不齐、泥沙俱下。一些家长对现代传媒不适应,对不健康信息在儿童成长中的负面

影响十分痛恨和恐慌,为了对抗社会变迁所带来的对教育孩子的负面效应,于是采取一些极端措施,如一些家庭不购买电视,有些家庭电视只能看动画节目(其余的频道被家长锁住了)等。还有不少学校和家庭干脆把孩子和网络隔绝,不允许孩子接触网络;也有一些学校不允许学生带移动电话去学校。一些学者认为这种消极的逃避和封闭,并不是一种好方法,而应积极应对。家长和学校老师应该智慧地面对社会发展的方向,睿智地迎接社会发展过程中的挑战,有选择性地遴选和筛选信息,培养能面对社会纷繁复杂境地的可持续发展的新人。

3. 家庭对社会的消极影响采取软抵抗的斗争态度

这一类型的家庭和社会之间的关系处理方式,主要发生在一些对自身所处的教育和社会环境有自己明确认识的家庭。这些认识一般都是消极的,他们通常采取激烈的批评态度甚至尽力回避的对策。这些家庭不光对学校教育和社会教育有自己的看法,对他们孩子的教育和未来有自己的规划,更为重要的是他们有着很强的执行力和魄力。为了给孩子营造一个他认为适合的环境,这些家长让孩子与学校脱离关系,他们远离学校、远离社会,在家庭封闭的环境中,自己对孩子施教。如《中国教育报》在2002年1月20日头版头条刊登了一篇文章《胥茜:我的孩子在家上学》,报道了四川成都的王女士没有把已到上学年龄的女儿蓉榕送到学校,而让孩子在家上学……任何一种教育形式的存在和发展都有其合理性,但同时也存在着一定的局限性,家庭学校同样存在着一些自身难以克服的问题。其中最突出的就是在家上学的孩子的社会化问题。众所周知,儿童和少年期教育的主要任务不仅仅是智力的发展,还要使他们形成和发展积极的情感、良好的个性、团队合作的精神和社会适应能力。而后者的发展需要大量的人际交往、集体活动和参与社会活动。对于成长中的少年儿童而言,学校生活是其社会化过程中最重要的组成部分,而在家上学的儿童没有足够的与同伴互相交流、相互帮助的机会。另外,在家上学的儿童的竞争性也相对不足。

附 录

2010年2月26日,我国首份科学、系统、全面的家庭教育指导性文件《全国家庭教育指导大纲》在北京由全国妇联等7个部门联合发布。

全国家庭教育指导大纲

为了深入贯彻落实《中共中央国务院关于进一步加强和改进未成年人思想道德建设的若干意见》,提高全国家庭教育总体水平,促进儿童全面健康发展,依据《中华人民共和国未成年人保护法》、《中华人民共和国义务教育法》、《中华人民共和国母婴保健法》、《中华人民共和国预防未成年人犯罪法》等法律法规,特制定《全国家庭教育指导大纲》(以下简称《大纲》)。

一、适用范围

《大纲》适用于各级各类家庭教育指导机构和相关职能部门、社会团体、宣传媒体等组织对新婚夫妇、孕妇、18岁以下儿童的家长或监护人开展的家庭教育指导行为。

二、指导原则

家庭教育指导应注重科学性、针对性和适用性。一是坚持"儿童为本"原则。家庭教育指导应尊重儿童身心发展规律,尊重儿童合理需要与个性,创设适合儿童成长的必要条件和生活情景,保护儿童的合法权益,特别关注女孩的合法权益,促进儿童自然发展、全面发展、充分发展。二是坚持"家长主体"原则。指导者应确立为家长服务的观念,了解不同类型家庭之家长需求,尊重家长愿望,调动家长参与的积极性,重视发挥父母双方在指导过程中的主体作用和影响,指导家长确立责任意识,不断学习、掌握有关家庭教育的知识,提高自身修养,为子女树立榜样,为其健康成长提供必要条件。三是坚持"多向互动"原则。家庭教育指导应建立指导者与家长、儿童,家长与家长,家庭之间,家校之间的互动,努力形成相互学习、相互尊重、相互促进的环境与条件。

三、家庭教育指导内容及要求

（一）新婚期及孕期的家庭教育指导

1. 家庭教育指导重点

新婚期及孕期的家庭教育指导主要是引导夫妇共同做好优生优育优教的知识准备，并为新生命的诞生做好心理准备和物质准备。

2. 家庭教育指导内容要点

（1）重视婚检、孕前检查和优生指导，提高出生人口素质。鼓励新婚夫妇主动参与婚前医学健康检查，选择适宜的受孕年龄和季节，并注意形成良好的生活习惯，鼓励计划怀孕夫妇在怀孕前参加健康教育、健康检查、风险评估、咨询指导等专项服务。对于大龄孕妇、有致畸因素接触史的孕妇、怀孕后有疾病的孕妇以及具有其他不利优生因素的孕妇，督促其做好产前医学健康咨询及诊断。对于不孕不育者，引导其科学诊断、对症治疗，并给予心理辅导。

（2）关注孕期保健，孕育健康胎儿。指导孕妇掌握优生优育知识，配合医院进行孕期筛查和产前诊断，做到早发现、早干预；避免烟酒、农药、化肥、辐射等化学物理致畸因素，预防病毒、寄生虫等致畸因素的影响；科学地增加营养、合理作息、适度运动，进行心理调适，促进胎儿健康发育。

（3）做好相应准备，迎接新生命降临。指导准家长做好新生儿出生的相应准备，学习育儿的方法和技巧，购置儿童生活必备用品和保障母婴健康的基本卫生用品，营造安全温馨的家庭环境。

（4）提倡自然分娩，保障母婴健康。加大宣传力度，指导孕妇认识自然分娩的益处，认真做好孕妇产前医学检查，并协助舒缓临盆孕妇的焦虑心理。

（二）0～3岁年龄段的家庭教育指导

1. 0～3岁儿童的身心发展特点

婴幼儿期即从出生到大约3岁，是个体神经系统结构发展的重要时期，儿童身高和体重均有显著增长；遵循由头至脚、由中心至外围、由大动作至小动作的发展原则，逐渐掌握人类行为的基本动作；语言迅速发展；表现出一定的交往倾向，乐于探索周围世界；逐步建立亲子依恋关系。

2. 家庭教育指导内容要点

（1）提倡母乳喂养，增强婴儿免疫力。指导乳母加强乳房保健，在产后尽早用正确的方法哺乳；在睡眠、情绪和健康等方面保持良好状态，科学饮食，增加营养；在母乳不充分的阶段采取科学的混合喂养方法，适时添加辅食。

（2）鼓励主动学习，掌握儿童日常养育和照料的科学方法。指导家长按时为儿童预防接种，培养儿童健康的卫生习惯，注意科学的饮食调配；及早对孩子进行发展干预,让孩子多看、多听、多运动、多抚触,带领儿童开展适当的运动、游戏,增强儿童体质;了解儿童成长阶段的特点和表现,学会倾听、分辨儿童的"语言",安抚儿童的情绪;学会了解儿童的发病征兆及应对方法,掌握病后护理常识。

（3）设定生活规则,养成儿童良好的生活行为习惯。指导家长了解婴幼儿成长的规律及特点,为儿童设定日常生活规则,并按照规则指导儿童的日常生活行为;重视发挥父亲的角色作用,利用生活场景进行随机教育;指导家长采用鼓励、表扬等正面强化教育措施,塑造儿童的健康生活方式。

（4）加强感知训练,提高儿童感官能力,预防儿童伤害。指导家长创设儿童自如爬行、充分活动的独立空间与条件,随时、充分地利用日常生活中的真实物品和现象,挖掘其内含的教育价值,让儿童在爬行、观察、听闻、触摸等训练过程中获得各种感官活动的经验,促进儿童的感官发展。同时要加强家庭保护,防止意外伤害发生。

（5）关注儿童需求,激发儿童想象力和好奇心。指导家长为儿童提供抓握、把玩、涂鸦、拆卸等活动的设施、工具和材料;用亲子游戏的形式发展儿童双手协调、手眼协调等精细动作;用心欣赏儿童的行为和作品并给予鼓励,分享儿童的快乐,促进儿童直觉动作思维发展,满足儿童好奇、好玩的认知需要。

（6）提供言语示范,促进儿童语言能力发展。指导家长为儿童创设宽松愉快的语言环境;提高自身口语素养,为儿童提供良好的言语示范;为儿童的语言学习和模仿提供丰富的物质材料,运用多种方法鼓励儿童多开口;积极回应儿童的言语需求,鼓励儿童之间的模仿和交流。

（7）加强亲子沟通,养成儿童良好情绪。指导家长关注、尊重、理解儿童的情绪,多给予儿童鼓励和支持;学习亲子沟通的技巧,以民主、平等、开放的姿态与儿童沟通;客观了解和合理对待儿童过度的情绪化行为,有针对性地实施适合儿童个性的教养策略。培养良好的亲子依恋关系。

（8）帮助儿童适应幼儿园生活。入园前,指导家长有意识地养成儿童自理能力、听从指令并遵循简单规则的能力等。入园后,指导家长积极了解儿童对幼儿园的适应情况,在儿童出现不良情绪时通过耐心沟通与疏导来稳定儿童的情绪,分析入园不适应的原因,正确面对分离焦虑。

（三）4~6岁年龄段的家庭教育指导

1. 4~6岁儿童的身心发展特点

4~6岁是儿童身心快速发展时期,具体表现在:儿童的身高、体重、大脑、神经、动作技能等方面获得长足的进步;大肌肉的发展已能保证儿童从事各种简单活动；儿童直觉行动思维相当熟练，并逐渐掌握具体形象思维；儿童词汇量迅速增长，基本掌握各种语法结构；儿童开始表现出一定兴趣、爱好、脾气等个性倾向以及与同伴一起玩耍的倾向。

2. 家庭教育指导内容要点

（1）加强儿童营养保健和体育锻炼。指导家长带领儿童积极开展体育锻炼；根据儿童的个人特点，寻找科学合理而又能为儿童接受的膳食方式；科学搭配儿童饮食，做到营养均衡、种类多样、比例适当、饮食定量、调配得当；不断学习关于儿童营养的新理念、新知识。

（2）培养儿童良好的生活和卫生习惯。指导家长与儿童一起制定儿童的家庭生活作息制度；积极运用奖励与忽视并行的方式纠正并消除儿童不良的行为方式与癖好；定期带领儿童进行健康检查。

（3）抓好安全教育，减少儿童意外伤害。指导家长提高安全意识，尽可能消除居室和周边环境中的伤害性因素；以良好的榜样影响、教育、启迪儿童；结合儿童的生活和学习，在共同参与的过程中对儿童实施安全教育，提高儿童的生命意识；重视儿童的体能素质，通过活动提高其自我保护能力。

（4）培养儿童良好的人际交往能力。指导家长关注儿童日常交往行为，对儿童的交往态度、行为和技巧及时提供帮助和辅导；注意培养儿童多方面的兴趣、爱好和特长，增强儿童交往的自信心；开展角色扮演游戏，帮助儿童在家中练习社交技巧，并积极为儿童创造与同伴交往的机会，培养儿童乐于与人交往的习惯和品质。

（5）增强儿童社会适应性，培养儿童抗挫折能力。指导家长鼓励儿童以开放的心态充分展示自己，同时树立面对挫折的良好榜样；充分利用传播媒介，引导儿童学习面对挫折的方法；适时、适宜地在儿童成长过程中创设面对变化与应对挫折的生活情境与锻炼机会；在儿童遇到困难时以鼓励、疏导的方式给孩子以必要的帮助与支持。

（6）丰富儿童感性知识，激发儿童早期智能。指导家长带领儿童关心周围事物及现象，多开展户外活动，以开阔儿童的眼界，丰富儿童的感性知识；灵活采用个别化教育手段，有针对性地鼓励儿童积极活动、主动参与、积累经验、发展潜能；改变传统的灌输、说教方式，以开放互动的方式让儿童在玩中学、在操作中探索、在游戏中成长。

（四）7～12岁年龄段的家庭教育指导

1. 7～12岁儿童的身心发展特点

7～12岁是整个儿童期十分重要的发展阶段。该阶段的儿童身心发展特点主要体现在:儿童身高和体重处于比较迅速的发展阶段;外部器官有了较快发展,但感知能力还不够完善;儿童处于从以具体的形象思维为主向抽象的逻辑思维过渡阶段;情绪情感方面表现得比较外显。

2. 家庭教育指导内容要点

(1) 做好儿童健康监测,预防常见疾病发生。指导家长科学安排儿童的饮食,引导儿童养成健康的饮食习惯;培养儿童良好的卫生习惯和作息习惯;为儿童提供良好的学习环境,注意用眼卫生并定期检查视力;督促儿童坚持开展体育锻炼,积极配合卫生部门定期做好儿童健康监测。

(2) 将生命教育纳入生活实践之中。指导家长带领儿童认识自然界的生命现象,帮助儿童建立热爱生命、珍惜生命、呵护生命的意识;抓住日常生活事件增长儿童居家出行的自我保护知识及基本的生命自救技能。

(3) 培养儿童基本生活自理能力。指导家长重视养成教育,防止因为溺爱造成孩子的依赖性,注重儿童生活自理意识的培养;创设家庭环境,坚持从细微处入手,以激励教育为主,提高儿童的生活自理能力,养成生活自理的习惯。

(4) 培养儿童的劳动观念和适度花费习惯。指导家长教授儿童一定的劳动技巧,给儿童创造劳动的机会,培养儿童劳动的热情;鼓励儿童参与家庭财务预算,合理支配零用钱,防止欲望膨胀,形成量入为出的观念,培养儿童理财的意识。

(5) 引导儿童学会感恩父母、诚实为人、诚信做事。指导家长为儿童树立积极的人格榜样,创造健康和谐的家庭环境;从大处着眼、从小事入手,及时抓住日常生活事件教育儿童尊敬老师、孝敬长辈,学会关心、感激和回报他人。

(6) 帮助儿童养成良好的学习习惯和学习兴趣。指导家长以身作则、言传身教,创设安静的环境,引导儿童专心学习,养成良好的学习习惯;注意培养儿童的学习兴趣;正确对待儿童的学习成绩。

(五) 13~15岁年龄段的家庭教育指导

1. 13~15岁儿童身心发展特点

13~15岁的儿童正处于告别幼稚、走向成熟的过渡时期,即青春期。青春期的儿童面临着生理和心理上的"巨变":各项身体指标接近于成人;性激素分泌大大增加,引起了性的萌发与成熟;感知觉能力不断提高,能有意识地调节和控制自己的注意力;逐步采用有意记忆的方法,其抽象逻辑思维日益占据主要地位;自我控制能力有了明显的发展,情感不再完全外露,但情绪还不稳定、易冲动。

2. 家庭教育指导内容要点

（1）对儿童开展适时、适当、适度的性别教育。指导家长进行青春期生理卫生知识指导，帮助儿童认识并适应自己的生理变化；开展科学的性心理辅导，进行青春期异性交往的指导；加强对儿童的性道德观念教育，并注意控制家庭的不良性刺激；引导儿童以合理的方式宣泄情绪。

（2）利用日常生活细节，开展伦理道德教育。指导家长加强自身道德修养，发挥道德榜样作用；把"修德做人"放在首位，强化儿童的伦理道德意识；肯定儿童的自我价值意识，立足道德的积极面引导儿童；创设健康向上的家庭氛围；与学校、社会形成合力，净化家庭和社会文化环境。

（3）开展信息素养教育，引导儿童正确使用各种媒介。指导家长掌握必要的信息知识与技能；树立民主意识，做儿童的朋友，了解儿童使用各种媒介的情况；培养儿童对信息的是非辨别能力和信息加工能力；鼓励儿童在使用网络等媒介的过程中学会自我尊重、自我发展；多关心鼓励对网络等媒介使用上瘾的儿童，并根据实际情况适时寻求专业咨询和心理援助。

（4）重视儿童学习过程，促进儿童快乐学习。指导家长和儿童树立正确的学业态度和应试心理；重视儿童学习方法和学习习惯的养成；教育儿童克服考试焦虑的方法与技巧；与儿童共同制定学习目标，并对取得阶段性成绩的儿童予以及时鼓励；在儿童考试受挫时鼓励儿童。

（5）尊重和信任儿童，促进良好的亲子沟通。指导家长摆正心态，以平等的姿态与儿童相处；学习与儿童沟通的技巧，学会运用委婉、民主、宽容的语言和态度对待儿童；学会倾听儿童的意见和感受，学会尊重、欣赏、认同和分享儿童的想法；学会采取正面方式激励儿童。

（6）树立正确的学业观，尊重儿童的自主选择。指导家长帮助儿童树立信心，勇于面对现实；协助儿童综合分析学业水平、兴趣爱好、未来规划等，选择适合其发展的高中、职校或其他发展方式；宽容地对待儿童的自我选择。

（六）16～18岁年龄段的家庭教育指导

1. 16～18岁儿童的身心发展特点

16～18岁的儿童经过青春期的迅速发育后进入相对稳定时期。其身体生长主要表现在形态发育、体内器官的成熟与机能的发育、性生理成熟等方面；在认知方面，儿童认知结构的完整体系基本形成，抽象逻辑思维占据优势地位；观察力、联想能力等迅速发展；情绪情感方面以内隐、自制为主，自尊心与自卑感并存；性意识呈现身心发展不平衡的特点。

2. 家庭教育指导内容要点

(1) 引导儿童树立积极心态,尽快适应学校新生活。指导家长引导儿童树立健康的人生态度;经常与儿童沟通交流,掌握儿童的学习情况、思想动态;经常与学校联系,了解儿童可能遇到的适应问题并及时提供家庭支持。

(2) 引导儿童与异性正确交往。指导家长根据该年龄阶段儿童个性特点,引导儿童积极开展社交活动和正常的异性交往;利用日常生活的相关事件,适时适当适度开展性生理、性心理辅导;对有"早恋"行为的儿童,指导家长学会提供经验参考,帮助儿童提高应对问题的现实处理能力。

(3) 引导儿童"学会合作、学会分享"。指导家长通过召开家庭会议等形式,与儿童一起平等、开放地讨论家庭事务,并共同分担家庭事务;鼓励儿童在集体生活中锻炼自己,让儿童品尝与人合作的快乐;鼓励儿童积极参与社会实践活动,在活动中学会乐于与人相处、勇于承担责任。

(4) 培养儿童做一个知法、守法的好公民。指导家长加强法律知识学习,掌握家庭法制教育的内容和方法,努力提高自身法制意识;注意以身作则,自觉遵守法律,为儿童树立榜样;与儿童建立民主平等的关系,切实维护儿童权益。

(5) 指导儿童树立理想信念、合理规划未来。指导家长引导儿童从小树立社会责任感,树立国家意识;与儿童共同协商规划未来,并尊重和鼓励儿童进行自主选择;从儿童实际出发,不断调整自身期望;引导儿童学会将理想与现实的奋斗相结合。

(6) 引导儿童树立自信心,以平常心对待升学。指导家长在迎考期间保持正常、有序的家庭生活,科学、合理安排生活作息,保证儿童劳逸结合,身心愉快;保持适度期待,鼓励儿童树立自信心,以平常心面对考试;为儿童选择志愿提供参考意见,并尊重儿童对自身的未来规划与发展意愿。

(七) 特殊儿童、特殊家庭及灾害背景下的家庭教育指导

1. 特殊儿童的家庭教育指导

(1) 智力障碍儿童的家庭教育指导。指导家长树立"医教结合"的观念,引导儿童听从医生指导,拟定个别化医疗和教育训练计划;通过积极的早期干预措施改善障碍状况,并培养儿童社会适应的能力;引导家长坚定信心、以身作则,重视儿童的日常生活规范训练,并循序渐进、持之以恒。

(2) 听力障碍儿童的家庭教育指导。指导家长积极寻求早期干预,积极主动参与儿童语训,在专业人士协助下制定培养方案,充分利用游戏的价值,重视同伴交往的作用,发展儿童听力技能和语言交往技能,使其能进行一定的社会交往,逐步提高儿童的社会适应能力;加强对儿童的认知训练、理解力训

练、运动训练和情绪训练。

（3）视觉障碍儿童的家庭教育指导。指导家长及早干预，根据不同残障程度发展儿童的听觉和触觉，以耳代目、以手代目，提升缺陷补偿。对于低视力儿童，指导家长鼓励儿童运用余视力学习和活动，提高有效视觉功能。对于全盲儿童，指导家长训练其定向行走能力，增加与外界接触机会，增强其交往能力。

（4）肢体残障儿童的家庭教育指导。指导家长早期积极借助医学技术加强干预和矫正，使其降低残障程度，提高活动机能；营造良好家庭氛围，用乐观向上的心态感染儿童；鼓励儿童正视现实、积极面对困难；教育儿童通过自己努力，积极寻求解决问题的方法，以获取信心。

（5）情绪行为障碍儿童的家庭教育指导。引导家长营造良好家庭氛围，给予儿童足够的关爱；加强与儿童的沟通与交流，避免儿童遭受不良生活的刺激；多采取启发鼓励、说服教育的方式；支持、尊重和鼓励儿童，多向儿童表达积极情感；多给儿童创造与伙伴交往的机会，培养儿童集体意识，减少其心理不良因素。

（6）智优儿童的家庭教育指导。引导家长深入地了解儿童的潜力与才能，正确全面地评估儿童；从儿童的性格、气质、兴趣和能力等实际出发，因材施教，循序渐进地开发儿童智力、发展儿童特长；坚持德智体全面发展，提高儿童的综合素质；保持头脑清醒，正确对待儿童的荣誉。

2. 特殊家庭的家庭教育指导

（1）离异和重组家庭的家庭教育指导。指导家长学会调节和控制情绪，不要在儿童面前流露对离异配偶的不满，不能简单粗暴或者无原则地迁就、溺爱儿童；多与儿童交流沟通，给儿童当家做主的机会，鼓励儿童参与社会活动；定期让非监护方与儿童见面，不断强化儿童心目中父（母）亲的形象和情感；调动亲戚、朋友中的性别资源给儿童适当的影响，帮助其性别角色充分发展。指导重组家庭的夫妇多关心、帮助和亲近儿童，帮助减轻儿童的心理压力，帮助儿童正视现实；互敬、互爱、互信，为儿童树立积极的榜样；对双方子女一视同仁；加强家庭成员间的沟通，创设平和、融洽的家庭氛围。

（2）服刑人员家庭的家庭教育指导。指导监护人多关爱儿童；善于发现儿童的优点，用教育力量和爱心培养儿童的自尊心；信任儿童，并引导儿童克服自卑心理；定期带儿童探望父（母），满足儿童思念之情；与学校积极联系，共同为儿童成长创造好的环境。

（3）流动人口家庭的家庭教育指导。鼓励家长勇敢面对陌生环境和生活困难,为儿童创造良好的生活环境;处理好家庭成员之间的关系,为儿童创设宽松的心理环境;多与儿童交流,多了解儿童的思想动态;加强自身学习,树立全面发展的教育观念;与学校加强联系,共同为儿童创造良好的学习环境。

(4) 农村留守儿童的家庭教育指导。指导留守儿童家长增强监护人责任意识,认真履行家长的义务,承担起对留守儿童监护的应尽责任;家长中尽量有一方在家照顾儿童,有条件的家长尤其是婴幼儿母亲要把儿童带在身边,尽可能保证婴幼儿早期身心呵护、母乳喂养的正常进行;指导农村留守儿童家长或被委托监护人重视儿童教育,多与儿童交流沟通,对儿童的道德发展和精神需求给予充分关注。

3. 灾害背景下的家庭教育指导

根据不同的需求,引导家长接受心理辅导,消化自己的情绪,以疏解其自身的灾难综合症;指导家长注意控制自己的情绪,鼓励儿童积极主动地获取、利用社会资源;引导儿童学会分享他人的建议和想法,不要轻易拒绝他人的帮助,同时也要尽量帮助他人;与外界加强合作,主动配合外界的心理援助等活动;对于孤儿,要充分挖掘社会资源,采用收养等多种方式,促进孤儿回归家庭,为儿童及其监护人家庭提供支持。

四、保障措施

(一)加强组织领导。各地相关部门要高度重视,加强对《大纲》贯彻落实工作的领导,制定切实可行的实施计划,加强实施管理,组织开展宣传、培训、督导、评估等工作,引导和帮助家庭教育指导机构和指导者根据《大纲》要求开展家庭教育指导。

(二)明确职责分工。各地相关部门要根据《大纲》要求,充分发挥职能优势,切实做好指导和推进家庭教育工作。各级妇联组织、教育行政部门牵头负责指导和推进家庭教育;文明办协调各部门力量共同构建学校、家庭、社会"三结合"教育网络;教育部门加强幼儿园、中小学校家长学校的指导与管理;卫生、人口计生部门大力发展新婚夫妇学校、孕妇学校、人口学校等公共服务阵地,对家长进行科学养育的指导和服务;人口计生部门负责0~3岁儿童早期发展的推进工作,逐步纳入公共服务范畴;妇联、民政、教育、人口计生、关工委等部门共同承担做好城乡社区家庭教育指导、服务与管理工作,推进家庭教育知识的宣传和普及,促进家庭教育事业全面发展。

(三)注重资源整合。各地相关部门要加大家庭教育指导工作经费投入,纳入经费预算,确保落实到位。要统筹各方面的优势力量,完善共建机制,形成工作合力,推进家庭教育发展。要广泛动员社会力量,多渠道筹措经费,为

家庭教育指导工作提供保障。

（四）抓好队伍建设。各地相关部门要加强家庭教育指导工作者队伍的培育，重视对指导人员数量、质量和指导实效性的管理，从实际出发建设具有较强专业知识基础的专家队伍、讲师团队伍、社区志愿者队伍等，并大力发展专业社会工作者队伍，形成专兼结合、具备指导能力的家庭教育指导工作队伍。

（五）扩大社会宣传。各地相关部门要以"做一个有道德的人"为主题，开展丰富多彩的实践活动，大力培育在家孝敬父母、在学校尊敬师长、在社会奉献爱心的良好道德风尚。加强家庭教育指导宣传阵地建设，注重与各媒体管理部门的联系和合作，深入、广泛、持久地宣传家庭教育的正确观念和科学方法。省区市级报纸、县级以上电台、电视台要开办与家庭教育相关的栏目，发展家庭教育网校咨询热线，不断提高家庭教育社会宣传的覆盖面和影响力。

参考文献

[1] 赵忠心. 家庭教育学——教育子女的科学与艺术[M]. 北京:人民教育出版社,2001.

[2] 邓佐君. 家庭教育学[M]. 福州:福建教育出版社,1995.

[3] 缪建东. 家庭教育学[M]. 福州:高等教育出版社,2009.

[4] 李天燕. 家庭教育学[M]. 上海:复旦大学出版社,2012.

[5] 彭立荣. 家庭教育学[M]. 南京:江苏教育出版社,1993.

[6] 季诚均,李顺根,王国民. 家庭教育学[M]. 杭州:浙江大学出版社,1998.

[7] 吴奇程,袁元. 家庭教育学[M]. 广州:广东高等教育出版社,2002.

[8] 陈佑兰,焦健. 当代家庭教育学[M]. 北京:科学普及出版社,1994.

[9] 孙俊三,邓身先. 家庭教育学基础[M]. 北京:教育科学出版社,1991.

[10] 彭德华. 现代家庭教育学[M]. 兰州:甘肃教育出版社,1990.

[11] 杨宝忠. 大教育视野中的家庭教育[M]. 北京:社会科学文献出版社,2003.

[12] 马塘. 中国家庭教育史[M]. 长沙:湖南教育出版社,1997.

[13] 张文新. 儿童社会性发展[M]. 北京:北京师范大学出版社,1999.

[14] 方建移,张英萍. 学校教育与儿童社会性发展[M]. 杭州:浙江教育出版社,2005.

[15] 薛素珍. 儿童社会学[M]. 济南:山东人民出版社,1985.

[16] 巫贞昌. 家庭社会学纲要[M]. 北京:中国政法大学出版社,1986.

[17] 邓伟志. 家庭社会学[M]. 北京:中国社会科学出版社,2001.

[18] 刘金花. 儿童发展心理学[M]. 上海:华东师范大学出版社,2006.

[19] 林崇德. 发展心理学[M]. 北京:北京师范大学出版社,2008.

[20] 李生兰. 学前儿童家庭教育[M]. 上海:华东师范大学出版社,2006.

[21] 张明红. 学前儿童社会教育[M]. 上海:华东师范大学出版社,2007.

[22] [美]劳拉. E. 贝克著. 吴颖,等译. 儿童发展[M]. 南京:江苏教育出版社,2002.

[23] 卢梭,爱弥儿[M]. 李平沤译. 北京:商务印书馆,2004.

[24] 陈鹤琴. 家庭教育——怎样教育小孩[M]. 北京:教育科学出版社,1981.

[25] [苏]A. C. 马卡连柯. 家庭和儿童教育[M]. 丽娃,译. 上海:上海人民出版社,2005.

[26] 刘晓东. 儿童文化与儿童教育[M]. 北京:教育科学出版社,2006.

[27] 林格. 新家教[M]. 北京:华艺出版社,2001.

[28] 孟育群. 亲子关系与家庭德育[M]. 北京:教育科学出版社,2004.

[29] 冯德全. 谁说爷爷奶奶不会带孩子[M]. 南宁:广西科学技术出版社,2008.

[30] 施欣欣. 亲职教育 ABC[M]. 北京:中国纺织出版社,1999.

[31] 陈丹燕. 独生子女宣言[M]. 海口:南海出版公司,1997.

[32] 张良才. 中国家庭教育的传统、现实与对策[J]. 中国教育学刊,2006.

[33] 黄河清. 家庭教育与学校教育的比较研究[J]. 华东师范大学学报(教育科学版),2002.

[34] 刘晶波. 独生女子家庭教育的特点及其对儿童社会性发展的影响[J]. 南京师范大学学报(社会科学版),1999.

[35] 缪建东. 试论我国转型期的家庭教育[J]. 苏州大学学报,2000.

[36] 刘英. 关于家庭教育与学校教育相结合的探讨[J]. 广西社会科学,2001.

[37] 邹强. 中国当代家庭教育变迁研究[D]. 武汉:华中师范大学博士论文,2008.

[38] 傅琳. 大陆家庭教育学之学科发展分析:1980—2007[D]. 上海:华东师范大学硕士论文,2009.

[39] 杨慧. 关于我国家庭教育研究的研究——以三校硕士论文为例[D]. 南京:南京师范大学硕士论文,2008.

[40] 李锦英. 我国家庭教育问题探析[D]. 武汉:华中师范大学硕士论文,2006.

[41] 王彩霞. 当前中国家庭教育问题研究[D]. 呼和浩特:内蒙古科技大学硕士论文,2012.

[42] 中国家庭教育网,http://www.jiaj.org.

后 记

家庭教育学是研究家庭教育现象,揭示家庭教育规律的一门科学。当代社会,儿童社会化发展虽然有学校教育的强大支持,但家庭教育的力量也被人们重新认识和定位,家庭教育与学校教育、社会教育已成为现代教育体系结构中的基本内容。《国家中长期教育改革和发展规划纲要(2010—2020年)》指出:"充分发挥家庭教育在儿童少年成长过程中的重要作用。"教育部颁发的《幼儿园教育指导纲要》、《幼儿园教师专业标准》、《中小学教师教育课程标准》中都提出,教育工作者应掌握家庭教育的有关知识,充分利用家庭教育资源,共同促进儿童青少年的教育发展。为此,编者参考大量家庭教育的研究资料,结合自己多年教学实践及教师教育的发展趋势,编写了此教材。

本教材既有家庭教育的基本理论,也有家庭教育的实践方法,可作为高等学校本科层次学前教育专业或其他师范教育专业的教学用书,也可作为幼儿园、中小学教师在职培训的参考用书。

本书的编写是集体协作的成果。具体分工为:陈太忠,第一章、第二章;王燕,第三章、第四章;毛晓清,第八章;夏如波,第五章;刁玉萍,第六章;陶晓燕,第七章。全书由主编汇总、校对并定稿。

本书在编写过程中参阅、借鉴和引用了大量同行学者的研究资料和成果,在此一并向所有的文献作者致谢!感谢淮阴师范学院继续教育学院、教务处、教育科学学院领导对本书编写与出版的大力支持!感谢南京大学出版社王抗战老师的组织策划,他们的热情鼓励与帮助才使得本书与读者见面。

由于编者水平有限,书稿虽然即将付梓,但仍然存在着诸多的不足与遗憾,真诚希望各位同行和读者批评指正!

编 者
2013年12月

图书在版编目(CIP)数据

学前儿童家庭教育 / 陈太忠,夏如波主编. — 南京：南京大学出版社,2014.1(2021.1重印)
高等学校"十二五"学前教育专业规划教材
ISBN 978-7-305-12889-9

Ⅰ.①学… Ⅱ.①陈… ②夏… Ⅲ.①学前儿童—家庭教育—高等学校—教材 Ⅳ.①G78

中国版本图书馆 CIP 数据核字(2014)第 011589 号

出版发行	南京大学出版社
社　　址	南京市汉口路 22 号　　邮　编　210093
出 版 人	金鑫荣
丛 书 名	高等学校"十二五"学前教育专业规划教材
书　　名	**学前儿童家庭教育**
主　　编	陈太忠　夏如波
责任编辑	丁　群　钱梦菊　　　编辑热线　025-83596923
照　　排	南京南琳图文制作有限公司
印　　刷	广东虎彩云印刷有限公司
开　　本	787×960　1/16　印张 12.25　字数 236 千
版　　次	2014 年 1 月第 1 版　2021 年 1 月第 8 次印刷
ISBN	978-7-305-12889-9
定　　价	30.00 元

网址：http://www.njupco.com
官方微博：http://weibo.com/njupco
官方微信号：njupress
销售咨询热线：(025) 83594756

＊ 版权所有,侵权必究
＊ 凡购买南大版图书,如有印装质量问题,请与所购图书销售部门联系调换